AI시대 핵심전략과 성장법

강우철 지음

AI 확산 속 재정의 되는 인간의 역할

지금, 미래를 준비하는 가장 실천적인 안내서

AI가 답을 주는 시대,
질문하는 사람이 미래를 만든다.

도서출판 인생의 창

프롤로그

AI와 함께 성장하는 시대, 우리는 지금 새로운 문명의 분기점에 서 있습니다. 기술은 더 이상 산업의 일부가 아니라 인간의 사고방식, 업무 방식, 생애 전반을 다시 설계하는 핵심 동력이 되었습니다. 인공지능은 단순한 자동화 도구를 넘어 학습·생산·소통·창작의 모든 단계에 깊숙이 스며들고 있으며, 개인과 조직이 이 변화의 흐름을 어떻게 이해하고 활용하느냐에 따라 미래의 경쟁력은 극명하게 달라지고 있습니다.

AI 기술이 급격히 대중화되면서 가장 먼저 요구되는 것은 AI 리터러시, 즉 인공지능을 이해하고 활용할 수 있는 기본 역량입니다. 이는 단순한 사용법을 넘어 인간과 AI의 상호작용 구조, 데이터 기반 사고, 디지털 시민성, 알고리즘의 사회적 영향까지 포괄하는 개념으로 확장되고 있습니다. 교육 현장은 이미 이 변화를 중심에 두고 새롭게 재편되고 있으며, 학습자 주도형 교육, 초개인화 학습, 데이터 기반 진단·처방 시스템이 새로운 표준으로 자리 잡아가고 있습니다.

AI는 산업 전반의 운영 방식도 크게 바꾸고 있습니다. 제조, 금융, 안보, 의료, 행정, 콘텐츠 산업 등 모든 영역에서 AI는 효율성을 높이고, 인간이 수행하던 단순·반복 업무를 대체하며, 새로운 형태의 비즈니스 모델을 만들어내고 있습니다. 특히 일상생활에서는 추천 알고리즘, 생성형 AI 비서, 스마트홈, 초개인화 서비스가 자연스러운 생활환경으로 자리 잡으면서 인간과 AI의 '공존 방식'이 빠르게 정착되고 있습니다.

이 책의 두 번째 부분에서는 이러한 변화의 흐름을 기반으로 AI를 활용한 가치 창출과 자동화 전략을 다룹니다. 아이디어를 수익으로 전환하는 서비스·콘텐츠 모델 설계, 자동화 기반의 비즈니스 시스템 구축, AI 툴을 활용한 반복 수익 구조, 데이터와 알고리즘을 활용한 부가가치 창출 방식 등을 실전적으로 제시합니다.

특히, AI 자동화는 단순한 '효율 개선'이 아니라 생활과 업무 전반을 재구조화하는 핵심 인프라가 되고 있습니다. 생산 라인, 사무 행정, 고객 대응, 재무관리, 콘텐츠 제작, 마케팅 등 모든 분야에서 자동화 수준이 높아지고 있습니다. 이는 개인 창작자·스타트업·중소기업에게도 새로운 기회로 열리고 있습니다. 또한 커뮤니티 기반의 브랜드 전략은 장기적 성장의 동력이 되었고, 이는 AI 생태계와 결합하면서 새로운 가치 모델을 만들어내고 있습니다.

세 번째 부분에서는 AI 기술이 만들어낼 미래의 전략축을 조망합니다. 우선 AI는 점차 공감 능력, 대화 구조, 사회적 상호작용을 강화하며 인간 중심 패러다임으로 이동하고 있습니다. 신뢰는 인간과 AI가 함께 미래를 설계하기 위한 전제조건이 되며, 이를 바탕으로 '하이브리드 지능 시대'가 열리고 있습니다. AI OS 기반 생태계와 초개인화 서비스는 디지털 전환의 중심축을 형성하고 있으며, 스타트업과 투자 시장은 여기에 맞춰 빠르게 재편되고 있습니다. 결국 인간-AI-사회 시스템은 새로운 균형점을 찾아가고 있으며, 이 변화는 기술 문제를 넘어 사회·경제·정책 전반에 영향을 미치게 될 것입니다.

이 책은 기술 설명에 머무르지 않습니다. AI와 함께 성장하고 변화하는 환경 속에서 자신의 역할과 기회를 재정의하려는 모든 사람을 위한 안내서입니다. 변화의 속도가 빠르다고 해서 방향을 잃을 필요는 없습니다. 중요한 것은 기술 그 자체가 아니라, 그 기술을 이해하고 활용하며 자신의 삶과 일, 그리고 미래를 새롭게 설계하려는 의지입니다.

AI 시대는 우리에게 새로운 가능성과 동시에 새로운 책임을 요구합니다. 이 책이 독자에게 명확한 관점, 실질적 전략, 그리고 변화에 대한 주도권을 갖게 하는 나침반이 되기를 기대합니다.
마지막으로 긴 과정을 함께해 준 가족들, 연구소의 제자들, 출간을 도와준 인쇄의 창 이유니 대표에게 깊은 감사를 전합니다.

용산 연구소에서
강우철

추천의 글

"AI 시대를 이해하고 삶과 일, 미래를 재설계하는 새로운 관점의 책" 전문가와 일반 독자를 동시에 겨냥한 입문+통찰형 하이브리드 포지셔닝

"빠른 변화의 시대, 전략 없는 성장은 없다." 『AI시대 핵심 전략과 성장법』이 여러분의 미래 방향을 제시합니다. AI가 두렵다면 전략부터 갖추면 됩니다. 지금 당신의 성장 방식은 AI 시대에 유효한가요? 이 책이 그 해답을 드립니다.
(뉴스로드 편집국장 김의철기자)

정책·기업·교육·현장에서 바로 적용 가능한 AI 전략서이며 실행 가능한 프레임워크가 필요한 분들에게 추천합니다. AI는 단순한 기술이 아니라 '우리 삶과 조직을 재설계하는 힘'입니다. 그 구조와 방향을 담은 책입니다. 미래는 준비된 자의 것이 아니라 올바른 방향을 선택한 자의 것입니다. 그 방향을 찾고 싶은 모든 분께 이 책을 추천합니다. *(크리에이터 기획자 전주현)*

목차

PART 3

AI 전략축과 미래기술 패러다임

핵심 문장 톺아보기

관련 용어 정리

PART 1

AI와 성장하는 우리의 삶

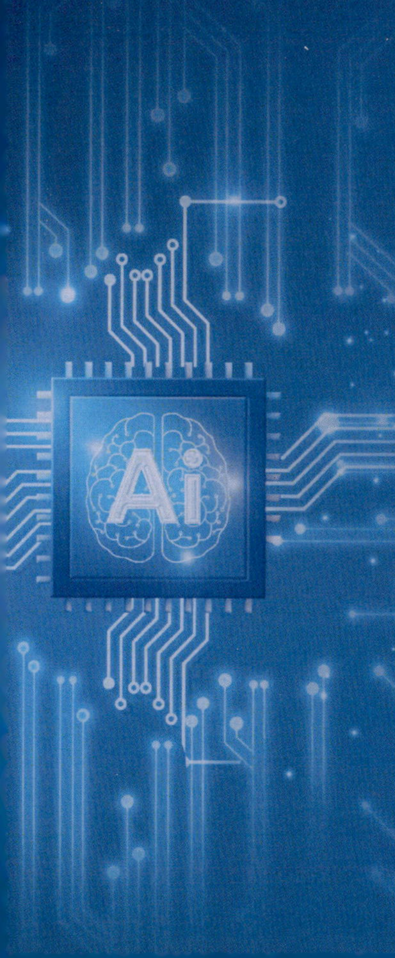

인공지능은 더 이상 특정 전문가만의 기술이 아니라 우리의 일상과 업무 전반에 스며든 새로운 환경이자 동반자이다. 단일한 도구를 사용하는 차원을 넘어 인간의 판단과 창의력, 그리고 AI의 분석과 자동화 능력이 유기적으로 결합될 때 비로소 진정한 생산성과 혁신이 만들어진다. Part 1은 AI를 '잘 사용하는 법'을 넘어 어떻게 함께 사고하고 실험하며 조합하고 공유함으로써 개인의 성장과 조직의 경쟁력을 동시에 확장해 나갈 수 있는지를 탐색하는 출발점이다.

AI 리터러시와 교육혁신의 방향

호기심으로 바뀌는 교실의 공기

AI가 도입된 교실에는 새로운 움직임이 감지됩니다. 책상 위에 올려진 태블릿, 여기저기서 들려오는 질문, 그리고 스스로 길을 찾으려는 학생들의 눈빛이 교실의 공기를 근본적으로 바꾸어 놓습니다. 기존의 딱딱한 주입식 교육에서 벗어나, 이제 학습자는 자신의 궁금함을 직접 파고들고, AI라는 새로운 도구를 두려움보다는 호기심으로 대합니다. 한 번의 클릭, 한 번의 입력만으로도 상상 이상의 결과가 펼쳐지기에 매 순간이 도전이고 성장의 기회가 됩니다.

수업은 더 이상 딱딱하지 않습니다. 교사는 복잡한 용어를 줄입니다. AI 도구가 어떻게 작동하는지 너무 깊게 파고들기보다는 학생이 직접 켜보고 만져보며, 스스로 질문을 만들어내는 분위기를 이끌어줍니다. 첫 실습에서 의외의 오류를 만난 학생이 난처해할 때 교사는 재촉하지 않습니다. "괜찮아, 이 실수에서

뭘 배웠는지 한 번 말해볼래?"라는 부드러운 말이 명확한 답보다 더 큰 울림을 줍니다. 학생은 답을 찾아가는 과정에서 자신도 모르게 문제 해결력과 창의성을 기릅니다. 그리고 어느새 자신이 AI 도구를 '쓸 줄 아는 사람'이 아니라 '활용할 줄 아는 사람'이 되었음을 깨닫습니다.

비판적 사고의 훈련: 비교와 질문의 시간

실습이 끝나면 서로 다른 AI의 결과를 비교해 봅니다. 같은 과제를 ChatGPT, Claude, Gemini로 각각 해결해 보며 차이를 관찰합니다. 어떤 도구는 답변이 똑똑하지만 딱딱하고 어떤 도구는 문장이 자연스럽지만 오류가 숨겨져 있습니다. 학생들은 결과의 차이를 직접 경험하며 "왜 이런 차이가 생기는 걸까?", "내가 이걸 실제로 쓴다면 어느 게 더 적합할까?" 같은 질문을 스스로 던지기 시작합니다. 이 과정은 단순한 도구 습득을 넘어서, 비판적 사고와 자기 주도성을 키워주는 소중한 시간입니다.

시간이 쌓이면 학생들은 실패를 두려워하지 않게 됩니다. 오히려 답이 잘못 나왔던 경험에서 아이디어를 얻고 다음에는 무엇을 다르게 시도할 수 있을지 고민합니다. 실패의 순간마저도 성장의 일부임을 자연스럽게 받아들이게 되는 것입니다.

교사는 이런 학생들을 보며 자신만의 교육 철학을 다시 다집니다. '내 수업에선 학생들이 질문을 주도하고 실패에 수줍음을 느끼지 않는 분위기를 만들어야겠다'라고 조용히 다짐합니다.

그 다짐은 곧 나만의 교육 브랜드가 되어 학생 한 명 한 명의 성장을 따뜻하게 끌어내는 토대가 됩니다. AI와 희망, 실패와 설렘이 교차하는 교육의 현장 그 한가운데에서 학습자와 교육자가 함께 배우며 성장해 가는 일상. 이것이 바로 이 시대 AI와 함께 살아가는 삶이며, 실천적 AI 교육 혁신의 가장 아름다운 모범이 됩니다.

배움의 도구: 프롬프트에 담긴 의도와 맥락

생성형 AI와 대화할 때 쓰는 프롬프트는 그 자체로 새로운 시대의 언어이자 배움의 도구입니다. 교실에서 학생이 처음 AI에게 질문을 건네는 순간, 그 한 문장 한 문장에는 자신의 상황, 문제의식, 그리고 원하는 답의 방향이 함께 담겨야 합니다. 프롬프트를 구성하는 과정은 곧 '무엇을 알고 싶은지', '어떤 방식으로 배우고 싶은지'를 스스로 정리하는 사고 훈련이 됩니다. 이 과정 자체가 학습의 일부로 기능합니다.

많은 학생들은 여전히 프롬프트를 단순한 명령문 정도로 생각합니다. "답을 알려줘", "설명해 줘"와 같이 막연하게 요청할 때, AI가 제시하는 내용은 일반적이고 피상적인 수준에 머무릅니다. 반대로, 역할을 부여하고(예: 교사, 면접관, 전문가), 목적을 분명히 밝히며(예: 이해를 돕기 위한 설명, 글쓰기 피드백 등), 맥락과 제약을 함께 제시하면(예: 학년 수준, 분량, 평가 기준 등) 훨씬 더 밀도 높은 답변을 끌어낼 수 있습니다. 이러한 차이는 프롬프트 안에 담긴 사고의 깊이에서 비롯됩니다.

프롬프트에는 몇 가지 중요한 요소가 포함되어야 합니다. 먼저 역할 설정입니다. “너는 10년 경력의 인사 담당자야”, “너는 중학교 교사야”처럼 AI가 어떤 시선으로 답해야 하는지 미리 지정합니다. 이는 답변의 톤과 관점, 사용하는 용어 수준을 구체화합니다. 다음으로 목적입니다. “자기소개서 초안을 만들고 싶어”, “개념을 이해하고 싶어”, “발표문을 다듬고 싶어”처럼 요청의 목표를 명확히 하면, AI는 단순 정보 나열이 아니라 목적에 맞는 구조와 예시를 선택합니다. 마지막으로 맥락과 조건입니다. 학년, 전공 여부, 제출처, 분량, 형식(에세이, 보고서, 면접 답변 등) 같은 조건을 미리 제시하면 실제 활용 가능한 결과물이 나옵니다.

자기소개서 작성을 예로 들면, “자기소개서를 써줘”라고만 입력하는 것은 백지 위에 “좋은 글을 써줘”라고 말하는 것과 같습니다. AI는 지원 분야, 인재상, 최근 채용 트렌드를 알 수 없어 평범한 문장을 나열합니다. 반면 “너는 10년 경력의 인사 담당자야 2026년 한국 대기업 신입사원 자기소개서 트렌드를 반영해 500자 이내로 자기소개서를 작성해 줘”라고 요청하면 AI는 최신 채용 트렌드, 인사 담당자의 시선, 형식과 분량을 고려합니다. 이는 경험 기반 서술, 문제 해결 과정, 성장 서사를 강조한 문장을 구성합니다. 이러한 프롬프트는 단순 초안을 넘어 실제 지원서에 활용 가능한 수준으로 올라갑니다.

프롬프트는 한 번에 완성되지 않고 시도와 수정의 과정을 거칩니다. 처음 막연한 질문으로 시작하더라도, 나온 답을 살펴보며 "어떤 정보가 빠졌는지", "어떤 조건을 추가하면 더 나은 답이 나올지" 고민합니다. 이 반복은 문제 정의 능력, 메타인지, 표현력을 길러줍니다. 교실에서 교사는 학생들에게 "지금 프롬프트에서 빠진 맥락은 무엇인지", "이 답을 개선하려면 어떤 정보를 더 알려줘야 하는지"를 점검하도록 지도합니다. 팀 프로젝트 발표 자료 예시로 "너는 대학 1학년을 대상으로 수업하는 교수야. AI 윤리의 핵심 쟁점을 3가지로 나누어 5분 발표용 슬라이드를 구성해 줘"라고 구체화합니다.

중요한 것은 '정답 프롬프트'를 외우는 것이 아닙니다. 자신의 필요와 상황에 맞게 프롬프트를 설계하는 힘을 기르는 것입니다. 어떤 학생은 예시와 비유를 많이 활용한 설명을 선호하고, 다른 학생은 단계적 요약을 원합니다. 이를 위해 "예시를 많이 포함해 줘", "중학생도 이해할 수 있게 쉽게 설명해 줘", "핵심 내용을 블릿 포인트로 정리해 줘"와 같은 문장을 덧붙입니다. 이러한 습관은 '나만의 언어 체계'로 자리 잡습니다.

프롬프트는 답을 이끌어내는 기술을 넘어 사고를 조직하고 표현하는 배움의 도구입니다. 학생들은 AI와의 대화를 통해 질문을 잘하는 능력을 체감하고, 이를 글쓰기와 대화에 적용합니다. 생성형 AI 시대에 프롬프트는 학습자의 사고를 구조화하는 강력한 도구로 기능합니다.

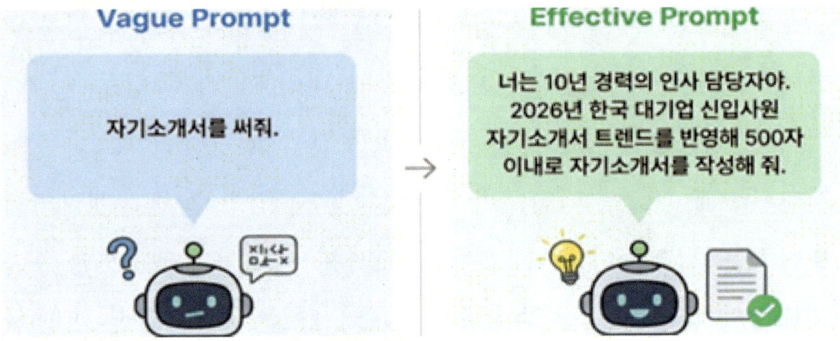

| 효율적인 프롬프트 작성 예시

오류를 통한 성장: 비판적 주체로 서다

이런 프롬프트 엔지니어링 교육에서는 한 번 입력만 하고 끝내지 않습니다. 학생들은 직접 여러 가지 프롬프트를 고안해 서로 다른 결과를 비교하고 그 차이를 토론합니다. 결과가 기대에 못 미치거나 예상치 못한 오류가 드러나면 왜 그런지 원인을 찾아보고 표현과 조건을 다듬으며 고쳐 나갑니다. 이는 단순 입력자를 넘어서, AI의 답변을 비판적으로 살피고 개선하는 주체가 되는 과정입니다.

실제 대학의 사례에서는 학생들이 직접 프롬프트를 만들어 뉴스 기사를 요약하게 한 뒤 AI가 내놓은 요약에서 사실 오류, 논리적 비약, 편향 등 문제점을 찾아내고 수정하게 합니다. 누군가 "이 부분에서 내용이 틀린 것 같아요"라고 지적하면 함께 그 이유를 탐구하고 더 나은 프롬프트나 구체적인 조건을 고민합니다. 반복으로 이런 과정을 경험하면 학생들은 점점 더 정밀하게 AI를 다루는 눈과 손을 갖게 됩니다.

프롬프트 엔지니어링의 본질은 시행착오와 피드백 속에서 배우고 자라는 태도입니다. 다양한 표현을 시도해 보고 결과를 관찰하며 수정해 나가는 이 과정에서 학생들은 단순한 기술 습득을 넘어 창의적 문제 해결력과 비판적 활용 역량을 깊이 익히게 됩니다.

결국 AI와 진정으로 소통하며 그 답을 스스로 점검하고 다듬는 힘 이것이야말로 AI 시대가 요구하는 핵심 역량이며, 학생들은 그렇게 더 넓고 깊은 배움의 길로 한 걸음씩 나아가게 됩니다.

다름이 모여 도약하는 특별한 공기

협업이 살아있는 AI 수업 현장에는 늘 특별한 공기가 흐릅니다. 각자 다른 생각을 품고 모인 학생들은 하나의 주제를 앞에 두고 서로 아이디어를 나누기 시작합니다. 작은 조별로 앉아 누군가는 프롬프트를 고민하고 다른 이는 AI가 내놓은 답변을 분석합니다. 그 끝에는 반드시 토론과 피드백의 시간이 뒤따릅니다. 모두가 한자리에 모여 자신의 시도를 설명하고 남의 시도에는 고개를 끄덕이거나, 때로는 날카롭게 질문을 던지는 풍경이 펼쳐집니다.

처음에는 서로 어색했던 아이들도 어느새 주도적으로 의견을 나누게 됩니다. 내가 설계한 프롬프트의 장점과 한계를 동료가 지적해 주면 당황스러움보단 신비함이 먼저 찾아옵니다. '아, 내가 미처 생각하지 못한 관점이 있었구나.' 하고 무릎을 치는 순간들이 쌓여갑니다. 시험 삼아 또 다른 방식으로 프롬프트를 고치고, 결과가 바뀌면 점차 AI 활용에 자신감을 얻습니다.

협업 기반 AI 수업에서 얻는 진짜 힘은 '각자의 다름'이 모여 비로소 한 단계 높은 수준으로 도약한다는 사실에 있습니다. 한 명만의 아이디어로는 닿을 수 없었던 창의적인 해결책, 다양한 평가와 토론을 거쳐 모두의 경험으로 바뀌는 과정이 중요합니다. 이 경험 속에서 학생들은 자신이 놓치고 있던 시각을 배우고, 프롬프트 설계 능력은 자연스레 향상됩니다.

이런 수업 환경에서는 교사의 역할도 매우 중요합니다. 교사는 학생들 사이의 토론을 조율하고 각 조의 결과물 속 우수 사례와 개선해야 할 점을 논리적으로 집어냅니다. 정답이나 순위를 매기기보다, 모두의 성장에 초점을 둔 따뜻한 피드백을 남깁니다.

한 대학의 AI 실습수업에서는 각 조가 만든 뉴스 요약 프롬프트를 서로 바꿔 사용해 결과를 비교합니다. 이 과정에서 학생들은 자신이 만든 프롬프트가 갖는 한계를 또렷하게 경험하게 됩니다. 다른 조의 질문과 지적을 듣고 그 내용을 반영해 프롬프트를 점진적으로 다듬어갑니다. 이처럼 상호 피드백을 주고받는 과정이 곧 새로운 학습과 성장을 가능하게 합니다.

다양한 관점의 공유는 창의성에 불을 붙입니다. 각각의 결과를 분석하고 비교하며 학생들은 비판적 사고력은 물론 자기 성찰의 능력을 키웁니다. 동료들이 건넨 조언 속에서 자신이 갖고 있던 강점과 한계를 더욱 또렷하게 인식하게 됩니다. 협업과 소통, 이 두 가지 역량은 조용하고도 깊게 학생들의 내면에 자리잡게 됩니다.

피드백은 AI 교육에서 그 의미가 각별합니다. AI 도구는 빠르고 다양한 답변을 내놓지만, 그 품질을 높이고 목적에 알맞게 개선하는 건 결국 사람의 몫입니다. 교사와 동료의 구체적인 피드백이 쌓이면 학생의 프롬프트는 더 정교해지고 AI 도구의 잠재력도 한껏 끌어낼 수 있습니다.

결국 협업과 피드백의 중심에서 이루어지는 AI 수업은 미래사회가 바라는 협력적 문제 해결력과 소통력, 비판적 사고력을 기르는 가장 든든한 토양이 됩니다. AI가 주는 답변 너머에서 우리는 함께 성장하고 서로 배우며, 진정한 실력을 쌓아가고 있습니다.

이 모든 과정이 끝난 후에야 학생들은 깨닫게 됩니다. 수업시간 내내 이루어진 작은 대화와 피드백이 자신을 한층 더 성숙하게 만들었다는 사실을 인식하게 될 것입니다.

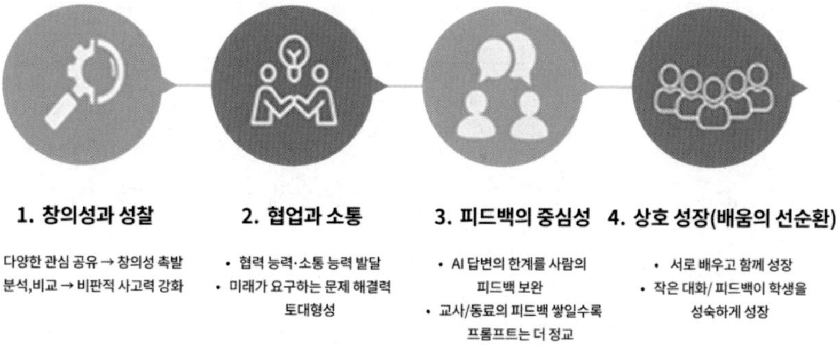

| 협업 기반 AI 수업은 학생들이 서로의 관점을 공유하고 피드백을 주고받는 과정 속에서 사고의 깊이와 프롬프트 설계 역량을 함께 성장시키는 학습 방식입니다.

TIP

협업 기반 AI 수업은 서로 다른 관점과 사고가 만나며 학습의 깊이를 확장하는 과정입니다. 학생들은 프롬프트를 함께 설계하고 결과를 비교·분석하며 자신의 한계를 인식하고 질문의 질을 높여갑니다. 이때 교사와 동료의 피드백은 비판적 사고력과 소통·문제 해결 역량을 함께 성장시키는 핵심 요소가 됩니다.

반복의 굴레에서 벗어난 교육자의 하루

AI가 교실에 스며든 이후, 교육자의 하루는 이전과는 다른 리듬을 가지기 시작합니다. 반복적인 수업 준비에 쫓기던 시간 대신, 이제는 좀 더 창의적이고 전략적인 교육 설계에 마음을 쏟을 여유가 생깁니다. AI 덕분에 반복되는 작업이 자동화되면서, 교육자는 본질적인 가르침에 집중할 수 있게 된 것입니다.

이제 교실에서는 한 교사가 ChatGPT를 활용해 매주 강의 요약본과 퀴즈를 자동으로 만들어냅니다. 학생들의 정답과 오답, 그 이유까지 AI가 스스로 분석하고 각자의 실수에 맞춘 피드백도 신속하게 나눠줍니다. 준비물이 많아 부담이 컸던 과거와 달리, 이런 자동화 과정이 수업의 질을 자연스럽게 끌어올립니다.

AI 교육 자동화의 힘은 다양한 실전 사례에서 진가를 드러냅니다. 긴 논문이나 교재 내용이 부담스러울 때 AI는 주요 내용을 골라 한눈에 보기 쉽게 요약해 냅니다. 또 한 번의 클릭만으로 다양한 유형의 퀴즈와 평가 문제를 손쉽게 만들 수 있습니니다. 학생 개개인의 답변 분석부터 맞춤 피드백 전달까지 모두 자동으로 처리되어 교사와 학생 모두에게 시간의 여유를 선사합니다. 이미지나 슬라이드, 인포그래픽 자료도 AI 기반 디자인 도구 덕분에 훨씬 빠르게, 더 높은 완성도로 준비됩니다.

교육 자료의 자동화와 함께 '나만의 교육 콘텐츠 라이브러리'를 구축하는 일도 더는 먼 미래의 일이 아니게 되었습니다. 텍스트 강의안 하나를 바탕으로 인포그래픽, 영상 강의, 팟캐스트 등 다양한 멀티미디어 자료로 확장할 수 있게 된 것입니다. 이렇게 만들어진 콘텐츠를 주제별, 도구별, 난이도별로 정돈해 두면 그때그때 수업에 맞게 손쉽게 꺼내 쓸 수 있습니다.

| AI 교육 자동화를 통해 교사와 학생 모두 교육의 질이 향상되고 있습니다. 학생들은 높은 수준의 교육자료를 통해 학습하고, 교사는 이전보다 쉽게 교육자료를 제작할 수 있습니다.

살아있는 자산, 그리고 교감의 시간

콘텐츠 라이브러리를 잘 쌓아가기 위해서는 모든 자료에 태그와 키워드를 달아 쓰임새를 높이는 게 중요합니다. 각 자료의 버전 이력을 기록하며 항상 최신 정보를 유지하고 다양한 형태의 자료를 한데 모아 관리합니다. 현장에서 건진 우수 사례나 학생 피드백이 함께 기록된다면 그 라이브러리는 단순 자료집이 아닌 살아 움직이는 성장의 장이 됩니다. 축적된 자료는 하나둘 교육자의 브랜드 자산이 되고 다음 교육 기회를 여는 열쇠가 되어 줍니다.

교육 자동화와 콘텐츠 라이브러리 구축은 단순히 업무를 빠르게 처리하기 위함이 아닙니다. 교육자는 그 시간에 진심을 담아 한 명 한 명의 학생과 더 깊이 교감할 수 있게 됩니다. 이 작은 변화들이 쌓여 교실의 질이 바뀌고 교육자의 가능성 또한 한층 넓어집니다. 그렇게 AI와 함께 만들어낸 시간과 경험이 교사의 손끝에서 또 다른 성장의 기회와 미래를 빚어냅니다.

TIP

> AI 교육 자동화는 반복적인 업무를 줄여 교육자가 수업의 본질과 학생 지도에 집중할 수 있는 시간을 만들어 줍니다. 자동화된 콘텐츠 제작과 체계적인 자료 축적은 교사의 전문성을 자산으로 남기고, 학생과의 깊은 교감으로 이어집니다.
> (AI 자동화 영역은 Part3에서 자세히 다루게 됩니다.)

남다른 주제, 남다른 시각을 찾아서

AI 교육이 보편화된 시대, 교실이나 온라인 공간 곳곳에서는 누구나 AI를 다룰 수 있다고 말합니다. 그러나 모든 이가 강단에 올라선다 해도, '진짜 자신만의 브랜드를 가진 교육자'는 여전히 드뭅니다. 소리 없이 늘어나는 콘텐츠 속에서 빛나는 이름이 되려면 자신의 색깔과 신념으로 교육 여정을 쌓아야 합니다.

나만의 AI 교육 브랜드를 만드는 첫걸음은 무엇보다 '내가 사랑하는 남다른 주제'를 찾는 데서 시작됩니다. 프롬프트 엔지니어링, AI 윤리, 산업별 AI 활용 등 어느 분야든 좋습니다. 그저 가장 관심 가는 곳 한 편에 발을 들이고 그곳의 최신 흐름과 실제 사례를 부지런히 연구하고 공유하는 꾸준함이 있어야 합니다. 세상에 없는 새로움을 반드시 만들어야 하는 것은 아닙니다. 대신, 남들이 지나치는 문제를 집요하게 고민하고 나만의 시각과 체험으로 해석하여 풀어내는 힘이 필요합니다.

두 번째로, 강의 스타일과 교육 철학을 또렷하게 세워야 합니다. 실습 중심이든, 프로젝트 기반이든, 협업과 피드백을 강조하는 방식이든, 자신만의 신념이 수업 전체에 흐르도록 만듭니다. 한 번의 강의에도 일관된 말투와 태도, 그리고 학생들에게 전하는 기대와 메시지가 짙게 묻어나야 합니다. 그것이 곧 '저 사람의 수업을 듣고 싶다'라는 신뢰로 쌓입니다.

강의 결과물과 학생 피드백, 실습 사례를 모아 멋진 온라인 포트폴리오를 만들어 가는 일도 결코 빼놓을 수 없습니다. 강의 별로 폴더를 나누어 수업 자료를 정리하고 성장 기록을 빠짐없이 남깁니다. 작지만 반복되는 이 노력이 시간이 흐를수록 스스로를 돋보이게 하는 자산이 됩니다.

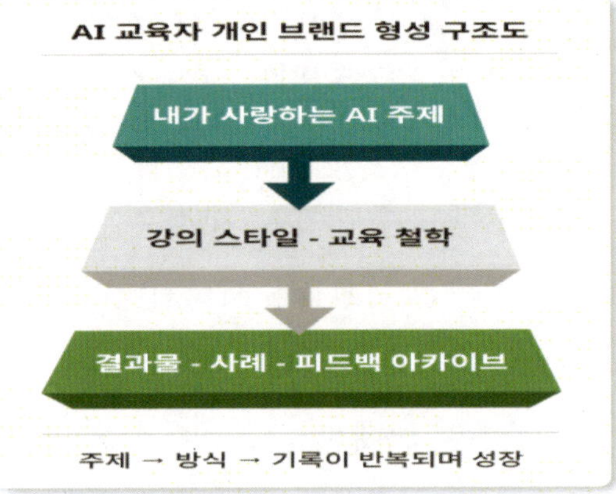

| 내가 사랑하는 AI 주제를 중심으로 강의 스타일과 교육 철학을 확립하고, 수업 결과물·사례·피드백을 꾸준히 기록하며 반복적으로 성장해 나가는 것이 AI 교육자 개인 브랜드의 핵심 구조입니다.

브랜드를 넓히는 데 퍼블릭 콘텐츠의 역할은 매우 큽니다. 블로그, 유튜브, 각종 SNS와 커뮤니티에 자신의 강의 노하우, 실습 후기, 프롬프트 템플릿, AI 비교기 등을 꾸준히 올립니다. 누구든 강의를 듣지 않아도 내 경험과 아이디어가 세상과 자연스레 공유되는 것입니다. 실제로 매주 'AI 도구 실습 후기'를 연재하는 한 교육자는 1년 만에 만여 명의 팔로워를 모으고 여러 기업과 기관에서 강의를 요청받았습니다. 끊임없이 쌓인 이야기와 자료들은 교육자의 브랜드를 탄탄히 만들고, 새로운 인연과 기회도 열어줍니다.

포트폴리오와 SNS에는 강의 콘텐츠, 실습 사례, 나의 교육 철학, 그리고 학생들의 변화와 결과까지 다양하게 담아내야 합니다. 비즈니스·전문가 중심 SNS(LinkedIn), 브런치, 유튜브 등 여러 플랫폼을 이용해 꾸준히 자신을 드러낼수록 브랜드는 점차 응집력 있게 자리 잡습니다. 온라인 워크숍, 공개 강의, 실시간 Q&A 세션 등도 적극 시도해 보십시오. 대중과 직접 소통하는 순간부터 브랜드 이미지는 더욱 강렬해집니다.

결국 '나만의 AI 교육 브랜드'를 만든다는 건 매일 배우고 새롭게 실험하며 기록을 쌓아 세상과 나누는 모든 순간에서 진심을 담는 일입니다. 브랜드 있는 교육자는 지식 전달자를 넘어 새로운 교육 흐름을 이끌고 학습자와 호흡하고 사회와 세계를 향해 영향력을 나누는 창조적 리더임을 스스로 경험하게 됩니다.

이 길의 시작과 끝엔 단 한 가지 질문만이 남습니다. "나는 무엇을, 누구에게 어떤 방식으로 나누었는가?" 그 답을 하나씩 쌓아가며 당신만의 교육 브랜드도 자연스럽게 완성될 것입니다.

강인한 정신과 유연한 사고의 루틴

급류처럼 빠르게 흐르는 인공지능 시대, 그 한가운데에서 교육자라는 이름으로 서 있는 이들에게는 강인한 정신과 유연한 사고가 요구됩니다. 어제의 지식이 오늘은 빛이 바래고 지금 이 순간에도 새로운 기술의 씨앗이 움트고 있으니 말입니다. 마치 거친 파도 위를 항해하는 선장처럼 AI 교육자는 변화의 물결에

휩쓸리지 않고 능숙하게 방향을 잡아야 합니다. 이는 단순히 새로운 도구를 다루는 기술을 넘어 끊임없이 배우고 과감히 실험하며 겸허히 나누는 태도에서 비롯됩니다.

매주 새로운 AI 도구의 문을 열어보고 그 속삭임에 귀 기울이는 시간, 똑같은 질문을 던져 다른 답을 찾아내며 그 미묘한 차이를 파고드는 과정은 우리 안에 단단한 학습의 루틴을 심어 줍니다. 때로는 동료들과 머리를 맞대고 고민하고 때로는 세미나의 열기 속에서 최신 트렌드의 숨결을 느끼며 우리는 자신만의 지식 지평을 넓혀갑니다. 이는 단순히 지식을 습득하는 것을 넘어 미지의 영역을 향한 뜨거운 열정을 품게 하는 일입니다.

AI 교육자의 자기 주도 성장 전략은 마치 생명력 넘치는 유기체처럼 '실험-분석-공유-피드백-개선'이라는 순환 구조 속에 살아 숨 쉽니다. 이 고리는 우리를 멈추지 않고 앞으로 나아가게 하는 원동력이 됩니다.

- **실험**: 호기심 어린 눈으로 새로운 AI 도구나 기능을 직접 실험하는 것에서 모든 것은 시작됩니다. 마치 어린아이가 장난감을 탐색하듯, 우리는 이 새로운 기술이 품고 있는 무한한 가능성을 직접 만져보고 느껴야 합니다.
- **분석**: 그 과정에서 발견한 다양한 활용 사례들은 꼼꼼히 기록하여 소중한 자산으로 쌓아 올립니다. 그렇게 쌓인 실험의 결과들을 차분히 들여다보며 성공의 빛과 실패의 그림자를 분석합니다. 이 성찰의 과정 없이는 진정한 발전도 있을 수 없습니다.

- **공유와 피드백**: 오롯이 자신만의 결로 간직하는 대신, 동료 교육자나 온라인 커뮤니티에 그 결과들을 기꺼이 공유합니다. 우리의 작은 발견이 누군가에게는 새로운 영감이 될 수 있음을 믿기에, 다양한 피드백의 목소리를 경청하며 자신을 넓혀 갑니다. 서로에게 배우고 함께 성장하는 아름다운 연대의 과정입니다.
- **개선**: 수집된 소중한 피드백을 겸허히 받아들여 자신의 교육 방법과 콘텐츠에 반영하고 지속적으로 다듬어갑니다. 완벽함은 존재하지 않음을 인정하고 끊임없이 더 나은 내일을 향해 나아가는 유연한 마음이야말로 AI 시대 교육자에게 가장 필요한 덕목일 것입니다.

AI 교육자 개인 브랜드 형성 구조도

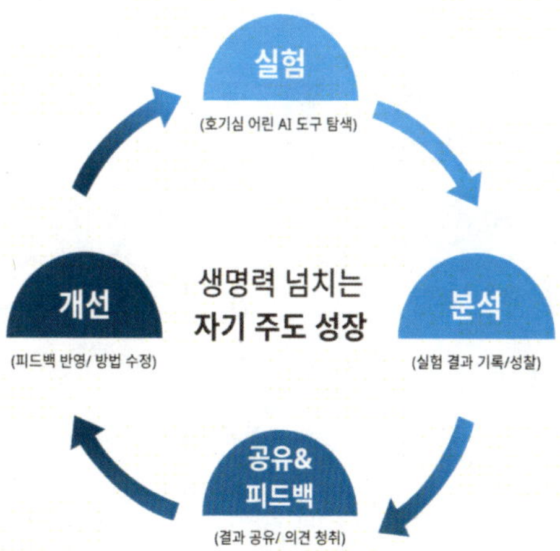

| 반복적 순환을 통해 자기 주도적이고 지속 가능한 전문성 성장이 이루어집니다.

오류라는 벽을 넘어: 위기를 기회로

이 모든 과정에서 우리는 때때로 예상치 못한 실패와 오류라는 거대한 벽에 부딪히곤 합니다. 그러나 진정한 성장은 바로 이 순간에 피어납니다. 오류를 단순한 실패로 치부하는 대신, 새로운 배움의 기회로 삼는 용기가 필요합니다. 문제의 근원을 집요하게 파고들어 개선 방안을 찾는 지난한 과정을 통해 우리는 비로소 진정한 전문성과 깊이를 갖추게 됩니다.

실제로, 한 AI 교육자는 강의 중에 발생한 AI의 오답 사례를 학생들과 함께 분석하는 특별한 수업을 진행했습니다. 예상치 못한 오류에 당황하는 대신, 학생들과 머리를 맞대고 더 나은 프롬프트 설계법을 공동으로 개발하고 위기를 성장의 기회로 바꾸어냈습니다. 이처럼 학습자와 교육자가 함께 고민하고 해결책을 찾아가는 과정에서 서로의 역량이 폭발적으로 상승하는 놀라운 경험을 할 수 있습니다.

자기 주도 성장을 위한 여정을 꾸준히 이어가기 위해서는 자신만의 확고한 루틴을 만드는 게 중요합니다. 매주 새로운 학습 목표를 명확히 설정하고 그 목표를 향해 새로운 AI 도구나 기능을 직접 실습하는 시간을 가집니다. 이는 길을 잃지 않고 꾸준히 나아갈 수 있게 돕는 나침반이 됩니다. 실습에서 얻은 결과와 개선점들을 상세히 기록하여 자신만의 소중한 학습 노트를 만듭니다.

루틴을 넘어 AI 교육자는 지식의 바다를 끊임없이 탐험하는 항해자가 되어야 합니다. AI 관련 최신 논문, 심층적인 연구 보고서, 그리고 급변하는 산업 동향을 꾸준히 탐독하는 건 우리의 시야를 넓히고 통찰력을 길러주는 소중한 과정입니다. 또한, 국내외 교육 컨퍼런스와 세미나에 적극적으로 참여하여 새로운 지식의 물결을 직접 체험하고 글로벌 교육자 네트워크에 참여하여 다양한 국가의 AI 교육 사례와 트렌드를 공유하는 것은 우리의 성장에 날개를 달아줄 것입니다.

AI 교육자의 자기 주도 성장 전략은 단순히 개인의 전문성을 강화하는 것을 넘어섭니다. 이는 교육 현장의 혁신을 끌어내고 더 나아가 우리가 속한 사회에 긍정적인 영향력을 확장하는 결정적인 역할을 합니다. 변화를 두려워하지 않고 끊임없이 배우고 나누는 교육자들의 뜨거운 열정이 모여 AI 시대를 살아갈 다음 세대에게 밝고 희망찬 미래를 선물할 것입니다.

| AI 교육자가 최신 지식 탐구, 교육 컨퍼런스·세미나, 글로벌 교육자 네트워크를 통해 지식의 바다를 항해하며 성장합니다.

기술의 파도를 타고, 인간다움에 닻을 내리다

AI의 물결이 세상을 뒤덮는 시대, 우리의 생존 전략은 기술을 압도하는 데 있지 않습니다. 오히려 그 파도에 맞서 싸우는 것이 아니라 기술과 함께 손잡고 성장하는 지혜에 있습니다.

인간만이 지닌 공감의 깊이, 무한한 상상력, 미묘한 맥락에 대한 통찰, 견고한 윤리적 판단은 그 어떤 인공지능도 넘볼 수 없는 우리 고유의 영역입니다. AI를 능숙하게 다루는 기술적 역량도 중요하지만 더 중요한 건 그것을 해석하고 통제할 줄 아는 섬세한 감각입니다. 인간다움을 잃지 않는 확고한 철학과 윤리, 그리고 끊임없이 배우고 실험하는 열린 태도야말로 이 시대의 진정한 나침반이 될 것입니다.

인공지능은 방대한 데이터를 놀라운 속도로 분석하고 반복적이며 구조적인 작업을 자동화하는 데 있어 놀라운 능력을 자랑합니다. 그러나 AI가 아무리 발전해도 아직 발을 들일 수 없는 영역이 있습니다. 바로 인간의 감정, 복잡한 맥락에 대한 이해, 도덕적 윤리 판단, 그리고 영감을 담은 창의적 해석과 같은 영역들입니다.

교육 현장에서 AI는 교사의 든든한 조력자가 되어 줄 수 있습니다. 학습자 개개인에게 최적화된 학습 경로를 제안하고 반복적인 평가와 피드백을 자동화함으로써 교사의 부담을 덜어줄 수 있습니다. 하지만 진정한 교육의 가치, 즉 학생의 마음에 깊이 닿는 공감, 동기 부여, 삶의 맥락에 맞는 따뜻한 조언, 그리고 윤리적 딜레마 속에서 길을 찾아주는 창의적인 문제 해결 지도는 오직 인간 교사의 몫입니다.

비판적 시각과 윤리적 책임의 완성

따라서 AI와 인간의 협업은 서로의 부족한 부분을 채워주는 상호 보완적인 관계여야 합니다. AI가 학생의 방대한 학습 데이터를 정교하게 분석하여 가장 효과적인 맞춤형 학습 경로를 제시할 때 교사는 그 데이터를 바탕으로 학생의 학습 동기의 변화, 그리고 개인적인 상황까지 세심하게 고려하여 최적의 지도 방법을 결정할 수 있습니다.

AI가 제공하는 정보와 도구를 날카로운 비판적 시각으로 해석하고 학습자의 성장과 행복을 최우선으로 고려하는 인간다움이야말로 AI 시대 교육자의 핵심 역량입니다. 더불어, AI 도구를 활용할 때는 데이터 윤리, 개인정보 보호, 그리고 알고리즘의 잠재적 편향과 같은 다양한 윤리적 이슈들을 항상 마음속에 새겨야 합니다.

교육자는 AI 활용의 명확한 한계와 내재한 위험성을 정확히 인식하고 학습자들에게 올바른 AI 윤리의식을 심어주는 책임감을 가져야 합니다. AI가 제시하는 결과를 맹목적으로 받아들이기보다는 언제나 비판적인 시각과 흔들리지 않는 윤리적 기준을 가지고 있어야 합니다.

AI가 답을 해준 내용을 해석하고 활용하는 태도, 이는 단순히 기술을 사용하는 것을 넘어 기술을 통해 더욱 인간다운 가치를 꽃 피우는 길입니다. AI 활용이 많아질수록 그에 따른 부작용이 나타날 것이기 때문입니다.

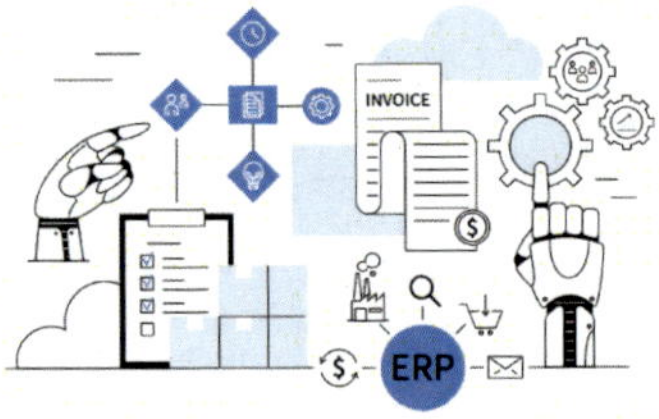

산업 전반으로 확장되는 AI 활용 구조

인간과 지성, 경계가 흐려지는 시대의 항해

인공지능AI은 단순한 기술적 진보를 넘어 이미 우리 사회의 모든 산업 분야에 깊숙이 스며들어 업무 수행 방식과 비즈니스 모델의 근본적인 변화를 이끌고 있습니다. AI의 힘은 반복적이고 정형화된 업무를 자동화하는 것에 그치지 않습니다. 오히려 복잡하게 얽힌 데이터를 신속하게 분석하고 미래를 예측하며 현명한 의사결정을 지원하고 심지어는 인간의 창의적인 작업을 보조하는 등 다양한 임무를 수행하며 인간과 새로운 협력 관계를 구축하고 있습니다. 이러한 변화의 물결은 산업 현장의 생산성을 혁신적으로 향상하는 것은 물론 새로운 가치를 창출하고 혁신적인 서비스를 우리 삶에 선사하고 있습니다.

이 책은 바로 이 경계가 흐려지는 시대를 항해하는 우리의 여정입니다. 우리는 수많은 산업 분야에서 AI가 어떻게 적용되고 있는지 그 사례들을 심층적으로 들여다볼 것입니다. 각 산업에서 AI가 어떻게 인간의 업무를 보완하며 전에 없던 가치를 창출하고 있는지 또한, AI 도입 과정에서 필연적으로 마주하게 되는 도전과제들은 무엇이며 앞으로 인공지능이 어떤 방향으로 발전해 나갈지에 대한 미래의 비전 또한 함께 논의하며 기술과 인간이 공존하는 더 나은 미래를 향한 우리의 여정을 탐구할 것입니다. 이제, 지성과 감성의 교차점에서 AI와 인간의 협력이 만들어 나갈 새로운 세계로 함께 걸어 들어갈 시간입니다.

차가운 기계음에서 지능적인 숨결로

차가운 기계음이 가득했던 제조 현장은 이제 인공지능의 지능적인 숨결로 뜨겁게 달아오르고 있습니다. 제조업은 AI 도입이 가장 활발한 분야 중 하나로, AI 기반의 지능형 공장은 생산 효율성과 품질을 혁신적으로 끌어올리는 마법 같은 변화를 만들어내고 있습니다. AI는 생산 설비 곳곳에서 쏟아져 나오는 방대한 공정 데이터를 실시간으로 수집하고 분석합니다.

이를 통해 눈에 보이지 않던 생산 설비의 병목 현상을 정확히 감지하고 설비 하나하나의 상태를 섬세하게 관찰하며 나아가 생산 계획을 스스로 조정하는 놀라운 능력을 발휘합니다. 예를 들어 세계 유수의 자동차 제조업체들은 이미 AI를 활용하여 복잡한 부품 조립 공정을 최적화하고 단 하나의 불량도 허용하지 않겠다는 의지로 품질 관리 시스템을 운영하며 불량률을 극적으로 낮추고 있습니다.

AI는 센서 데이터를 예리하게 분석하여 설비 고장을 사전에 예측하고, 유지보수 일정을 스스로 조정하는 예측 유지보수 Predictive Maintenance 시스템까지 구현하며 생산 현장의 멈춤 없는 흐름을 보장합니다.

유연함의 예술: 적응형 생산 체계

AI는 또한 고객의 미묘한 요구와 급변하는 시장의 파동에 신속하게 반응하는 '적응형 생산' 체계를 현실로 만들고 있습니다. 방대한 빅데이터와 AI 분석의 힘으로 수요 예측의 정확도를 한층 높이고 필요에 따라 생산 설비를 유연하게 재구성하여 다품종 소량 생산의 꿈을 실현하고 있습니다. 나아가 AI 기반 로봇들은 과거 인간만이 할 수 있었던 복잡하고 정교한 작업을 자동으로 수행하며 인간 작업자와 나란히 협력하는 '코봇Cobot'으로 변모하여 생산 현장의 안전성을 높이는 동시에 효율성까지 두 마리 토끼를 잡고 있습니다.

실제로 스마트 제조업 현장에서는 AI 기반 품질 검사 시스템 도입 후 불량률이 무려 30% 이상 감소했으며, 검사 시간을 58% 단축하는 등 놀라운 생산성 향상을 끌어냈다는 보고(산업통상자원부, 2025)가 있습니다. 이러한 수치들은 AI가 단순히 효율을 높이는 것을 넘어 제조업의 미래를 근본적으로 바꾸는 핵심 동력임을 명백히 보여줍니다. AI는 이제 차가운 기계와 뜨거운 인간의 열정이 만나 새로운 가치를 창조하는 스마트 제조의 심장이 되고 있습니다.

물론, 이러한 혁신적인 변화의 길에는 몇 가지 도전과제가 존재합니다. 스마트 제조 시스템을 도입하는 과정에서 방대한 데이터의 통합과 품질을 확보하는 문제, 기존 설비와의 원활한 호환성 문제, 그리고 끊임없이 진화하는 보안 위협에 대한 철저한 대응은 우리가 반드시 넘어서야 할 산들입니다. 하지만 장래는 밝습니다. 앞으로 AI는 5G 통신 기술의 초고속 연결성과 엣지 컴퓨팅의 즉각적인 처리 능력이 결합하여, 생산 공정의 실시간 제어와 완전한 자율 운영이 더욱 고도화될 전망입니다.

| AI 기반 스마트 제조는 수요 예측 고도화와 유연한 공정 재구성을 통해 적응형 생산을 실현하고, 코봇 협업으로 안전성과 생산성을 동시에 향상시킵니다.

오랜 친구의 조언처럼: 초개인화 금융의 시대

안정성과 신뢰를 최우선으로 여기는 금융 산업 역시 인공지능의 지능적인 손길로 거대한 변화를 맞이하고 있습니다. AI는 고객 한 사람 한 사람의 삶과 바람을 깊이 이해하며 그에 꼭 맞는 금융 상품과 서비스를 제공하는 '초개인화'의 시대를 열었습니다.

이제 AI는 고객의 방대한 금융 거래 명세, 소비 패턴, 그리고 신용 정보 등 모든 데이터를 정교하게 분석해 최적의 대출 상품, 가장 합리적인 보험, 그리고 가장 현명한 투자 전략을 추천해 줍니다. 예를 들어 AI 기반 로보어드바이저는 투자자의 위험 선호도와 재정 상황을 자세히 고려하여 맞춤형 포트폴리오를 설계하고 급변하는 시장 상황에 따라 자산 배분을 스스로 조정하며 투자자에게 최적의 방향을 제시합니다. 실제로 NH농협은행은 AI를 활용해 고객별 투자 성향과 상황에 맞춘 금융 상품을 실시간으로 추천하는 서비스를 성공적으로 운영하며 AI 기반 금융서비스의 가능성을 현실로 증명하고 있습니다.

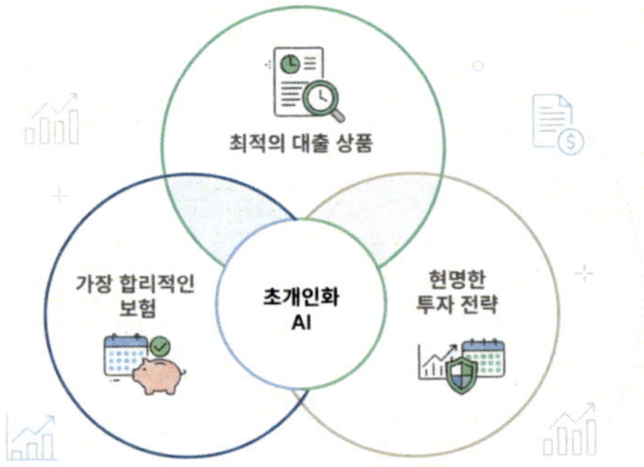

| 이제 AI는 친한 친구처럼 고객에게 맞는 상품을 추천해 줍니다.

리스크 관리와 규제 준수의 혁신

또한 AI는 금융 산업의 핵심인 리스크 관리에 혁신적인 임무를 수행합니다. 머신러닝 모델은 시장의 변동성과 잠재적인 신용 위험을 실시간으로 예측하고 이상 거래 탐지 시스템은 눈치채지 못했던 사기와 부정행위를 빛의 속도로 식별해 냅니다.

더 나아가 AI는 엄격한 금융 규제 준수를 위한 '레그테크 RegTech' 분야에서도 빛을 발해 방대한 법률 문서 분석, 보고서 작성, 지속적인 컴플라이언스 모니터링 업무를 자동화하여 비용과 시간을 획기적으로 절감하며 효율성을 극대화합니다.

신뢰를 위한 숙제와 미래 전망

하지만 AI가 금융 산업에 가져올 미래는 장밋빛 환상만은 아닙니다. 금융 산업은 엄격한 규제 환경과 고객의 개인정보 보호라는 민감한 요구 사항으로 인해 AI 도입에 매우 신중한 접근이 필요합니다. AI 모델의 내부 작동 방식에 대한 투명성과 설명 가능성을 확보하고 데이터 학습 과정에서 발생할 수 있는 편향성 문제를 해결하는 건 우리가 반드시 풀어야 할 숙제입니다.

| AI와 블록체인의 기술 결합으로 신뢰 기반 시스템을 구축하였습니다.

그러나 미래는 희망적입니다. 앞으로 AI는 블록체인 기술의 분산 원장 기술과 결합하여 금융 거래의 보안성과 신뢰성을 한층 더 강화하며 새로운 패러다임을 열어갈 것으로 기대됩니다. 인간은 AI가 제공하는 통찰력을 바탕으로 의사결정을 내리고, AI 모델을 관리·감독하며 궁극적으로 윤리적·규제적 기준을 설정하는 중요한 역할을 담당할 것입니다.

**AI + 블록체인 =
보안성 & 신뢰성 강화**

| AI와 블록체인 기술 결합으로 신뢰 기반 시스템을 구축하였습니다.

정밀 진단과 예측의 놀라운 능력

인간의 생명과 직결된 의료 분야는 인공지능이 가장 혁신적이고 감동적인 변화를 불러올 수 있는 영역 중 하나입니다. AI는 이제 단순한 보조 도구를 넘어 환자의 삶을 바꾸는 정밀 진단과 예측의 핵심적인 임무를 수행하고 있습니다.

AI는 방대한 의료 영상 자료는 물론, 환자 개개인의 유전체 정보와 전자의무기록EMR 데이터를 정교하게 분석하여 질병을 조기에 진단하고, 환자의 예후까지도 예측하는 놀라운 능력을 보여줍니다. 특히 딥러닝 기반의 영상 분석 기술은 암, 심혈관 질환, 뇌 질환 등 복잡하고 치명적인 질병의 미세한 징후까지도 탐지해 진단의 정확도를 획기적으로 높입니다. 나아가 AI는
환자 맞춤형 치료법 설계와 신약 후보 물질을 발굴하는 데도 지대한 역할을 하고 있습니다.

또한, AI는 환자의 일상에서 끊임없이 그들을 보살피는 모니터링과 원격 의료 서비스를 현실로 만들고 있습니다. 이제 웨어러블 기기와 AI가 결합하여 환자의 심박수, 혈압 등 생체 신호

를 실시간으로 모니터링하고 미세한 이상 징후라도 포착되면 즉시 의료진에게 알림을 보내 조기에 대처할 수 있도록 돕습니다.

이처럼 AI 기반의 원격 진료와 상담 서비스는 지리적, 시간적 제약을 넘어 의료 서비스에 대한 접근성을 비약적으로 높여주고 있으며, 한정된 의료자원을 더욱 효율적으로 분배하는 데도 크게 기여하고 있습니다.

인간 생명의 존엄을 위한 도전

하지만 의료 AI의 눈부신 발전에도 불구하고 우리가 함께 풀어가야 할 도전과제는 분명히 존재합니다. 의료 데이터의 품질 확보와 표준화, 민감한 환자 정보에 대한 철저한 개인정보 보호, 그리고 AI 모델의 예측과 판단에 내재할 수 있는 윤리적 문제들은 의료 AI의 미래를 결정할 중요한 요소입니다.

그러나 이러한 도전을 극복한다면 의료 AI의 장래는 더욱 밝게 빛날 것입니다. 앞으로 AI는 로봇 수술의 정교함과 증강현실AR 기술의 시각적 정보를 결합하여, 환자 한 사람 한 사람에게 최적화된 초정밀 의료와 맞춤형 치료의 시대를 더욱 앞당길 것으로 기대됩니다.

AI는 이제 차가운 기술이 아닌 인간 생명의 존엄성을 지키고 삶의 질을 향상하는 따뜻한 동반자가 되어가고 있습니다. AI는 인간의 삶에 거대한 존재감을 나타낼 것으로 예측됩니다.

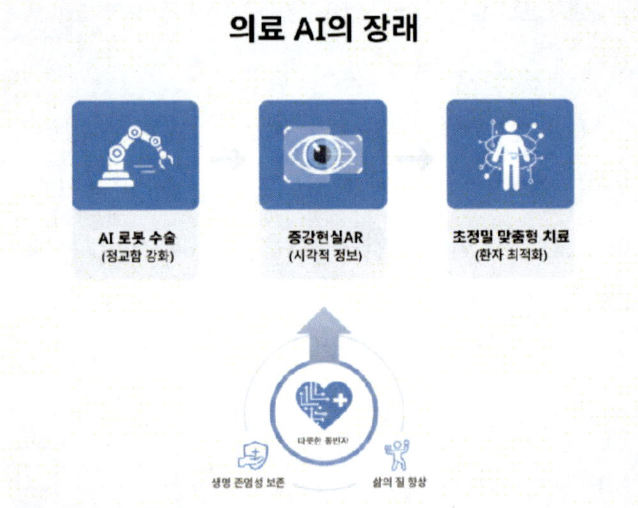

| AI 로봇 수술, 증강현실(AR), 초정밀 맞춤형 치료라는 세 가지 핵심기술이 조화를 이루어 환자에게 최적화된 따뜻한 의료 동반자 역할을 수행합니다.

헌신적인 교사, AI 튜터의 탄생

미래를 만들어가는 요람, 교육 현장 역시 인공지능의 지대한 영향 아래 혁신적인 변화를 맞이하고 있습니다. AI는 이제 교육의 본질을 깊이 이해하며 학생 개개인의 잠재력을 최대한 끌어낼 수 있는 맞춤형 학습과 교육 혁신의 시대를 열어가고 있습니다.

AI는 개인 교사처럼 'AI 튜터'의 임무를 수행합니다. 학생 개개인의 학습 수준과 선호하는 학습 스타일을 정교하게 분석하여 그들에게 가장 적합한 콘텐츠와 최적의 학습 경로를 제시합니다. 또한, 학습자의 강점과 약점을 실시간으로 파악하여 보충학습을 권장하고 질문에 대한 즉각적인 피드백을 제공해 학습의 효율을 극대화합니다. 나아가 AI는 축적된 방대한 학습 데이터를 분석하여 교육 기관과 교사에게 학생들의 이해도와 학습 성과에 대한 깊이 있는 통찰력을 제공하며 더 나은 교육 전략 수립을 위한 지침을 제시합니다.

또한, AI는 교사의 교육 행정 업무의 부담을 획기적으로 줄여주는 역할을 합니다. 시험 채점, 과제 평가, 출결 관리 등 반복적이고 시간이 많이 소요되는 업무를 자동화함으로써, 교사들은 행정 업무 대신 학생들과의 소통과 심화 학습 지도에 더욱 집중할 수 있게 됩니다. 특히, 자연어 처리NLP 기술을 활용한 AI는 과거 수작업으로만 가능했던 에세이나 주관식 답안까지도 자동 채점하여 교육 현장의 효율성을 한 차원 높이고 있습니다.

도전과 가능성: 몰입형 학습의 미래

물론 교육 분야에 AI를 도입하는 과정에서 우리는 몇 가지 중요한 과제에 직면합니다. 학생들의 민감한 학습 데이터에 대한 데이터 프라이버시 보호, AI 모델 학습 과정에서 발생할 수 있는 편향성 문제, 그리고 교사와 학생 모두의 AI 활용 역량 강화는 지속적인 관심과 노력이 필요한 부분입니다.

그러나 이러한 도전을 현명하게 극복한다면 교육 AI의 미래는 무궁무진합니다. 앞으로 AI는 가상현실VR과 증강현실AR 기술과 결합하여 학습자들이 현실처럼 생생하고 몰입감 넘치는 환경에서 배우고 성장할 수 있는 새로운 교육 경험을 선사할 것입니다. AI는 이제 학생들의 마음속에 배움의 즐거움과 무한한 가능성을 심어주는 미래 교육의 핵심이 되어가고 있습니다.

미래를 예언하는 지성: 수요 예측과 재고의 예술

우리가 일상에서 경험하는 편리함 뒤에는 유통과 물류라는 거대한 시스템이 숨 쉬고 있습니다. 그리고 이 시스템의 심장에는 이제 인공지능의 혁신적인 지능이 자리 잡고 있습니다. AI는 단순한 상품 이동을 넘어 공급망 전체를 똑똑하게 연결하고 고객 경험을 한 차원 높이는 핵심 동력이 되고 있습니다.

AI는 마치 미래를 내다보는 예언자처럼 수요 예측과 재고 관리에 놀라운 정확성을 부여합니다. 과거 판매 데이터, 계절성, 복잡한 경제 지표, 그리고 미묘한 소비자 행동 패턴까지 모든 정보를 통합 분석하여 어떤 상품이 언제 얼마나 팔릴지 정확하게 예측합니다.

이를 바탕으로 재고를 최적화함으로써 불필요한 비용을 획기적으로 절감하고 고객이 원하는 상품이 품절되거나 반대로 재고가 과도하게 쌓이는 손실을 최소화합니다. 이는 마치 보이지 않는 손이 창고를 관리하며 가장 효율적인 흐름을 만들어내는 것과 같습니다.

AI를 통한 수요 예측을 통해 성공한 사례는 많이 찾아볼 수 있습니다. 의류업계는 물론이고 제조업에서도 원가절감과 수익 창출에 이제는 없어서는 안 될 도구(Tool)가 되었습니다. 어쩌면 앞으로의 모든 일은 AI에 의해서 좌우되는 시기가 올 수 있습니다.

움직이는 물류: 자동화와 지속 가능성

물류 현장에서는 자동화와 배송 최적화가 인공지능의 주도 아래 빠르게 진행되고 있습니다. 더 이상 사람이 일일이 물건을 옮기거나 경로를 계산할 필요가 없습니다. 로봇들은 거대한 창고 안을 누비며 상품을 분류하고 적재하고, 드론과 자율주행 차량은 마지막 1마일 배송의 혁신을 이끌고 있습니다.

AI 기반의 배송 경로 최적화 알고리즘은 실시간 교통 상황, 변화무쌍한 날씨, 그리고 수많은 고객의 위치를 종합적으로 반영해 가장 빠르고 효율적인 배송 경로를 도출합니다. 이는 단순한 시간 절약을 넘어 자원 낭비를 줄이고 환경 보호에도 기여하는 지속 가능한 물류의 미래를 제시합니다.

나아가 AI는 고객과의 소통 방식까지 혁신하며 맞춤형 마케팅과 서비스의 새로운 지평을 열고 있습니다. AI는 방대한 고객 데이터를 분석해 개인의 취향과 구매 이력을 기반으로 최적의 프로모션과 상품을 추천합니다.

또한 고객 서비스 챗봇과 음성 비서는 24시간 고객의 문의를 처리하며 시간과 공간의 제약 없는 지원을 제공합니다. 유통 및 물류 분야에서 AI는 효율성을 넘어 고객에게 실질적인 가치와 만족을 제공하는 핵심 기술로 자리 잡고 있습니다. 움직이는 물류는 비용절감 및 ESG 달성을 동시에 실현하는 전략적 인프라입니다. 동시에 이는 유통·물류 전반에서 AI의 전략적 가치를 명확히 보여줍니다.

농업: 땀과 직관을 넘어 정밀함의 시대로

인공지능의 혁신적인 물결은 제조업, 금융, 의료를 넘어 우리 삶의 바탕을 이루는 다양한 산업 분야에도 깊숙이 스며들어 새로운 가능성을 열고 있습니다.

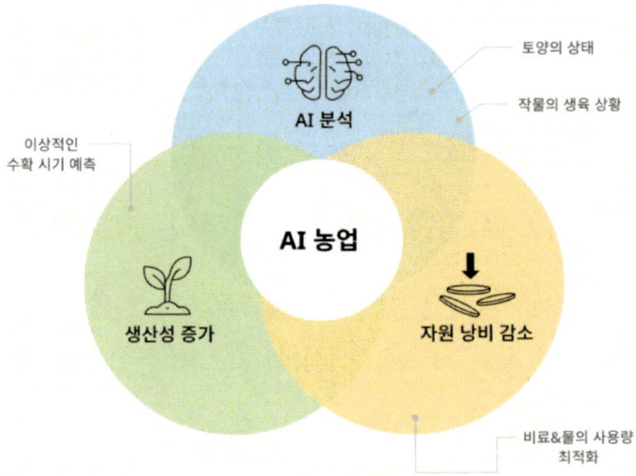

| AI 분석, 생산성 증가, 자원 낭비 감소가 유기적으로 연결되어 변화를 촉진합니다.

먼저, 농업은 AI 덕분에 과거의 땀과 직관에 의존하던 방식에서 벗어나 스마트 농업과 정밀 농사의 시대로 진입하고 있습니다. 이제 농부들은 드론과 첨단 센서가 수집하고 AI가 분석한 방대한 데이터를 토양의 상태, 작물의 생육 상황, 심지어는 미세한 병해충의 발생까지 실시간으로 관찰할 수 있습니다. 이러한 정밀한 정보는 비료와 물의 사용량을 최적화하여 자원 낭비를 줄이고 가장 이상적인 수확시기를 정확하게 예측하여 농작물의 생산성을 획기적으로 높이는 데 이바지합니다. AI는 지속 가능하고 효율적인 미래 산업으로 변화시키고 있습니다.

에너지: 보이지 않는 곳에서 미래를 밝히다

에너지 분야에서는 AI가 미래 에너지 시스템의 핵심인 스마트 그리드와 효율적인 에너지 관리를 가능하게 합니다. AI는 복잡하게 얽힌 전력 수요와 공급을 실시간으로 예측하고 태양광이나 풍력과 같은 재생에너지 발전량의 예측 불확실성을 조절하여 에너지 효율성을 극대화합니다. 또한, 스마트 미터와 사물인터넷IoT 기기들은 AI와 연동되어 가정과 산업 현장의 에너지 사용 패턴을 분석하고 최적화함으로써 불필요한 에너지 낭비를 줄이고 지속 가능한 에너지 생태계를 구축하는 데 중요한 역할을 합니다. AI는 보이지 않는 곳에서 우리 모두의 에너지를 절약하고 미래를 밝히는 빛이 되고 있습니다.

건설: 지능을 입은 견고한 안전망

마지막으로 건설 분야는 AI의 지능적인 지원을 받아 더욱 안전하고 효율적인 작업 환경을 만들어가고 있습니다. AI는 건축 설계 단계에서부터 복잡한 구조를 최적화하고 비용을 절감하는 데 혁혁한 공을 세웁니다. 건설 현장에서는 AI 기반의 시스템이 잠재적인 안전사고를 예측하고 위험 요소를 감지하여 작업자들의 안전을 지키는 든든한 파수꾼이 됩니다. 또한, 드론과 AI 영상 분석 기술은 광활한 공사 현장의 진행 상황을 실시간으로 관찰하며 문제 발생 시 즉각적인 대응을 가능하게 하여 공정의 효율성과 투명성을 높입니다. AI는 건설 현장에 더욱 견고하고 지속 가능한 미래를 짓고 있습니다.

이처럼 AI는 농업의 풍요로움, 에너지의 효율성, 건설의 안전성까지 우리 삶의 다양한 기반 산업에 스며들어 혁신을 끌어내고 있습니다. AI는 이제 특정 분야의 기술을 넘어 인류가 직면한 다양한 문제들을 해결하고 더 나은 미래를 만들어가는 데 없어서는 안 될 핵심적인 지능이 되고 있습니다.

| 이제 AI는 특정 분야에 국한되지 않고 영향력을 넓혀가고 있습니다.

뿌리가 단단해야 열매도 단단하다: 데이터 품질의 중요성

인공지능의 시대는 분명 희망으로 가득하지만, 이 거대한 파도를 넘어서기 위해서는 몇 가지 공통적인 도전과제들을 현명하게 극복해야 합니다. 이 과제들은 AI를 성공적으로 도입하고 지속적인 발전을 이루기 위한 필수적인 관문이며, 인간의 지혜와 노력이 더해질 때 비로소 빛을 발할 수 있습니다.

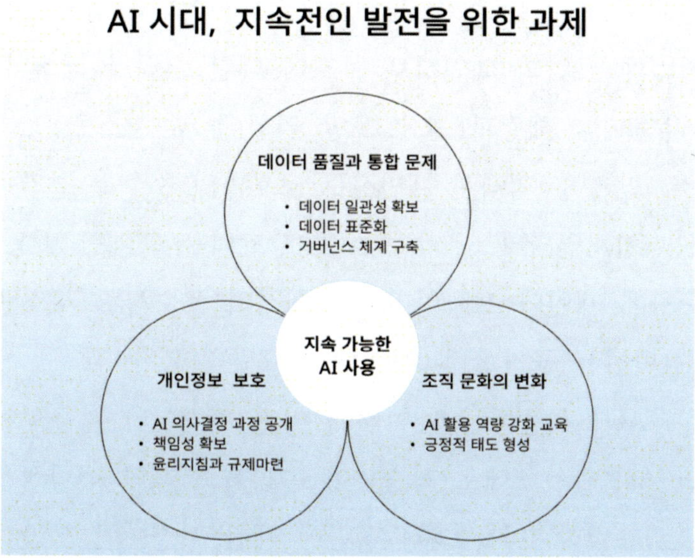

| 데이터 품질과 통합, 개인정보 보호, 조직 문화의 변화가 함께 뒷받침되어야 지속적인 발전이 가능합니다.

가장 먼저 마주하는 건 바로 데이터 품질과 통합 문제입니다. AI의 성능은 마치 식물의 뿌리처럼 학습하는 데이터의 품질에 전적으로 의존합니다. 하지만 현실에서는 각기 다른 출처에서 쏟아져 나오는 방대한 데이터를 하나로 통합하고 그 속에 숨어 있는 오류나 불순물을 걸러내 정제하는 과정이 필수적입니다.

이러한 과정을 거치지 않는다면 AI는 오히려 잘못된 판단을 내릴 위험이 있습니다. 따라서, 데이터의 일관성을 확보하고 효율적으로 관리할 수 있는 데이터 표준화와 견고한 거버넌스 체계 구축은 AI 성공을 위한 가장 기본적인 토대가 됩니다.

신뢰의 균형: 보안, 프라이버시, 그리고 윤리적 편향

다음으로 AI 시스템은 필연적으로 대량의 민감한 데이터를 처리하기에 보안과 개인정보 보호에 대한 우려가 커집니다. 데이터 유출이나 해킹과 같은 보안 위협에 AI 시스템은 특히 취약할 수 있으며, 엄격한 개인정보 보호법의 준수는 결코 타협할 수 없는 가치입니다. 우리는 AI의 잠재력을 최대한 활용하면서도, 동시에 개인의 프라이버시를 철저히 보호하고 시스템의 보안을 강화하는 균형 잡힌 노력이 필요합니다.

또한, AI가 학습하는 데이터에 이미 편견이나 불균형이 존재한다면 AI 역시 그대로 학습하여 윤리적 문제와 편향성을 드러낼 수 있습니다. 이는 특정 집단에 대한 차별이나 불공정한 결과를 초래할 수 있으므로 매우 심각한 문제입니다. 이러한 위험을 막기 위해서는 AI의 의사결정 과정을 투명하게 공개하고 모든 사용자에게 공정하며 오류 발생 시 그 책임을 명확히 할 수 있는 책임성을 확보해야 합니다. 이를 위한 명확한 윤리 지침과 규제 마련은 인간과 AI가 조화롭게 공존하는 사회를 위한 필수적인 조건입니다.

마지막으로 AI의 성공적인 도입은 단순히 기술을 들여오는 것을 넘어 조직 문화의 변화와 인재 육성을 강력하게 요구합니다. 직원들이 AI를 두려워하거나 거부하는 대신, 새로운 기술을 학습하고 자신의 업무에 적극적으로 활용할 수 있도록 AI 활용 역량 강화 교육을 제공해야 합니다. 또한, 변화를 유연하게 수용하고 AI와 협력하는 긍정적인 태도를 형성하는 것은 조직 전체의 혁신을 이끄는 핵심적인 요소가 됩니다. 결국 AI는 인간을 대체하는 것이 아니라 인간이 더욱 본질적인 역할에 집중하고 성장할 수 있도록 돕는 도구이기 때문입니다.

미래를 재편하는 거대한 흐름

우리가 서 있는 지금, 인공지능은 단순히 하나의 기술을 넘어 미래 사회를 재편하는 거대한 흐름이 되고 있습니다. 앞으로 AI는 더욱 고도화되고 서로 다른 기술과 융합하여 상상 이상의 시너지를 창출할 것입니다. 이는 산업별로 더욱 세분되고 맞춤화된 해결책을 제공하며 인간과 AI가 긴밀하게 협력하는 새로운 생태계를 확장하는 원동력이 될 것입니다.

머지않은 미래에 우리는 자율주행 기술이 도시의 풍경을 바꾸고, AI가 통제하는 스마트 시티가 더욱 안전하고 효율적인 삶을 제공하는 모습을 보게 될 것입니다. 가상과 현실이 넘나드는 메타버스 속에서 AI는 새로운 경험을 창조하고 AI 기반의 신약 개발은 인류의 질병 정복에 속도를 더하며 나아가 기후 변화와 같은 복잡한 환경 문제 해결에도 AI가 혁신적인 해법을 제시할 것입니다.

이처럼 AI는 인류가 당면한 크고 작은 문제들을 해결하고 더 나은 삶을 위한 길을 열어줄 무한한 잠재력을 품고 있습니다.

윤리적 책임과 지속 가능한 발전

하지만 AI의 확장은 단순히 기술적 진보만을 의미하지 않습니다. AI가 사회에 미치는 영향력이 커질수록 AI의 사회적 책임과 윤리적 활용에 대한 논의는 더욱 중요해질 것입니다. 공정하고 투명하며 책임감 있는 AI 개발과 활용을 위한 국제적인 협력과 규제의 조화는 인류 공동의 과제가 될 것입니다.

결국 인공지능 시대를 진정으로 선도하기 위해서는 기술 혁신에 대한 끊임없는 투자와 함께 AI의 혜택이 모두에게 공평하게 돌아가고 누구도 소외되지 않는 포용적이고 지속 가능한 발전 전략이 필수적입니다.

AI는 다양한 산업 분야에서 인간의 역량을 보완하고 증대시키며, 업무 효율성과 창의성을 증진하는 강력한 파트너가 되고 있습니다. 각 산업의 고유한 특성에 맞는 AI 적용 사례들은 단순한 기술 혁신을 넘어 전에 없던 새로운 가치를 창출하는 가능성을 보여주었습니다.

AI 도입의 성공은 단순히 기술적 진보에만 있는 게 아닙니다. 그것은 윤리적인 기준 확립, 철저한 보안 시스템 구축, 유연한 조직 문화로의 변화, 그리고 끊임없는 인재 육성이라는 다차원적인 노력이 긴밀하게 결합할 때 비로소 이루어질 수 있습니다.

미래의 AI 시대는 기술이 인간을 대체하는 것이 아니라 인간과 AI가 서로의 강점을 존중하고 긴밀히 협력하며 공동으로 새로운 가치를 창조하는 시대가 될 것입니다. 우리는 이 거대한 변화의 물결 속에서 어떻게 인간의 고유한 가치를 지키고 AI와 함께 더 풍요로운 미래를 만들어갈 수 있을까요? 이 질문이 바로 우리가 이 책을 통해 얻어야 할 가장 중요한 통찰일 것입니다.

| 인공지능 시대의 진정한 발전은 기술 혁신을 넘어 윤리적 책임과 포용적 협력, 인간과 AI의 상호 보완적 공존을 통해 지속 가능한 가치를 창출하는 데에 있습니다.

TIP

AI를 활용할 때는 효율 향상만을 목표로 삼기보다 공정성과 포용성을 기준으로 한 윤리적 가이드와 지속 가능한 운영 전략을 함께 설계해야 장기적인 가치 창출이 가능합니다.

일상 속 AI와의 자연스러운 공존과 변화의 양상

인공지능은 우리 삶의 가장 다정한 동반자가 되어

고요한 아침을 깨우는 스마트폰 음성 비서의 나긋한 알람 소리, 복잡한 출근길을 헤쳐 나갈 때 가장 빠르고 효율적인 길을 찾아주는 실시간 교통 분석. 우리가 미처 의식하기도 전에 인공지능AI은 이미 우리의 하루 깊숙이 스며들어 삶의 리듬을 바꾸고 있습니다. 더 이상 AI는 먼 미래의 기술도, 특정 분야 전문가들의 난해한 전유물도 아닙니다. 그것은 우리의 지극히 평범한 일상에서 숨 쉬는 공기처럼 너무나도 자연스럽게 녹아들어 있습니다.

잠 못 이루는 밤, 유튜브와 넷플릭스가 내 취향을 귀신같이 알아채고 다음 영상을 끊임없이 추천하는 마법 같은 경험. 친구들과의 소중한 순간을 담은 사진 속에서 AI가 얼굴을 정확히 인식하고 태그를 제안하는 섬세한 편리함. 이 모든 순간이 바로 AI가 우리 삶 곳곳에 조용히, 그러나 강력하게 스며들어 일상의 경험을 혁신적으로 변화시키고 있는 증거들입니다. 우리는 이제 손안의 작은 기기 속에서 혹은 눈에 보이지 않는 거대한 네트워크 속에서 AI와 함께 살아가고 있습니다.

이러한 AI의 확산은 단순히 기술적인 진보의 척도를 넘어섭니다. 그것은 인간과 AI가 함께 살아가는 방식을 근본적으로 재정의하는 거대한 흐름입니다. 우리는 더 이상 AI를 그저 명령을 내리고 결과를 얻어내는 "도구를 사용하는 주체"라는 수동적인 역할에 머무르지 않습니다. 대신, AI가 제공하는 방대한 정보와 통찰력을 바탕으로 함께 고민하고 더 나은 결정을 내리며 나아가 새로운 행동을 창조하는 "공존하는 파트너"로서의 새로운 관계를 형성하고 있습니다.

인간의 고유한 지혜와 감성, 그리고 AI의 방대한 처리 능력과 학습 능력이 만나 시너지를 발휘하는 시대입니다. 이처럼 AI는 우리의 삶을 더욱 풍요롭고 의미 있게 만드는 새로운 동반자로 진화하고 있습니다. 앞으로 우리가 함께 써 내려갈 미래의 장이 더욱 기대되는 이유이기도 합니다.

삶의 리듬을 바꾸는 나긋한 알람 소리

고요한 아침을 깨우는 스마트폰 음성 비서의 나긋한 알람 소리, 복잡한 출근길을 헤쳐 나갈 때 가장 빠르고 효율적인 길을 찾아주는 실시간 교통 분석. 우리가 미처 의식하기도 전에 인공지능AI은 이미 우리의 하루 깊숙이 스며들어 삶의 리듬을 바꾸고 있습니다. 더 이상 AI는 먼 미래의 기술도, 특정 분야 전문가들의 난해한 전유물도 아닙니다. 그것은 우리의 지극히 평범한 일상에서 숨 쉬는 공기처럼 너무나도 자연스럽게 녹아들어 있습니다.

이 마법 같은 변화 뒤에는 어떤 구체적인 AI 기술들이 숨 쉬고 있을까요? 이제 그 베일 속으로 들어가 AI가 어떻게 우리의 일상을 변화시키고 있는지 그 매혹적인 기술 메커니즘을 함께 들여다보겠습니다.

가장 먼저 우리와 하루를 시작하는 스마트폰과 개인 비서 AI의 세계를 살펴보겠습니다. 이제 스마트폰에 내장된 음성 비서들은 단순한 명령 수행자를 넘어섰습니다. 그들은 우리의 생활 방식과 미묘한 선호도를 마치 오랜 친구처럼 학습하고 기억합니다.

아침 알람이 울리는 순간, AI는 오늘의 날씨, 실시간 교통 상황, 그리고 빼곡히 채워진 일정 등을 종합적으로 분석하여 우리에게 최적의 출근 경로를 추천해 줍니다. 이 모든 과정은 자연어 처리NLP 기술이 인간의 언어를 이해하고 음성 인식 기술이 우리의 목소리를 해석하며 맥락 이해 기술이 복잡한 상황을 파악하는 경이로운 결합을 통해 이루어집니다. AI는 우리가 미처 알기도 전에 방대한 데이터와 복잡한 알고리즘을 실시간으로 활용하여 우리의 일상을 부드럽게 감싸안는 개인 맞춤형 서비스를 제공하고 있는 것입니다.

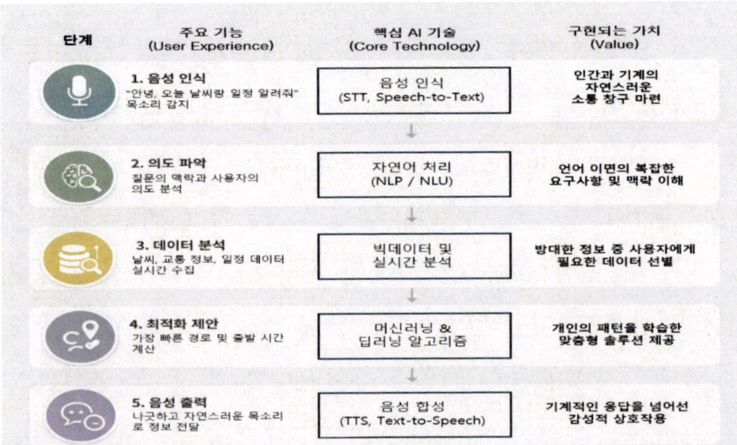

| 스마트폰 음성 비서 메커니즘 취향을 읽어내는 마법: 추천 알고리즘

다음으로 우리의 여가 시간을 책임지는 콘텐츠 플랫폼의 AI 추천 시스템을 살펴보겠습니다. 유튜브와 넷플릭스가 수억 명의 시청자 각자에게 마치 맞춤복처럼 딱 맞는 콘텐츠를 끊임없이 제안하는 것은 더 이상 우연이 아닙니다. 그 뒤에는 AI 추천 알고리즘의 눈부신 활약이 숨어있습니다.

이 시스템들은 사용자 개개인의 취향과 과거 시청 이력을 정교하게 분석하며 "심층 강화학습Deep Reinforcement Learning"과 "협업 필터링Collaborative Filtering"이라는 강력한 기술 기법을 활용하여 우리가 다음에 무엇을 좋아할지 예측하고 그것을 우리 앞에 놓아 줍니다. AI는 콘텐츠의 장르, 길이와 같은 겉으로 드러나는 정보뿐 아니라 우리가 잠시 멈췄던 장면 반복해서 보았던 특정 배우까지도 세밀하게 분석하여 우리의 감성을 건드리는 맞춤형 추천을 제공함으로써 사용자의 체류 시간과 만족도를 극대화합니다.

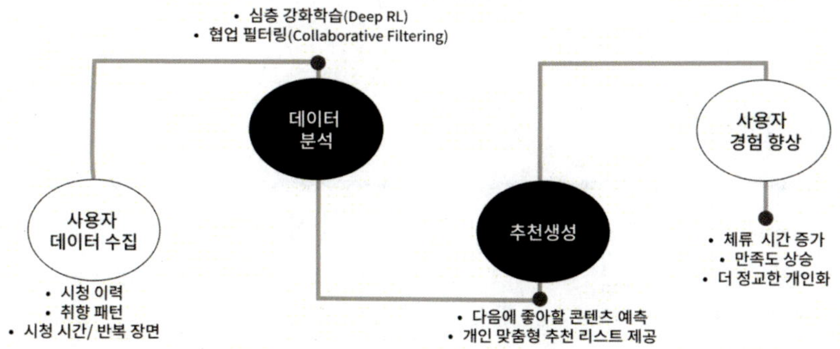

| 콘텐츠 플랫폼의 AI 추천 시스템은 사용자 행동 데이터를 분석해 취향을 예측하고, 개인별 맞춤 콘텐츠를 제공함으로써 만족도와 체류 시간을 높입니다.

온라인 경험을 풍요롭게: 이미지 인식과 공공 안전

마지막으로 우리가 매일 손에서 놓지 않는 SNS와 이미지 인식 AI의 만남을 짚어보겠습니다. 페이스북, 인스타그램과 같은 소셜 미디어 플랫폼은 AI 기반 이미지 인식 기술을 활용하여 사진 속 인물을 자동으로 식별하고 태그를 제안하는 편리함을 선사합니다. 이제 최신 AI 모델들은 단순히 얼굴을 넘어 사진 속 인물의 미묘한 표정, 담겨 있는 배경의 풍경, 그리고 주변의 다양한 사물까지도 정확하게 인식하는 경이로운 수준에 도달했습니다.

이 기술은 우리의 온라인 경험을 더욱 풍부하고 생생하게 만드는 것을 넘어 실종자 수색, 범죄 수사 등 공익을 위한 다양한 공공 안전 분야에도 활용되며 AI의 긍정적인 사회적 영향력을 넓혀가고 있습니다. AI는 이처럼 우리의 일상에 깊이 통합되어 보이지 않는 곳에서 우리의 삶을 더 편리하고 안전하며 풍요롭게 만들어가는 진정한 동반자로 진화하고 있습니다.

TIP

> 인공지능은 단순한 도구가 아닌 지성과 감성이 결합해 새로운 행동을 창조하는 공존하는 파트너로 인식하는 새로운 관계를 의미합니다. AI의 활용은 더 이상 전문가의 영역이 아니며 우리는 AI가 제공하는 통찰력을 바탕으로 더 풍요롭고 의미 있는 삶을 설계하는 시대에 살고 있음을 재확인합니다.

인식을 뒤바꾼 강력한 신호탄

2022년 말, 오픈AI가 세상에 공개한 생성형 AI Generative AI, 바로 ChatGPT의 등장은 인공지능에 대한 우리 사회의 인식을 완전히 뒤바꿔 놓았습니다. 그전까지 AI는 그저 기술 발전의 한 부분이자 공상 과학 영화 속 먼 미래의 이야기처럼 여겨지곤 했습니다. 우리는 AI가 만들어낼 효율성과 편리함에 막연한 기대를 품으면서도 그것이 우리의 삶과 어떤 깊은 연관을 맺게 될지는 크게 고민하지 않았습니다.

하지만 생성형 AI는 이러한 막연함을 단숨에 걷어내고 우리에게 "나는 과연 이 AI와 어떻게 함께 살아가야 할까?"라는 지극히 현실적이고 근본적인 질문을 던지게 했습니다. 생성형 AI는 단순히 방대한 데이터를 분석하고 처리하는 단계를 넘어섰습니다. 마치 인간의 두뇌가 생각하고 언어를 창조하듯이 이들은 인간과 놀랍도록 유사한 자연어 생성 능력을 갖추게 되었습니다.

이제 우리는 AI를 그저 명령에 따라 움직이는 단순한 도구로 볼 수 없게 되었으며, 인간의 지능과 AI의 지능이 서로 협력하고 상호작용하며 시너지를 창출하는 "공동 지능Co-Intelligence"이라는 새로운 관점으로 바라보는 시각이 사회 전반에 확산하고 있습니다. 필자가 대표로 있는 연구소에서는 인공지능을 활용하여 업무를 획기적으로 개선하고 있으며 AI 전략가 과정을 통해 AI활용을 확산하고 있습니다.

도구를 넘어 환경 그 자체가 되다

이제 인공지능AI은 우리의 삶 속에서 더 이상 특정 목적을 위한 단순한 도구로 머무르지 않습니다. AI는 마치 우리가 숨 쉬는 공기처럼, 발 딛고 살아가는 땅처럼, 우리를 둘러싼 '환경'으로 자리 잡고 있습니다. 과거에는 우리가 필요할 때 AI를 '사용'했다면, 이제는 AI와 함께 '존재'하며 AI가 제공하는 지능과 통찰 속에서 함께 사고하고 결정하며 행동하는 새로운 차원의 공존을 경험하고 있습니다.

상상해 보십시오. AI가 차량 흐름을 최적화하고 에너지 소비를 관리하는 스마트 시티의 심장부에서, 운전자의 개입 없이 목적지를 찾아가는 자율주행차의 움직임 속에서, 집 안의 모든 기기가 연결되어 삶을 편리하게 만드는 스마트홈 시스템 속에서 AI는 단순한 기능을 넘어 거대한 네트워크로 우리를 감싸고 있습니다. 이 모든 AI 기반 시스템들은 유기적으로 연결되어, 인간의 삶을 전방위적으로 지원하는 'AI 생태계'를 형성하고 있는 것입니다.

이러한 환경의 변화는 AI가 단순히 기술 진보가 아님을 보여줍니다. AI는 사회·경제·문화적 맥락 속에서 인간과 상호작용하며 함께 진화하는 과정이며, 우리의 의사결정과 행동에 강력한 영향을 미칩니다. 동시에 인간의 피드백을 통해 스스로를 개선하며, AI는 이제 우리 삶의 배경이자, 미래의 지형을 결정하는 핵심 요소가 되고 있습니다.

피할 수 없는 협력의 필수 조건

인공지능이 이제 우리 삶의 단순한 도구를 넘어 하나의 '환경'으로 확고히 자리 잡으면서 인간과 AI의 협력은 더 이상 선택이 아닌 필수적인 요소가 되었습니다. 하지만 이 협력의 관계는 절대 단순하지 않습니다. 그것은 첨단 기술의 활용을 넘어 인간의 깊은 가치관과 윤리, 그리고 사회적 책임이라는 숭고한 가치들과 직접적으로 맞닿아 있습니다.

AI가 만들어내는 정보의 홍수 속에서 우리는 몇 가지 심각한 질문들에 직면하게 됩니다. 과연 AI가 생성하는 정보는 얼마나 신뢰할 수 있을까요? AI 학습 데이터에 내재한 편향성은 불공정한 결과를 초래하지는 않을까요? 그리고 AI가 처리하는 방대한 개인정보는 안전하게 보호될 수 있을까요? 이러한 질문들은 이미 우리 사회의 뜨거운 논쟁점이 되어 사회적 갈등과 복잡한 법적 쟁점으로 부상하고 있습니다.

책임 있는 AI를 위한 3가지 가치

따라서 AI의 개발과 활용 과정에서 투명성, 공정성, 그리고 책임성을 확보하는 것은 AI 시대의 가장 중요한 사회적 책임이 됩니다. AI의 결정 과정을 이해할 수 있게 만들고, 특정 집단에 대한 편향을 제거하며 혹 발생할 수 있는 문제에 대한 명확한 책임 소재를 확립하는 것은 더 이상 미룰 수 없는 과제입니다. 이를 위한 명확한 윤리 지침과 규제 마련은 인간과 AI가 조화롭게 공존하는 사회를 위한 필수적인 조건이 될 것입니다.

이러한 새로운 환경은 교육과 인재 육성의 패러다임 또한 변화시키고 있습니다. AI 시대에 필요한 역량은 단순히 기술을 이해하고 다루는 걸 넘어섭니다. 이제 우리에게는 AI가 제시하는 정보를 맹목적으로 받아들이지 않고 비판적으로 사고하는 능력, 복잡한 윤리적 딜레마 속에서 올바른 윤리적 판단을 내리는 능력, 그리고 AI와 효율적으로 협업하며 새로운 가치를 창출하는 능력이 절실히 요구됩니다.

| AI 기술이 사회적 신뢰를 얻기 위해서는 투명성, 공정성, 책임성 이 세 가지 가치를 반드시 지녀야 합니다.

인간의 지능과 AI의 지능이 조화롭게 만나 시너지를 발휘하며 더 나아가 인간 본연의 가치를 지켜나가야 합니다. 이와같이 협업이 가능하여야 만 우리는 진정으로 AI와 공존하는 미래를 열어갈 수 있을 것입니다.

존재의 깊은 부분까지 닿는 긍정의 변화

인공지능의 확산은 단순히 삶의 편리함을 넘어 우리 존재의 깊은 부분까지 긍정적인 변화를 불러오고 있습니다. AI는 우리의 생산성을 획기적으로 향상하고 잠재되어 있던 창의성을 증진하며 궁극적으로 삶의 질을 전반적으로 개선하는 데 지대한 공헌을 하고 있습니다.

의료 분야에서 AI의 역할은 가히 혁신적입니다. AI 기반 의료 진단은 우리가 미처 알아채지 못했던 질병의 미세한 징후를 조기에 발견하게 돕고, 환자 한 사람 한 사람에게 가장 적합한 맞춤형 치료의 길을 열어주며 생명을 구하고 건강을 지키는 데 결정적인 역할을 합니다.

교육 분야 역시 마찬가지입니다. AI는 더 이상 일률적인 학습 방식을 강요하지 않습니다. 대신 AI 기반 교육 시스템은 학생 개개인의 학습 속도와 선호도를 정확히 파악하여, 그들에게 가장 효과적인 개인 맞춤형 학습을 지원함으로써 배움의 즐거움을 되찾아주고 잠재력을 최대한 발휘할 수 있도록 돕습니다.

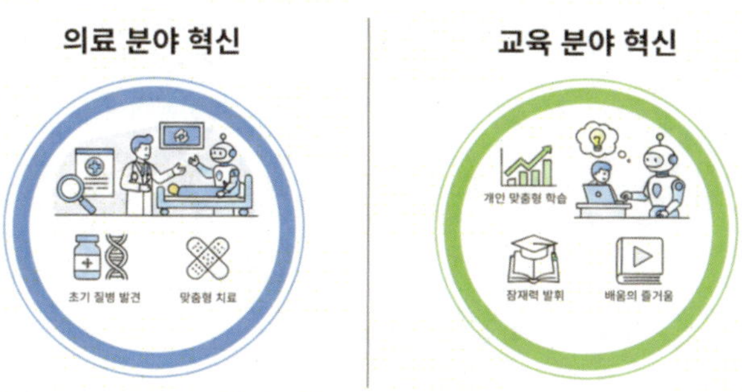

| 의료 분야와 교육 분야의 AI 혁신

공동 창조자: 인간의 한계를 넘어서

미래에는 이러한 AI의 역할이 더욱 확장될 것입니다. AI는 인간이 가진 인지적, 신체적 한계를 보완하며 우리가 상상조차 할 수 없었던 새로운 형태의 협업과 창작을 촉진할 것입니다. 인간의 직관과 감성이 AI의 방대한 데이터 처리 능력 및 학습 능력과 결합하여, 예술, 과학, 기술 등 모든 분야에서 전례 없는 혁신을 끌어낼 것입니다.

AI는 이제 단순히 주어진 명령을 수행하는 수동적인 도구를 넘어섰습니다. 인간과 함께 복잡한 문제를 깊이 있게 탐구하고 새로운 가치를 공동으로 창출하는 '공동 창조자'로서 진화하고 있는 것입니다. 이처럼 AI는 인류의 미래를 함께 설계하고 더 나아가 인간이 꿈꾸는 세상을 현실로 만들어낼 강력한 동반자가 될 것입니다.

공동 지능의 시대, 공존하는 파트너로

바야흐로 인공지능AI은 우리의 삶과 사회 곳곳에 숨 쉬는 공기처럼 자연스럽게 스며들어 일상과 산업의 풍경을 혁신적으로 변화시키고 있습니다. 특히 2022년 말 등장한 생성형 AI는 AI에 대한 우리의 인식을 근본적으로 바꾸어 놓았죠. 이제 AI와 인간의 관계는 단순히 도구를 사용하는 것을 넘어 서로의 지능을 공유하고 협력하는 '공동 지능Co-Intelligence'이라는 새로운 모델로 진화하고 있습니다. AI는 더 이상 특정한 기능을 수행하는 기계적인 도구가 아니라 우리가 숨 쉬고 움직이는 공간처럼 삶을 둘러싼 '환경' 그 자체로 자리 잡고 있습니다.

우리는 이제 AI와 함께 생각하고 AI가 제공하는 통찰력을 바탕으로 더 나은 결정을 내리며, 새로운 방향으로 행동하는 시대에 살고 있습니다. 이러한 변화 속에서 가장 중요한 건 AI를 단순히 기술적 대상을 넘어 우리와 함께 성장하고 문제를 해결해 나갈 '공존하는 파트너'로 인식하는 것입니다.

그리고 이러한 인식을 바탕으로 AI를 적극적으로 이해하고 윤리적인 틀 안에서 현명하게 협업하며 그 무한한 잠재력을 활용하는 자세가 필요합니다. AI와 인간이 함께 만들어갈 미래는 분명 무한한 가능성으로 가득하지만 동시에 새로운 도전과제 또한 끊임없이 제시할 것입니다. 우리는 이러한 도전을 피하지 않고, AI와의 진정한 공존을 통해 더욱 인간 중심적이고 지속 가능한 더 나은 사회와 삶을 능동적으로 설계해야 합니다.

TIP

AI는 도구가 아니라 동료, 함께 생각하고 성장하는 진정한 '공동 지능' 파트너로 바라볼 때 미래의 혁신이 시작됩니다.

공기처럼 스며든 기술, 비즈니스의 새로운 파트너

우리의 일상에 마치 공기처럼 스며든 인공지능은 이제 업무와 비즈니스의 풍경마저 근본적으로 재편하고 있습니다. AI는 더는 멀고 낯선 미래의 기술이 아닙니다. 오늘날 기업이 생존하고 개인이 성장하기 위해선 반드시 이해하고 손잡아야 할 필수적인 파트너가 되었죠. 단순히 AI 기술을 도입하는 걸 넘어 우리의 업무 프로세스 깊숙이 통합시키고, 전에 없던 새로운 가치를 창출하기 위한 실질적인 전략과 비즈니스 혁신의 지향점을 모색해야 할 때가 온 겁니다.

지난 장에서 AI가 우리 삶의 '환경'으로 진화하고 있음을 이야기했듯 이제 우리는 AI라는 새로운 환경 속에서 일하는 방식을 다시 배우고 최적화해야 합니다. 이 장에서는 AI를 효과적으로 활용해 생산성을 비약적으로 높이고 혁신을 가속하며 궁극적으로 기업의 성공을 끌어낼 수 있는 구체적인 실천 방안과 심층적인 가이드를 제시할 것입니다.

생산성을 넘어선 핵심 열쇠

인공지능은 그야말로 막강한 생산성 도구로서 기업과 개인의 업무 처리 방식을 근본적으로 혁신하고 있습니다. 단순 반복 업무를 대신하고 방대한 데이터를 순식간에 분석하며 복잡한 문제에 대한 통찰력을 제공하는 AI는 이제 우리의 업무 효율을 상상할 수 없을 정도로 끌어올리는 핵심 열쇠가 되었습니다. 하지만 AI가 가진 이 놀라운 잠재력을 온전히 현실로 만들기 위해서는 단순히 AI 기술을 우리 업무 환경에 가져다 놓는 것을 넘어서야 합니다.

AI는 고정된 기능을 가진 정적인 도구가 아닙니다. 그것은 사용자의 질문과 지시에 따라, 그리고 끊임없이 변화하는 주변 환경에 맞춰 스스로 배우고 진화하는 '적응형 파트너'와 같습니다. 마치 살아있는 존재처럼 계속해서 상호작용하며 성장하는 AI의 특성상 우리는 그 변화에 발맞춰 지속적인 학습과 과감한 실험, 그리고 이를 뒷받침할 체계적인 전략을 갖추는 것이 필수적입니다. AI는 우리가 질문하고 탐구하는 만큼 더 깊은 가치를 선사할 것입니다. AI와 함께 배우고 성장하는 이 여정이야말로 AI 시대의 진정한 경쟁력이 될 겁니다.

AI의 핵심은 의사결정 자동화, 자율운영, 복원력, 가치 축적의 결합에 있습니다. 이를 통해 조직은 단순한 속도 경쟁을 넘어 지속적인 구조적 우위를 확보하게 됩니다. 대부분의 기업들이 동참하고 있으며 저희 연구소에서도 적극추진하고 있습니다.

협력의 첫걸음: 지시문을 넘어선 소통의 언어

AI와의 협력 여정에서 가장 첫걸음이자 핵심적인 능력은 바로 '프롬프트 엔지니어링'을 익히는 것입니다. 프롬프트는 AI에게 우리가 무엇을 원하는지 어떤 작업을 수행해야 하는지를 알려주는 일종의 지시문과 같습니다. 이 짧은 지시문 하나가 AI가 내놓을 결과물의 방향과 내용, 그리고 품질을 결정하는 결정적인 역할을 합니다. 마치 요리사가 좋은 재료와 정확한 요리법으로 최고의 요리를 만들듯, 우리는 좋은 프롬프트를 통해 AI의 잠재력을 최대한 끌어내야 합니다.

그렇다면 좋은 프롬프트는 어떻게 만들어야 할까요? 그 핵심은 AI가 명확하게 이해하고 우리가 원하는 바를 정확히 구현해낼 수 있도록 구체적이며 체계적으로 정보를 전달하는 데 있습니다. AI와의 대화를 성공으로 이끄는 네 가지 핵심 원칙은 다음과 같습니다.

- **구체성과 명확성**: AI가 헤매지 않고 올바른 방향으로 나아갈 수 있도록 막연하고 추상적인 지시 대신 원하는 바를 간결하고 정확한 언어로 표현해야 합니다.
- **배경과 목적 설명**: 우리가 어떤 상황에서 이 정보가 있어야 하는지, 왜 이런 형태의 결과물이 필요한지 등을 명확히 알려주면 AI는 단순히 정보만 나열하는 것이 아니라 맥락에 맞는 적절하고 유용한 결과물을 생성하는 데 큰 도움을 받습니다.
- **역할 부여**: AI에게 특정 역할이나 성격을 부여하는 건 결과

물의 품질을 놀랍도록 높일 수 있습니다. 예를 들어 "당신은 노련한 마케팅 전문가입니다"와 같이 역할을 지정해 주면 AI는 그 역할에 맞는 어조와 전문성을 가지고 응답하며 훨씬 더 완성도 높은 결과물을 내놓습니다.

- **출력 형식 지정**: 우리가 원하는 결과물의 출력 형식을 명확히 지정하는 것이 중요합니다. 단순히 "설명해 줘"라고 말하는 대신, "이 내용을 표 형태로 요약해 줘" 또는 "1,000자 이내의 에세이 형식으로 써 줘"와 같이 구체적인 형식을 제시하면 AI는 우리가 의도한 대로 정보를 구조화하여 제공합니다.

이처럼 프롬프트 엔지니어링은 AI와 소통하는 새로운 언어를 배우는 것과 같습니다. 이 언어를 능숙하게 구사할 때 AI는 단순한 도구를 넘어 우리의 아이디어를 현실로 만들고, 복잡한 업무를 해결하는 진정한 협력자가 될 것입니다.

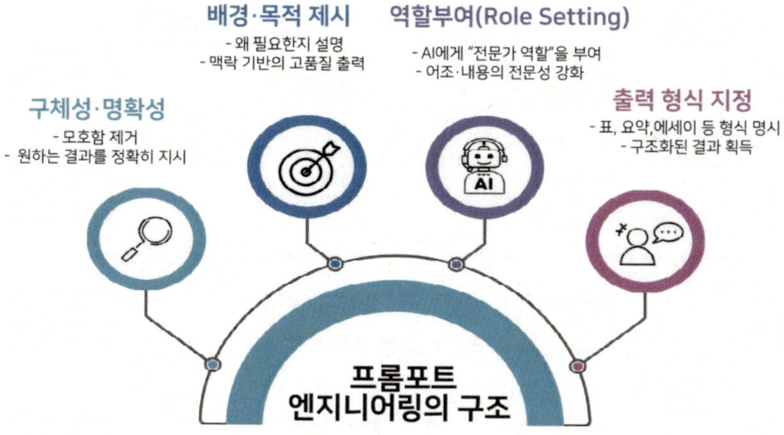

| 프롬프트 엔지니어링은 AI가 정확히 이해하고 원하는 결과를 도출하도록 지시를 구조화하는 핵심 역량입니다.

보물 지도를 탐색하듯: 다양한 도구의 힘

AI 시대의 비즈니스 혁신을 향한 두 번째 여정은 마치 보물 지도를 탐색하듯 다채로운 AI 도구들을 직접 경험하고 업무 환경에 가장 빛나게 최적화하는 과정에서 시작됩니다. 인공지능 도구들은 이제 우리의 업무 생산성을 폭발적으로 끌어올리고 잠재된 창의성을 꽃피우는 핵심적인 열쇠로 자리 잡았습니다. 텍스트 창조부터 복잡한 문서 요약, 상상 속 이미지를 현실로 불러오는 마법 같은 능력까지 각 AI 도구는 저마다 고유한 강점과 특화된 기능을 품고 있습니다.

그렇기에 우리의 업무 목적에 가장 깊이 부합하는 도구를 찾아내고 그것을 능숙하게 다루며, 끊임없이 실험하고 최적화하는 과정은 그 무엇보다 중요합니다. 실제 비즈니스 현장에서는 여러 AI 도구를 마치 오케스트라의 악기처럼 지혜롭게 조합하여 활용함으로써 단일 도구로는 감히 상상조차 할 수 없었던 효율성과 더 높은 완성도를 동시에 거머쥐는 놀라운 사례들이 매일같이 탄생하고 있습니다.

TIP

단일 AI에 의존하기보다 업무 단계별로 강점이 다른 도구들을 조합하고, 반복 실험을 통해 최적의 워크플로를 설계하면 생산성과 결과물의 완성도를 동시에 끌어올릴 수 있습니다.

지성과 창의력의 동반자들

인공지능 도구의 무궁무진한 세계 속에서 어떤 도구들이 우리의 업무에 새로운 숨결을 불어 넣을 수 있을까요?

- **ChatGPT**: 인간의 사유를 닮은 자연스러운 텍스트를 생성하고 방대한 정보를 간결하게 요약하며 기발한 아이디어를 샘솟게 하는 데 탁월한 능력을 발휘합니다.
- **Notion AI**: 회의록 작성의 번거로움을 덜어주고, 일정을 효율적으로 관리하며 산재한 업무를 요약하는 등 사무 자동화의 새로운 지평을 열어줍니다. 이들은 마치 비서처럼 업무 부담을 덜어 조직의 생산성을 높입니다.
- **Claude**: 고성능 대화형 AI로, 방대한 문서를 첨부하여 정보를 깊이 있게 이해하고 질문에 답변하는 능력으로 빛을 발합니다. PDF나 워드 파일 속 필요한 정보를 정확히 파악하고, 심층적인 통찰을 제공함으로써 복잡한 연구나 분석 업무에 강력한 힘을 실어줍니다.
- **Midjourney/DALL·E**: 상상력을 현실의 이미지로 구현해 내는 이미지 생성 AI입니다. 텍스트 프롬프트만으로도 고품질의 시각 결과물을 탄생시키며, 창의적인 영감이 필요한 모든 곳에서 우리의 예술적 표현력을 극대화하는 파트너가 되어 줍니다.

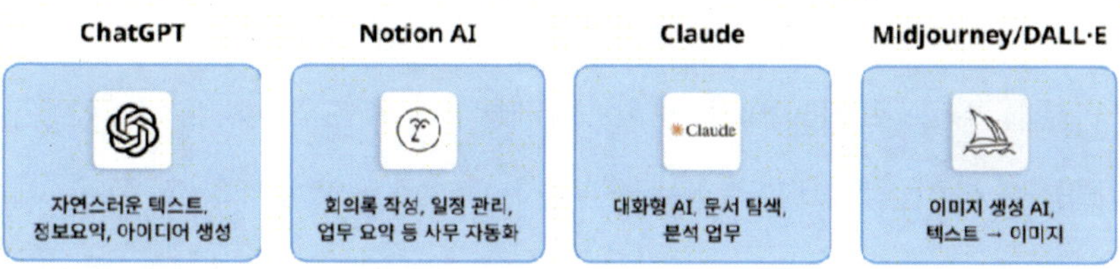

지혜로운 활용 전략: 통합과 실험의 가치

이처럼 다양한 AI 도구들을 우리의 업무라는 캔버스 위에 어떻게 가장 조화롭게 펼쳐낼 수 있을까요? 몇 가지 지혜로운 활용 전략이 필요합니다.

- **목표 기반 도구 선택**: 업무의 성격과 최종 목표에 따라 가장 적합한 AI 도구를 현명하게 선택해야 합니다. 텍스트 기반 기획에는 ChatGPT가 빛을 발하겠지만, 시각 자료 제작에는 Midjourney가 압도적인 효과를 발휘할 수 있습니다.
- **도구 간 창의적 결합**: 단일 도구에만 의존하는 것은 AI의 진정한 가치를 제한합니다. 텍스트 생성 도구와 이미지 생성 도구를 조합하는 등 여러 AI 도구의 강점을 창의적으로 결합하여 콘텐츠의 완성도를 높이고 전에 없던 시너지를 창출해야 합니다.
- **반복 실험과 최적화**: 모든 조직과 개인에게 완벽하게 적용되는 단 하나의 AI 해결책은 존재하지 않습니다. 따라서, 다양한 AI 도구를 직접 사용해 보고 자신과 조직의 고유한 업무 흐름에 가장 잘 맞는 활용법을 찾아내며, 끊임없이 반복적인 실험과 최적화 과정을 거쳐야 합니다.

AI 도구의 성능은 단순히 도입으로 끝나는 것이 아닙니다. 데이터 품질 관리, 최신 모델 업데이트, 하드웨어 및 소프트웨어 환경 최적화, 그리고 다양한 시나리오에서의 교차 검증을 통해 도구의 성능을 지속적으로 개선하고 관리하는 것이 중요합니다. 마지막으로 AI 도구를 기존의 워크플로우에 자연스럽게 통합하는 것이 핵심입니다. AI가 가장 유능한 일원처럼 업무에 스며들어 반복적인 작업을 자동화하고 우리 모두의 생산성을 극대화하도록 만들어야 합니다.

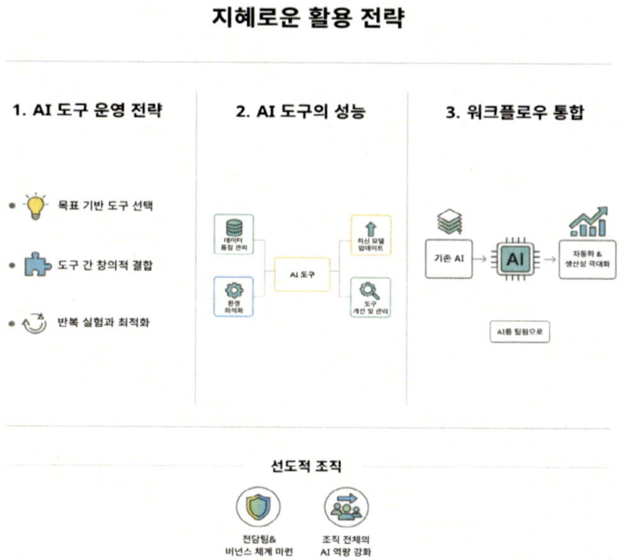

| AI를 지혜롭게 활용하기 위한 전략

실제로 수많은 기업과 개인이 이러한 지혜로운 도구 활용 전략을 통해 놀라운 성과를 내고 있습니다. 선도적인 조직들은 AI 도구의 실험과 도입을 위한 전담팀을 구성하거나 명확한 거버넌스 체계를 마련하여 성공적인 우수 사례와 실질적인 활용 비결을 전사적으로 확산시키며 조직 전체의 AI 역량을 강화하고 있습니다.

성장의 동력: 전사적 문화로의 확립

인공지능을 우리의 업무와 비즈니스에 성공적으로 녹여내기 위한 핵심적인 전략은 바로 성과를 자세히 분석하고, 새로운 성장의 동력으로 삼는 피드백 주기를 확립하는 것입니다. AI 활용은 단순히 몇몇 개인의 역량에만 의존해서는 안 됩니다. 진정한 혁신은 조직 전체가 AI의 가치를 이해하고, 능숙하게 활용할 수 있는 문화가 확립될 때 비로소 가능합니다.

이를 위해서는 개개인의 AI 경험과 비결을 아낌없이 공유하고 체계적인 교육과 협업을 통해 모든 구성원이 AI라는 새로운 언어를 유창하게 구사할 수 있는 환경을 만들어야 합니다. 이처럼 AI 역량이 조직 전체로 확산할 때, 우리는 전에 없던 경쟁력을 갖추고 급변하는 시대의 파도에 더욱 민첩하게 대응할 수 있을 것입니다.

TIP

인공지능은 이제 업무와 비즈니스의 새로운 환경이자 성장을 위한 필수 파트너이며 이 놀라운 잠재력을 온전히 실현하는 것이 이 책의 핵심 메시지입니다. 이를 위해 구체성, 배경, 역할 부여, 출력 형식 지정의 네 가지 원칙을 따르는 프롬프트 엔지니어링이 첫걸음입니다. 비즈니스 혁신은 다양한 AI 도구를 조합하고 반복적인 실험과 최적화 과정을 전사적 문화로 확립할 때 비로소 가능합니다.

집단 지성으로의 진화: 공유와 투명성의 가치

AI를 통해 얻은 성공적인 경험이 특정 개인이나 팀에만 머물러서는 안 됩니다. 우리의 궁극적인 목표는 조직 전체가 AI 활용 역량을 균형 있게 키우는 것입니다. 이를 위해 가장 중요한 건 AI 활용 경험을 투명하게 공유하는 문화를 정착시키는 것입니다. 정기적으로 AI를 사용하며 얻은 성공 사례들은 물론, 실패를 통해 배운 값진 교훈까지도 기꺼이 공유하는 자리가 필요합니다.

서로의 경험을 나누며 AI의 잠재력을 함께 발견하고 각자의 업무에 맞는 최적의 활용법을 함께 고민할 때 AI는 더욱 강력한 집단 지성으로 진화하며 우리 조직의 핵심 역량이 될 것입니다.

조직의 심장을 뛰게 하는 비결

AI를 단순히 몇몇 개인의 능력으로 여기는 걸 넘어 조직 전체의 심장처럼 뛰게 만드는 네 번째 전략은 바로 전사적인 AI 활용 문화를 확산하고 긴밀한 협력을 강화하는 일입니다. 앞선 단계에서 개인의 역량을 키우고 AI 도구를 실험하며 피드백을 주고받았다면 이제는 이 모든 비결이 조직의 모세혈관처럼 구석구석 퍼져 나가야 할 때입니다.

체계적인 교육과 끊임없는 협업을 통해 모든 구성원이 AI를 자연스럽게 업무에 녹여낼 수 있는 환경을 조성하는 것이야말로, 조직 전체의 경쟁력을 비약적으로 높이고 미래의 변화에 더욱 민첩하게 대응할 수 있는 지름길이 될 것입니다.

AI 시대, 조직 경쟁력 강화를 위한 4단계

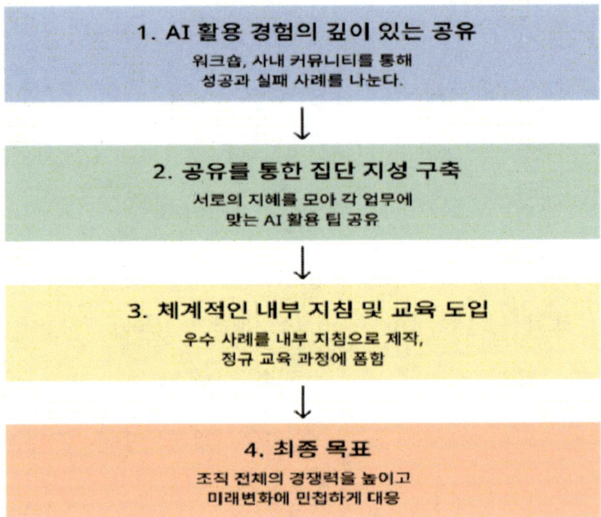

| 성공과 실패 사례의 공유를 통해 집단 지성을 구축하고, 이를 체계적인 내부 지침 및 교육으로 정착하는 단계를 거쳐 최종적으로 조직 전체의 경쟁력을 높이고 미래 변화에 민첩하게 대응하는 것을 목표로 합니다.

가장 먼저, AI 활용 경험의 깊이 있는 공유가 필요합니다. 몇몇 뛰어난 'AI 리더'가 되는 걸 넘어 조직의 모든 구성원이 AI와 함께 성장해야 합니다. 이를 위해 정기적인 워크숍, 사내 커뮤니티, 혹은 짧은 발표회를 통해 AI 사용 경험과 함께 얻은 성공 사례, 심지어는 시행착오 속에서 배운 값진 교훈까지도 아낌없이 나누는 문화가 뿌리내려야 합니다. 서로의 지혜를 모으고, 각자의 업무에 맞는 AI 활용 팁을 공유하며 집단 지성을 키울 때 AI는 더욱 강력한 동력이 됩니다.

이러한 공유의 문화를 뒷받침하기 위해, 체계적인 내부 지침과 교육 프로그램은 필수적입니다. AI 활용의 우수 사례들을 모아 내부 지침으로 제작하고 신입 직원 교육은 물론 기존 직원의 재교육에도 AI 활용법을 정규 과정으로 포함해야 합니다. 이는 단순히 AI 사용법을 알려주는 것을 넘어 인공지능 시대에 필요한 사고방식과 문제 해결 능력을 함께 길러주는 역할을 할 것입니다.

협력의 도구, 경쟁력의 원천

궁극적으로 AI 활용을 통한 협력과 경쟁력 강화는 동전의 양면과 같습니다. AI 활용 팁과 비결을 공유하며 부서 간 개인 간의 협업을 촉진할 때 조직 전체의 AI 활용 능력이 곧 시장에서의 독보적인 경쟁력으로 직결됩니다. AI는 이제 각자의 업무를 효율화하는 것을 넘어 팀워크를 강화하고 새로운 비즈니스 모델을 함께 만들어가는 창의적인 협력의 도구가 되는 것입니다.

실제로 KT나 포스코홀딩스와 같은 기업들은 마이크로소프트 365 코파일럿, RAG 기반 시스템 등을 도입하며 임직원들이 AI를 자연스럽게 활용하도록 지원하고 있습니다. 사내 전문가들이 주도하는 체계적인 교육과 실습, 그리고 우수 사례의 꾸준한 공유를 통해 AI 활용 문화를 조직의 DNA로 만드는 노력은 기업의 지속 가능한 성장과 혁신을 이끄는 가장 강력한 엔진이 되고 있습니다. 이제 기업은 AI인재를 선호하고 있으며 멀지않아 AI역량이 기업채용의 기준이 되리라고 예측됩니다.

물밑에서 심장으로: AI 인식의 대전환

오랜 시간 동안 인공지능AI은 주로 IT 기업들이 기술 발전을 주도하며 비즈니스에 서서히 통합됐습니다. 마치 물밑에서 조용히 흐르던 거대한 강물처럼 그 존재감은 느껴졌지만, 직접적인 영향은 제한적이었습니다. 그러나 생성형 AI의 등장은 이러한 흐름을 완전히 바꾸어 놓았습니다. 이제 기업들은 AI를 단순한 기술 도구가 아닌 마치 기업의 심장이자 뇌처럼 전사적인 핵심 자산으로 인식하며 업무 전반에 걸쳐 적극적으로 적용하고 있습니다.

기업의 업무는 연구개발의 첫 단추부터 생산, 까다로운 품질관리, 복잡한 물류, 광범위한 유통, 고객의 마음을 사로잡는 마케팅과 영업, 그리고 마지막 고객 서비스에 이르기까지 실로 다양한 단계들이 유기적으로 연결된 거대한 생명체와 같습니다. 놀랍게도 AI는 이 모든 과정 즉, 기업 활동의 모든 숨결에 적용될 수 있으며 그 어떤 기술보다도 업무 효율성을 극대화하고 혁신을 가속하는 강력한 촉매제가 됩니다.

실제로 세계적인 컨설팅 기업 맥킨지의 2023년 보고서는 생성형 AI가 비즈니스에 가져올 파급력을 명확히 보여주고 있습니다. 이 보고서는 생성형 AI가 무려 16개에 달하는 비즈니스 기능과 63개의 구체적인 사용 사례를 통해 연간 2조 6천억 달러에서 4조 4천억 달러에 이르는 엄청난 경제적 가치를 창출할 수 있다고 분석했습니다. 이는 대한민국 국내총생산GDP의 몇 배에 달하는 실로 경이로운 수치입니다.

더욱이, 이러한 생성형 AI의 가치는 기존의 머신러닝이나 딥러닝 기술과 결합했을 때 15%에서 40%에 이르는 추가적인 경제적 가치까지 기대할 수 있다고 하니, AI가 비즈니스 세계에 가져올 변화의 물결은 우리가 상상하는 것 이상으로 거대하고 깊을 것입니다. AI는 이제 단순한 기술을 넘어 기업의 미래를 결정짓는 새로운 경제적 패러다임의 핵심이 되고 있습니다.

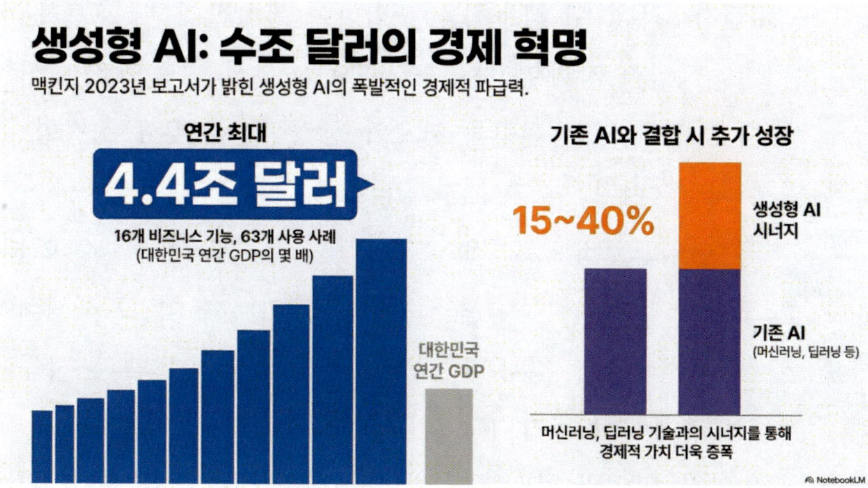

| 출처 : 기반 AI 리서치 프로그램인 '노트북 LM'을 이용하여 만든 그래프

기업의 숨결처럼 스며든 AI

인공지능은 이미 국내 주요 기업들의 업무 현장 속으로 빠르게 스며들어 과거에는 상상하기 어려웠던 혁신을 끌어내고 있습니다. 보고서 작성 시간을 획기적으로 단축하고 무한한 아이디어를 발상하며 반복적이고 지루했던 업무를 자동화하고 나아가 조직 내 협업의 새로운 지평을 여는 등 AI는 다양한 영역에서 놀라운 변화를 만들어내고 있습니다. 그야말로 AI는 단순한 도구를 넘어 기업의 모든 과정을 지능적으로 변화시키고 있는 것입니다. 국내 유수의 기업들은 AI의 이러한 잠재력을 적극적으로 끌어안으며 놀라운 성과를 거두고 있습니다.

AI는 정형화된 업무를 자동화하여 인간이 더욱 가치 있는 전략적 업무에 집중할 수 있도록 돕습니다.

- **LG전자**: 사내 AI 시스템을 도입하여 복잡한 SQL 코드를 자동으로 생성하고 데이터를 즉각적으로 분석해 줌으로써 직원들은 더 깊이 있는 전략적 사고와 창의적인 업무에 집중할 수 있게 되었습니다.
- **KT**: 마이크로소프트 365 코파일럿과 같은 첨단 AI 해결책을 도입하여 임직원들이 문서 작업, 데이터 분석, 프레젠테이션 작성 등 핵심 업무에서 AI의 지능적인 피드백과 자동화 기능을 활용하고 있습니다. 이를 통해 반복 업무의 효율성 향상은 물론 협업과 문서 관리까지 체계적으로 이루어지고 있습니다.
- **현대글로비스**: MS 365 코파일럿 기반의 AI 시나리오를 물류 사업에 성공적으로 도입하여 AI가 문서 자동화, 정교한 데이터 분석, 업무 프로세스 개선을 지원하며 생산성 혁신을 현실로 만들어냈습니다.
- **네이버**: 초거대 AI 모델인 하이퍼클로바X를 활용해 다양한

부서에서 아이디어 발상과 서비스 기획에 AI를 적극적으로 활용합니다. AI는 창의적인 아이디어를 제안하고 방대한 자료를 핵심만 요약하며 시장 추세를 분석하는 등 브레인스토밍의 생산성과 창의성을 동시에 끌어올리고 있습니다.

- **카카오브레인**: KoGPT를 다양한 프로젝트에 적용하며 텍스트 생성, 정보 요약, 감정 분석 등 광범위한 영역에서 아이디어 발상과 실험을 진행하여 개발자와 기획자들이 새로운 아이디어를 신속하게 검증하고 더욱 혁신적인 서비스 기획에 몰두할 수 있는 환경을 구축했습니다.
- **포스코홀딩스**: 급변하는 이차전지 시장의 흐름을 놓치지 않기 위해 시장 뉴스를 실시간으로 분석하고 전문 용어까지 정확하게 처리하는 AI 시스템을 도입했습니다. 시장 변화를 즉각적으로 파악하고 중요한 이슈를 자동으로 추천하는 등 업무 효율을 비약적으로 높였습니다.
- **LS ITC**: 그룹 내 맞춤형 챗봇'LS GPT'를 개발해 반복적인 자료 검색과 문서 초안 작성에서 업무 효율성과 비용 절감을 달성했으며, 직원들은 AI로 업무 부담을 줄이고 핵심 지식 공유와 협업에 집중해 조직 시너지를 강화하고 있습니다.

이처럼 AI를 통해 지식과 경험을 공유하고 협력하는 문화는 기업의 성장과 혁신을 이끄는 가장 강력한 엔진이 되고 있습니다. AI는 이제 기업 미래의 핵심 동반자가 되어가고 있습니다.

공존하는 파트너, 극대화되는 잠재력

인공지능은 이제 단순한 기능을 가진 도구를 넘어 조직과 개인의 생산성을 획기적으로 향상하고 잠재된 창의성을 극대화하는 '공존하는 파트너'로 확고히 자리 잡았습니다. 과거에는 상상하기 어려웠던 효율과 혁신은, AI를 통해 비로소 현실이 되고 있죠.

그러나 이러한 AI의 무한한 잠재력을 온전히 현실로 만들기 위해서는 단순히 AI를 도입하는 걸 넘어 끊임없는 지속적인 학습과 과감한 실험, 그리고 조직 내에 AI를 자연스럽게 업무에 녹여내는 협업 문화 조성을 통해서 비로소 그 가치가 극대화될 수 있습니다.

특히, 최근 등장한 생성형 AI는 비즈니스 패러다임 자체를 송두리째 뒤바꾸는 핵심적인 요소로 떠올랐습니다. 이 강력한 도구를 얼마나 효과적으로 이해하고 적극적으로 활용하며 전략적으로 비즈니스에 통합시키는지가 앞으로 기업의 미래 경쟁력을 좌우하는 결정적인 기준이 될 것입니다. AI와 함께 배우고 성장하며 새로운 업무 처리 방식을 개척하는 기업만이 다가올 미래 시장의 선두를 차지하게 될 것입니다.

예언에서 현실로: 전반적 과정을 아우르다

'인공지능이 이제 다 한다'라는 말은 더 이상 미래의 막연한 예언이 아닙니다. 생성형 AI와 고도화된 자동화 기술의 눈부신 발전은 이 말을 점차 현실로 만들고 있습니다. AI는 이제 단순히 반복적인 업무를 보조하는 수준을 넘어 복잡한 업무의 기획, 실행, 그리고 검증에 이르는 전반적인 과정을 아우르는 핵심적인 중심으로 자리매김하고 있습니다. 과거에는 인간이 직접 데이터를 모으고 분석하며 전략을 수립하는 데 많은 시간과 노력을 쏟았다면 이제는 AI가 방대한 데이터의 수집부터 실시간 분석, 그리고 최적화된 의사결정 지원에 이르기까지 모든 과정을 스스로 처리합니다.

AI는 24시간 내내 멈추지 않고 학습과 개선을 반복하며 인간의 인지적, 물리적 역량을 놀랍도록 보완하고 확장하며 새로운 차원의 생산성을 열어가고 있습니다. 이처럼 AI가 '다 하는' 시대의 변화 양상은 기업의 모든 면에서 극명하게 나타나고 있습니다.

- **전략 수립과 의사결정 지원**: AI는 거대한 데이터의 바닷속에서 인간의 눈으로는 포착하기 어려웠던 의미 있는 인사이트를 추출하고 이를 바탕으로 가장 효과적인 전략적 제안을 제공합니다. 기업의 중요한 임원 회의에서도 AI가 실시간으로 시장 동향을 분석하고 잠재적인 위험성을 예측하는 보고서를 자동으로 생성하며 경영진의 현명한 판단을 돕고 있습니다.
- **고객 맞춤형 서비스 자동화**: 고객 문의 대응, 개인 맞춤형 상품 추천, 그리고 매력적인 콘텐츠 생성에 이르기까지 다양한 서비스 영역에서 AI는 실시간으로 고객 경험을 설계하고 개선합니다. AI 챗봇은 이제 단순한 응대를 넘어 고객의 잠재

적 요구를 예측하고 상황에 맞는 최적화된 답변을 제공함으로써 기업의 서비스 품질을 한층 높이고 있습니다.

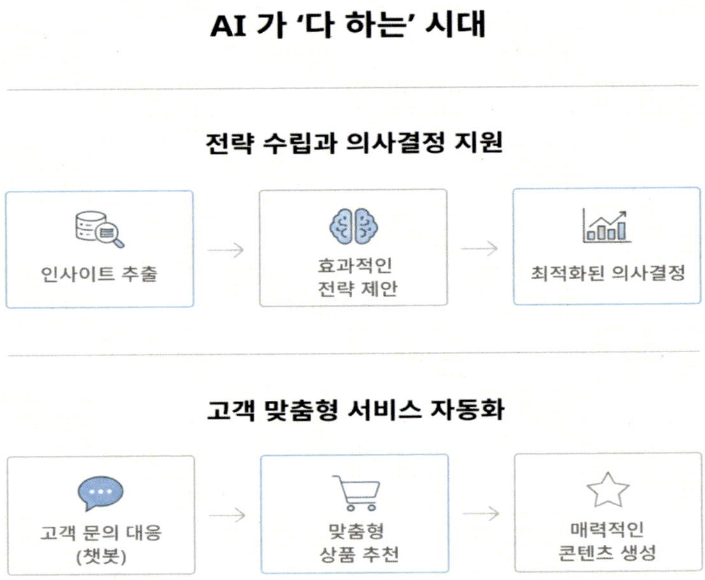

| AI는 단순 업무 지원을 넘어 기업의 핵심 지능 역할을 수행하며 고객 경험 전반을 혁신하고 있습니다.

AI 시대의 본질은 자동화된 생산을 넘어, 자율적으로 판단하고 책임지는 시스템에 있습니다. 이 시대의 승자는 AI 활용량이 많은 조직이 아니라, AI의 판단 구조를 설계하고 이를 효과적으로 통제할 수 있는 조직입니다. 결국 경쟁력의 차이는 기술 보유가 아니라, 판단을 위임하고 관리하는 설계 역량에서 결정됩니다.

생산성 혁신과 조직 학습의 동력

생산과 물류의 지능화 역시 AI가 주도하는 혁신의 현장입니다. AI는 생산 설비에서 제품의 품질 검사를 빈틈없이 수행하고 공정 효율을 실시간으로 최적화하며 불량률을 최소화합니다. 나아가 스마트 물류 시스템에서는 AI가 재고 관리의 정확도를 높이고 배송 경로를 최적화하여 효율성을 극대화함으로써, 기업들은 공급망 전반의 비용을 절감하면서도 고객에게 더 빠르고 정확한 서비스를 제공할 수 있게 됩니다.

마지막으로 AI는 조직 전체의 학습과 혁신을 촉진하는 강력한 동력이 됩니다. 반복적이고 단순한 업무를 AI가 자동화함으로써, 직원들은 이제 불필요한 작업에 시간을 낭비하지 않고 더 창의적이고 고부가가치적인 업무에 집중할 수 있게 됩니다. 또한 AI는 사내에서 가장 효율적인 베스트 프랙티스Best Practice를 지속적으로 학습하고 전파하여, 조직 전반의 혁신 역량을 자연스럽게 높여나갑니다.

그러나 "AI가 다 한다"라는 말이 인간의 역할이 사라진다는 걸 의미하지는 않습니다. 오히려 AI는 인간만이 가진 창의력, 섬세한 직관, 그리고 무엇보다 중요한 윤리적 판단을 더욱 빛나게 하는 강력한 도구가 됩니다. 이제 기업들은 AI를 단순한 기술이 아닌 함께 성장하고 가치를 창출하는 전략적 파트너로 받아들여야 합니다. 미래의 경쟁력은 '누가 AI를 가장 많이 가졌는가?'가 아니라 '누가 AI를 얼마나 잘 이해하고 활용하느냐'에 달려 있습니다. AI가 주도하는 업무 혁신은 이제 선택이 아닌 필수가 되었으며, 인간과 AI의 조화로운 협업만이 지속 가능한 성장을 이끄는 핵심 동력이 될 것입니다.

TIP

AI는 전략 수립, 고객 서비스, 생산 공정 등 비즈니스 전반을 아우르는 공존하는 파트너로 확고히 자리 잡았으며 이것이 곧 미래 경쟁력의 결정적인 기준입니다. 따라서 기업은 AI를 전략적 파트너로 수용하고 인간의 창의력과 윤리적 판단을 극대화하는 조화로운 협업만이 지속 가능한 성장을 이끄는 핵심 동력임을 인지해야 합니다.

PART
2

AI 기반 가치 창출과 자동화 전략

AI를 이해하는 단계를 넘어 실제 업무와 현장에 적용하기 위해서는 막연한 활용이 아니라 목적이 분명한 문제 정의와 실행 구조가 필요하다. Part 2는 기획·업무·교육·비즈니스 전반에서 AI를 어떻게 설계하고 배치하며 자동화하고 검증할 것인지, 그리고 반복 가능한 워크플로와 실전 중심의 전략을 통해 개인의 역량을 성과로 전환하고 조직의 실행력을 체계적으로 확장해 나가는 방법을 다룬다.

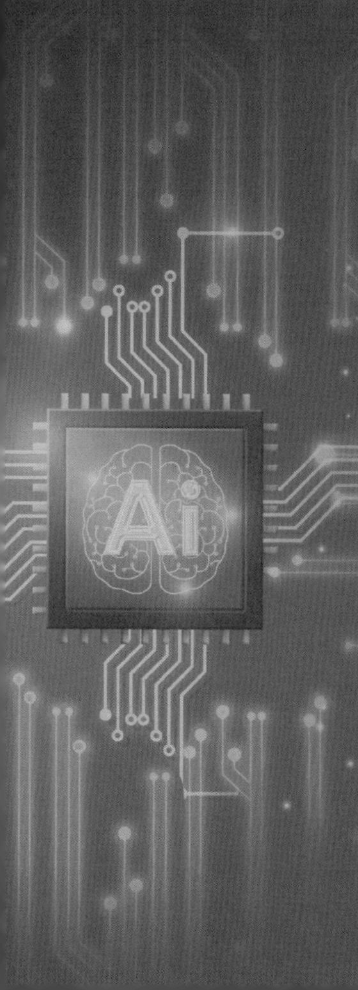

- AI 기반 가치 창출과 자동화 전략 흐름도 -

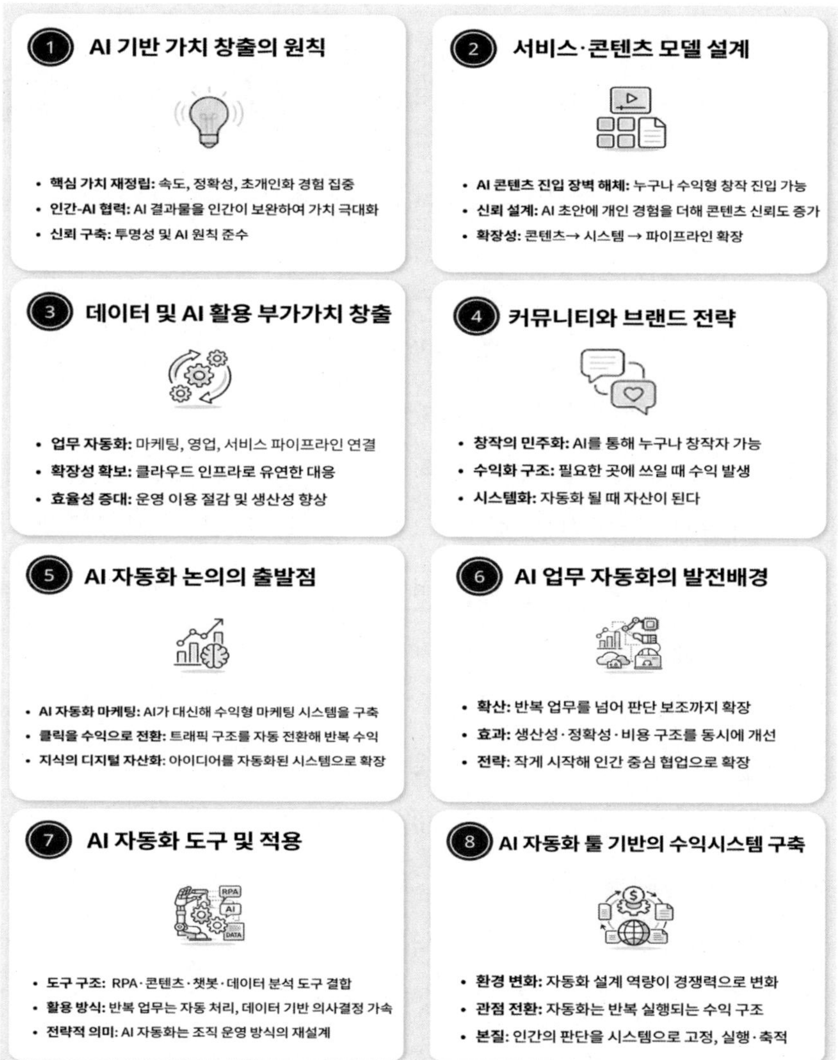

| AI로 가치를 만들고, 이를 기반으로 자동화된 수익 시스템(반복·구독형 모델)을 구축합니다. 서비스·콘텐츠·데이터 활용 모델을 고도화해 부가가치를 높이고 확장 가능한 구조를 만듭니다.

AI 기반 가치 창출의 기본 원칙

거대한 물결 속, 번뜩이는 영감의 순간

우리는 지금, 인공지능이라는 거대한 물결이 모든 것을 뒤흔드는 시대에 있습니다. 이제 우리는 모두 AI라는 강력한 도구를 손에 쥐고, 번뜩이는 영감을 현실로 만들어 새로운 가치를 창조하며 꿈꾸던 미래를 향해 나아갈 수 있게 되었습니다. 이 책은 AI의 지혜를 빌려 창업의 꿈을 현실로 만들고자 하는 모든 이들에게 아이디어의 씨앗을 발견하는 순간부터 그 씨앗을 싹 틔워 최소 기능 제품MVP Minimum Viable Product으로 키워내는 과정을 안내할 것입니다.

성공적인 아이디어는 대개 '문제'라는 작은 씨앗에서 비롯됩니다. 우리가 매일 마주하는 사소한 번거로움, 비효율적인 과정, 알게 모르게 낭비되는 시간 속 아이디어의 진정한 보물이 숨겨져 있습니다. 친구들과의 약속을 정할 때마다 단체 채팅방에서 끝없는 일정 조율에 지쳐본 적은 없나요? 바쁜 직장인들이 점심시간마다 메뉴를 고민하고 줄을 서는 데 보내는 시간이 아깝다고 느껴본 적은요?

이러한 일상 속 작은 불편함은 대개 당연하게 여겨져 쉽게 지나치기 쉽습니다. 하지만 역설적으로 그런 무심한 지점에서 새로운 기회의 문이 열리곤 합니다. 세상의 모든 위대한 혁신은 누군가의 작은 불편함에 대한 깊은 공감에서 시작되었습니다.

AI, 문제 해결을 위한 지혜로운 동반자

AI 창업 아이디어는 이렇게 일상에서 발견한 문제를 중심으로 "왜 이런 일이 반복될까?", "이 문제를 더 쉽고 효율적으로 해결할 수는 없을까?", "기존의 방식에 어떤 비효율이 숨겨져 있을까?"와 같은 질문을 끊임없이 던지며 시작됩니다.

그리고 이 질문의 여정에서 AI는 단순한 도구를 넘어섭니다. 방대한 데이터를 분석하고 사용자 행동을 예측하며 반복적인 업무를 자동화하는 등 문제 해결을 위한 가장 강력한 지혜로운 동반자가 됩니다. 문제를 명확하게 정의하고 그 문제를 겪는 사람의 마음에 깊이 공감할수록 우리의 아이디어는 현실을 변화시킬 수 있는 빛나는 창업 아이디어로 발전할 가능성이 높아집니다.

주변에 귀 기울이고 용기 있게 묻다

일상생활 속에서도 AI 아이디어는 무궁무진하게 숨 쉬고 있습니다. 아이 숙제 검사, 복잡한 일정 관리, 개인 맞춤형 건강

상담, 매일의 식단 추천, 여행 일정 설계, 산더미 같은 사진 정리, 경조사 메시지 자동 작성, 온라인 쇼핑 비교 등 우리가 매일 마주하는 작은 불편함이 모두 AI 아이디어가 될 수 있습니다.

아이디어를 찾는 가장 좋은 방법의 하나는 주변 사람들에게 귀 기울이는 것입니다. 가족, 친구, 동료들에게 "요즘 뭐가 제일 귀찮아?", "반복적으로 하는 일 중에 정말 없애버리고 싶은 게 뭐야?"라고 따뜻하게 물어보는 것도 좋은 방법입니다. 온라인 커뮤니티 등에서 자주 등장하는 고민 글들을 모아보는 것도 숨겨진 문제와 기회를 발견하는 데 도움이 됩니다. 그리고 마침내 번뜩이는 아이디어가 떠올랐다면 주저하지 말고 챗GPT에게 "이런 게 AI로 가능할까?"라고 물어보세요. AI는 당신의 아이디어를 현실로 만드는 첫 번째 지혜로운 조력자가 될 것입니다.

완성 대신 검증: 아이디어를 현실의 시험대에 올리다

번뜩이는 아이디어를 발견하는 건 창업의 첫걸음이지만 그 아이디어가 과연 시장에서 빛을 발할 수 있을지, 사람들의 마음을 사로잡을 수 있을지는 또 다른 문제입니다. 이때 필요한 것이 바로 '검증'의 과정입니다. 최소 기능 제품MVP의 진정한 목적은 화려한 '완성'이 아니라 아이디어가 가진 잠재력을 '검증'하는 데 있습니다.

아직 확신이 없는 아이디어를 세상에 내놓기 전, 우리는 몇 가지 중요한 질문에 대한 답을 얻어야 합니다. 과연 사람들은 우리가 발견한 그 문제를 실제로 겪고 있을까요? 우리가 제시하는 해결책이 그들에게 진정으로 도움이 될까요? 그리고 가장 중요한 질문 그들은 이 해결책을 위해 기꺼이 지갑을 열 의향이 있을까요? 이 질문들에 대한 답을 찾는 것이야말로, 우리의 아이디어가 단순한 상상을 넘어 현실의 가치로 거듭날 수 있는지를 판가름하는 시험대입니다. 아이디어를 검증하는 방법은 다양하며 AI는 이 과정에서 강력한 조력자가 됩니다.

- **가상 페르소나 설정**: 챗GPT와 같은 인공지능 도구를 활용해 우리가 상상하는 사용자의 모습을 구체화할 수 있습니다. 예를 들어 "20대 여성 직장인 페르소나를 만들어줘, 특히 스트레스 관리 관련 문제를 겪고 있는 사람으로 설정해 줘"와 같은 요청을 통해 우리의 서비스가 누구를 위한 것인지 더욱 명확히 할 수 있습니다.
- **직접 듣는 시장의 목소리**: 구글 폼이나 노션Notion과 같은 도구를 활용해 설문조사를 배포하는 것은 시장의 목소리를 직접 듣는 효과적인 방법입니다. "이런 서비스가 있다면 한 달에 얼마까지 낼 의향이 있나요?", "현재 가장 불편한 점은 무엇인가요?"와 같은 질문들은 잠재 고객의 니즈와 기대치를 파악하는데 귀중한 통찰을 제공합니다. 설문 결과는 챗GPT에게 "이 설문 결과로 MVP 피드백을 요약해 줘"라고 요청하면 방대한 데이터를 효율적으로 분석하고 핵심적인 시사점을 도출할 수 있습니다.

클릭률이 말해주는 시장성: 랜딩페이지와 SNS 실험

아이디어가 웹 서비스라면 카르Carrd, 타입드림Typedream 같은 도구로 간단한 랜딩페이지를 제작해 시장성을 테스트할 수 있습니다. '구독하기' 또는 '관심 등록' 클릭률CTR Click-Through Rate을 분석하여, 2% 이상일 경우 시장성이 긍정적이라는 신호로 판단할 수 있습니다. 사전 예약PRE ORDER 신청이 10명 이상이라면 실제 수요로 이어질 가능성이 높다는 강력한 증거가 됩니다.

소셜 미디어SNS Social Network Service를 통한 소프트 런칭도 유용한 검증 방법입니다. 인스타그램, 트위터, 브런치 등에서 우리의 아이디어를 소개하고 사람들의 반응을 실험해 보는 것입니다. 댓글, 좋아요, 등의 반응을 통해 아이디어에 대한 잠재적 수요를 가늠할 수 있습니다.

아이디어 검증은 단순히 성공 여부를 판단하는 걸 넘어, 아이디어를 시장의 목소리에 맞춰 끊임없이 다듬고 발전시키는 과정입니다. 이 과정을 통해 우리는 실패의 위험을 줄이고 성공에 한 걸음 더 가까워질 수 있습니다. 시장의 속삭임에 귀 기울이는 것, 그것이 곧 혁신의 시작입니다.

코딩 없이, 아이디어를 현실로 만드는 길

번뜩이는 아이디어가 당신의 마음속에 자리 잡았다면 이제는 그 아이디어를 세상에 '만들어보는' 단계입니다. 과거에는 이 단계에서부터 개발자를 찾아 헤매거나 복잡한 코딩 언어를 배워야 한다는 거대한 장벽에 부딪히곤 했습니다. 하지만 지금은 다릅니다. '노코드No-code' 도구와 인공지능 API의 놀라운 조합이 그 장벽을 허물고, 누구든 자기 아이디어를 빠르게 현실로 구현할 수 있는 새로운 길을 열었습니다. 이제 기술 지식의 유무가 창업의 성공을 가르는 절대적인 기준이 아닙니다.

당신의 아이디어가 고객 상담 챗봇이라면 챗 베이스Chatbase나 메니 챗Manychat 같은 도구를 활용해 단 며칠 만에 기본적인 상담 챗봇을 만들 수 있습니다. 여행 계획에 어려움을 겪는 이들을 위한 AI 여행 플래너 앱을 꿈꾼다면 푸젠아이오Fuzen.io나 글라이드Glide 같은 앱 제작 도구로 2주 만에 최소 기능 제품MVP을 세상에 선보일 수도 있습니다. 복잡한 이커머스 재고 관리나 뉴스레터 자동 발송과 같은 업무 흐름을 효율화하고 싶다면 메이크닷컴Make.com이나 재피어Zapier 같은 워크플로우 자동화 도구가 당신의 든든한 조력자가 될 것입니다.

창작의 고통을 덜어주는 AI 파트너

콘텐츠 창작의 고통을 덜고 싶다면 챗GPTChatGPT, 재스퍼Jasper, 코알라 라이터Koala Writer 같은 도구들이 블로그, 뉴스레터, 상품 설명을 자동으로 작성해 줍니다. 웹사이트 제작이 어렵다면 카르Carrd나 웹플로우Webflow 등 노코드 웹사이트 빌더를 활용해 한 페이지짜리 랜딩페이지를 순식간에 구축할 수 있습니다. 노션 AINotion AI, 카피AICopy.ai, 스마트리.아이오Smartly.io 같은 도구들은 콘텐츠 제작, 마케팅, 데이터 분석, 자동화까지 원스톱으로 처리할 수 있는 통합 해결책을 제공합니다.

클라우드 기반 AI 인프라(AWS Bedrock, Google Vertex AI 등)를 활용하면 대기업 수준의 자동화 시스템도 저렴하게 구축 가능합니다. 아이디어 현실화를 위한 도구의 조합이 궁금하다면 챗GPT에게 "내 아이디어로 MVP를 만들기 위한 도구 조합을 추천해 줘"라고 물어보는 것도 방법입니다. 노코드 도구는 대부분 무료 체험 기간을 제공하니, 여러 도구를 직접 사용해 보면서 당신에게 가장 쉽고 직관적인 것을 선택하는 것이 좋습니다.

TIP

AI를 이용해 콘텐츠 초안 제작과 페이지 랜딩을 노코드-AI 도구를 조합해 제작부터 마케팅까지 한 흐름으로 자동화하는 것이 핵심입니다.

불완전함과 용기: 성공으로 가는 지름길

여기서 가장 중요한 것은 '완벽하게 만들려고 하지 않는 것'입니다. 첫 단계에서는 아이디어의 핵심 기능만을 빠르게 구현해 세상에 내놓고, 사용자들의 솔직한 피드백에 귀 기울이는 것은 성공의 지름길입니다. 불완전하더라도 빠르게 시작하고 끊임없이 개선해 나가는 용기 그것이 바로 기술의 장벽을 넘어 인공지능 시대의 창업가로 거듭나는 길입니다. 당신의 아이디어가 AI의 지능을 만나 현실에서 빛을 발하기를 바랍니다.

혁신의 시대, 주저할 이유가 없다

인공지능이 열어젖힌 새로운 창업의 시대는 과거와는 확연히 다른 얼굴을 하고 있습니다. 이 시대의 창업은 놀랍도록 빠릅니다. 번뜩이는 아이디어를 떠올린 순간부터 최소 기능 제품MVP을 세상에 내놓기까지 며칠이라는 짧은 시간만으로도 충분합니다. 또한, 비용의 장벽은 현저히 낮아졌습니다. 수십만 원 이내의 예산만으로도 프로토타입을 만들 수 있으며, 이 모든 과정을 혼자서도 충분히 해낼 수 있습니다.

AI는 이제 당신의 가장 유능한 기획자이자, 섬세한 디자이너, 그리고 지치지 않는 개발자가 되어 줍니다. 그러니 더 이상 망설일 필요가 없습니다. 당신의 마음속에 자리한 작은 문제 하나를 떠올리고, 챗GPT에게 그 질문을 던져보는 것부터 시작해 보십시오. 몇 개의 노코드 도구를 연결하여 당신의 아이디어를 담은 최소 기능 제품을 만들어보는 용기를 내어보세요. 완벽하지 않아도 괜찮습니다. 당신의 불완전한 첫걸음이 진짜 사용자들의 피드백을 만나 비로소 완전해질 것입니다. AI는 단순한 도구를 넘어 당신의 아이디어를 현실로 만들어줄 최고의 파트너이자 든든한 공동 창업자입니다.

실행하고 배우고, 다시 시도하다

오늘 당신의 삶에서 혹은 주변 사람들의 일상에서 발견한 세 가지 불편함을 조용히 적어보세요. 그리고 챗GPT에게 "이런 불편함을 AI로 해결하는 방법 세 가지를 알려줘"라고 물어보는 것도 좋습니다. 카르Carrd, 챗베이스Chatbase, 검로드Gumroad와 같은 노코드 도구 중 몇 가지를 골라 단 한 시간 안에 당신의 아이디어를 담은 최소 기능 제품을 시도해 보는 것입니다. 그리고 용기를 내어 친구, 가족, 동료들에게 그 작은 결과물을 보여주고 솔직한 반응을 들어보십시오.

완벽을 기다리는 것은 혁신의 적입니다. 빠른 실행과 피드백이 성공으로 향하는 가장 지혜로운 길입니다. AI는 당신의 든든한 동업자이자, 지치지 않는 조력자입니다. '나는 개발자가 아니라서 못해'라는 오래된 생각 대신, 'AI와 함께라면 무엇이든 도전할 수 있다'라는 자신감을 품기를 바랍니다. 실패하더라도 시도하고 그 실패에서 배우고, 다시 시도하는 과정에 비로소 진정한 기회가 있습니다. 지금, 당신의 아이디어를 세상에 내놓을 시간입니다.

필자는 많은 시행착오를 겪으며 지금의 위치에 도달하였습니다. 직업군인, 대학 교수, 연구소장 등을 경험하며 잡초와 같은 생존력으로 견디고 버텨왔습니다. 그러던 중 2024년 중순부터 AI를 통해 새로운 도전에 직면하였고, 혁신적인 마인드를 견지해온 덕분에 AI는 많은 통찰을 주었습니다. 이는 힘들고 어려운 일들을 더욱 빠르게 더 효율적으로 수행하면서 더 많은 자신감을 가지게 되었습니다.

AI는 우리의 삶에 필수적인 존재가 되었고, 앞으로 닥쳐올 미래를 개척하는 바로미터가 될 것입니다. 따라서 우리 모두는 지금의 AI 트랜드를 빠르게 인식하고 터득하여 삶을 영위하는데 필수불가

결한 동반자로 함께 성장해야 합니다.

창작의 문턱을 넘어서는 AI의 손길

콘텐츠로 수익을 창출한다는 말에 많은 이들이 고개를 갸웃거리곤 했습니다. “시간이 너무 오래 걸리지 않을까?”, 글이나 영상은 타고난 재능이 있는 사람들만 하는 거 아냐?”라는 막연한 질문들이 창작의 문턱을 높였죠. 하지만 이제 그 오랜 생각은 과거의 이야기가 되었습니다. 인공지능의 지혜로운 손길을 빌리면 콘텐츠 제작은 더 이상 어렵지도 느리지도 않습니다. AI는 우리의 창작 과정을 혁명적으로 바꾸어 놓으며, 누구나 자신의 이야기를 세상에 전하고 그로부터 가치를 창출할 수 있는 새로운 길을 열어줍니다.

이 장은 인공지능을 활용해 블로그를 쓰고, 유튜브 채널을 운영하며 전자책을 출간하여 수익을 만들어내는 구체적인 전략들을 안내합니다. 노코드No-code의 자유로움, 무자본 창작의 가능성, 그리고 지능형 자동화의 힘이 당신의 콘텐츠 수익화를 가속할 것입니다. AI는 단순한 도구를 넘어 당신의 창작 열정을 현실로 만드는 가장 강력한 동반자가 될 것입니다.

| Gemini 3를 활용하여 제작한 이미지

블로그: 전문가처럼 읽히는 글쓰기

망설임의 그림자를 걷어내고 지금 바로 블로그라는 하얀 도화지 위에 첫 문장을 써보십시오. 챗GPTChatGPT나 클로드Claude 같은 생성형 인공지능을 활용하면 글의 주제 선정부터 핵심 키워드 분석, 초안 작성, 검색 엔진 최적화SEO까지 대부분의 작업을 짧은 시간 안에 수행할 수 있습니다. 특히, 당신의 고유한 경험이나 지식에 언어 구조화 능력을 더하면 전문가처럼 읽히는 매력적인 글을 만들어낼 수 있습니다.

유튜브 채널 운영 역시 인공지능 도구의 도움을 받을 수 있습니다. 영상 스크립트 작성, 기획, 썸네일, 자막까지 AI를 활용할 수 있으며, 최근에는 AI 성우와 영상 편집 도구의 발전으로, 카메라 앞에 서지 않아도 고품질의 영상 제작이 가능합니다. 아이디어만 있다면 영상 콘텐츠도 빠르게 제작해 세상에 공개할 수 있습니다.

전자책은 콘텐츠를 자산화할 수 있는 수단입니다. 블로그나 유튜브 콘텐츠를 재구성해 전자책으로 엮고, 킨들KDP이나 리디북스를 통해 출간하면 지속적인 수익 파이프라인을 만들 수 있습니다. 인공지능을 활용하면 목차 구성, 본문 작성, 편집, 표지 디자인까지 대부분의 과정을 자동화할 수 있게 되었습니다.

이처럼 콘텐츠 수익화는 더 이상 일부 사람들만의 특권이 아닙니다. 핵심은 당신만의 진솔한 이야기를 발견하고 그것을 AI의 힘으로 빠르고 효율적으로 세상에 전개해 나가는 것입니다.

서비스·콘텐츠 모델 설계 : 아이디어에서 수익으로

수익의 문턱을 낮추는 지혜로운 손길

블로그는 여전히 강력한 수익 도구로 빛나고 있습니다. 구글 애드센스 광고 수익이나 쿠팡 파트너스, 혹은 아마존 어필리에이트의 제휴 마케팅처럼 블로그 하나만으로도 다채로운 광고 수익을 실현할 가능성이 펼쳐져 있습니다. 과거에는 블로그 글쓰기가 오랜 시간과 타고난 재능을 요구하는 일이라 여겨졌지만 이제는 인공지능의 지혜로운 손길을 빌려 그 문턱이 낮아졌습니다. 하루 단 30분이라는 짧은 시간만으로도 나의 이야기가 수익이 되는 마법 같은 채널을 만들 수 있습니다.

블로그 글쓰기의 여정은 주제 선정에서 시작됩니다. 챗GPT와 같은 생성형 인공지능에게 "초보 주식 투자자를 위한 검색량 높은 블로그 주제 10가지를 알려줘"라는 질문을 던져보는 건 좋은 출발점이 됩니다. AI는 방대한 데이터를 분석하여 독자들이 무엇을 궁금해하는지 파악하고 그에 맞는 매력적인 주제들을 제안해 줄 것입니다. 나의 관심사와 시장의 요구가 만나는 지점에서 아이디어의 씨앗이 뿌려집니다.

주제가 정해졌다면 이제 본문을 작성할 차례입니다. "도입부-문제 제기-해결 방법-마무리 조언 순으로 1,000자 블로그 글을 작성해 줘"와 같은 구체적인 지시는 AI가 나의 의도를 정확히 파악하고 체계적인 초안을 만들어내는 데 도움을 줍니다. AI는 내 생각을 정돈하고 글의 뼈대를 세우는 데 지치지 않는 조력자가 됩니다.

글이 완성되면 검색 엔진 최적화SEO를 통해 더 많은 독자에게 나의 이야기가 닿을 수 있도록 다듬어야 합니다. AI는 이 과정에서도 빛을 발합니다. "이 키워드로 제목과 소제목을 재작성해 줘"라는 요청은 글의 핵심을 담으면서도 검색 엔진에 잘 노출될 수 있는 매력적인 제목을 만들어 줍니다. 서퍼 SEOSurfer SEO나 코알라 라이터Koala Writer와 같은 도구들은 키워드 난이도를 분석하고 경쟁 블로그를 분석하며 자동 콘텐츠 생성까지 지원하여 블로그 운영의 효율을 극대화합니다.

인간의 깊이로 채우는 신뢰와 공감

물론, AI가 써준 글은 완벽하지 않습니다. 그 글에 나의 경험, 실제 사례, 그리고 나의 진솔한 사진들을 더해 보완한다면 글의 신뢰도와 깊이는 물론 독자들의 공감과 조회수까지 비약적으로 상승할 것입니다. AI는 나의 지혜를 증폭시키는 도구이지, 나의 모든 것을 대신하는 존재가 아닙니다.

블로그는 단순한 글쓰기 공간을 넘어 지속적인 수익을 창출하는 파이프라인으로 확장될 수 있습니다. 블로그 방문자들이 이메일 구독자로 이어지고 뉴스레터를 통해 꾸준히 소통하며 최종적으로 전자책이나 온라인 강의, 제휴 상품 판매로 연결되는 견고한 수익 구조를 설계할 수 있습니다. 50대 직장인 A 씨가 단 3개월 만에 월 40만 원의 광고 수익을 달성하고 30대 워킹맘 B 씨가 매달 20만~30만 원의 부수입을 얻는 것처럼, 경제적 자유를 향한 작은 발걸음은 이제 AI와 함께 누구나 내딛을 수 있습니다.

수익 창출 파이프라인

| 누구나 AI와 본인의 경험을 결합하여 콘텐츠를 제작, 수입을 창출할 수 있습니다.

TIP

AI로 초안을 만들되 반드시 나의 경험과 사례를 더해 신뢰를 완성하고, 블로그를 이메일·전자책·강의·제휴로 확장되는 수익 파이프라인으로 설계하세요.

경제적 장벽을 허무는 AI의 힘

영상 콘텐츠는 분명 '고퀄리티'를 요구하는 영역입니다. 카메라 앞에 서는 부담, 복잡한 편집 기술, 그리고 긴 제작 시간은 많은 이들에게 유튜브 채널 운영의 꿈을 멀게 만들었습니다. 하지만 이제는 달라졌습니다. 인공지능의 지혜로운 손길을 빌리면 얼굴을 드러내지 않고, 심지어 영상 제작에 대한 전문 지식이 없어도 매력적인 수익형 유튜브 채널을 운영할 수 있는 시대가 열렸습니다. AI는 당신의 아이디어를 영상으로 만들어 세상에 전하는 가장 강력한 도구가 됩니다.

수익형 유튜브 채널을 만들기 위한 여정은 스크립트 작성에서 시작됩니다. 챗GPTChatGPT나 재스퍼Jasper 같은 생성형 인공지능은 당신의 주제에 맞는 영상 스크립트를 자동으로 작성해 주는 놀라운 능력을 지니고 있습니다. 아이디어를 입력하면 AI는 그 아이디어를 바탕으로 흥미로운 서사와 논리적인 흐름을 가진 대본을 순식간에 만들어냅니다. 이어서 일레븐랩스ElevenLabs나 머프.AIMurf.ai와 같은 AI 음성 더빙 도구는 이 스크립트를 마치 실제 사람이 말하는 듯 자연스러운 AI 목소리로 변환해 줍니다. 다양한 음색과 억양을 선택할 수 있어, 영상의 분위기에 가장 잘 어울리는 목소리를 입힐 수 있습니다.

유튜브 숏폼만들기

텍스트를 영상으로: 자동화된 제작 과정

이제 글과 목소리가 준비되었다면 영상 제작 단계로 넘어갑니다. 픽토리Pictory, 런웨이Runway, 캔바Canva와 같은 AI 영상 제작 도구들은 텍스트를 기반으로 영상을 자동으로 생성해 주는 마법을 부립니다. 당신이 작성한 스크립트를 입력하면 AI는 그 내용에 어울리는 이미지, 영상 클립, 배경 음악 등을 자동으로 조합하여 완성도 높은 영상을 만들어냅니다. 더 이상 복잡한 편집 프로그램 앞에서 씨름할 필요가 없습니다. 마지막으로 시청자의 시선을 단번에 사로잡는 썸네일 제작은 캔바Canva나 미드저니Midjourney 같은 AI 도구의 도움을 받을 수 있습니다. AI는 당신의 영상 주제와 어울리는 고품질의 썸네일 디자인을 제안하여 클릭률을 높이는 데 이바지합니다.

유튜브에서 수익을 창출하는 길은 다양합니다. 가장 대표적인 방법은 '유튜브 파트너 프로그램'에 가입하는 것입니다. 또한, 영상 설명란에 제휴 마케팅 링크를 삽입하여 관련 상품 판매를 유도하거나, 당신이 직접 만든 디지털 상품(전자책, 온라인 강의 등) 을 홍보하고 판매하는 파이프라인을 구축할 수도 있습니다.

AI를 활용한 수익형 유튜브 채널은 다양한 주제에서 빛을 발할 수 있습니다. 복잡한 투자 개념을 AI가 만든 간결한 영상으로 설명하는 '1분 투자 상식' 채널, 최신 AI 도구를 소개하고 관련 제휴 마케팅 수익을 창출하는 'AI 툴 추천 채널', 흥미로운 지식 콘텐츠를 영상으로 만들어내는 '몰입되는 지식 이야기'

채널 등 아이디어만 있다면 무궁무진한 기회가 있습니다.

AI는 당신의 아이디어만 있다면 얼굴을 드러내지 않고도 복잡한 편집 기술 없이 당신의 이야기를 영상으로 만들어 세상에 전하고 그로부터 가치를 창출할 수 있는 새로운 길을 열어줍니다. 이제 당신의 창의력과 AI의 지능이 만나 유튜브라는 거대한 무대 위에서 새로운 수익의 기회를 만들어낼 시간입니다.

AI 교육 채널 '에듀젠'의 대표 콘텐츠 미리 보기

(유튜브 채널 운영 사례) AI코리아에듀젠 유튜브 채널에서는 저자가 작성한 나를 나답게 하는 질문(MZ 질문)과 AI 핵심 전략과 성장법에 대한 영상을 업로드하여 운영 중에 있습니다.

유튜브 AI코리아에듀젠

전문가의 경계를 넘어 누구나 작가가 되는 시대

전자책은 인공지능의 지혜로운 손길을 빌려 누구나 쉽게 쓸 수 있는 귀한 디지털 자산입니다. 과거에는 책을 쓴다는 것이 특정 분야의 전문가나 작가에게만 허락된 영역처럼 느껴졌습니다. 하지만 이제는 다릅니다. 당신의 고유한 경험이나 잘 정리된 정보만으로도 충분히 가치 있는 전자책을 만들 수 있는 시대가 열린 것입니다. AI는 당신의 지식을 세상과 나누고 그로부터 새로운 수익을 창출하는 가장 강력한 동반자가 됩니다.

AI 전자책 제작의 여정은 주제 기획에서 시작됩니다. 챗GPT와 같은 생성형 인공지능에게 "20대 직장인을 위한 시간 관리 팁 전자책 아이디어 5가지를 추천해 줘"와 같은 질문을 던져보세요. AI는 당신의 관심사와 독자의 니즈가 만나는 지점에서 매력적인 주제들을 제안해 줄 것입니다.

주제가 정해졌다면 이제 책의 뼈대인 목차를 구성할 차례입니다. AI에게 "'퇴근 후 1시간으로 부업 시작하기' 전자책 목차를 구성해 줘"라고 요청하면 독자들이 흥미를 느낄 만한 체계적인 목차를 순식간에 만들어낼 수 있습니다.

목차가 완성되면 본격적으로 본문을 작성합니다. AI에게 "각 목차에 따라 500자에서 800자 분량의 내용을 써줘"라고 요청하면 AI는 방대한 데이터를 바탕으로 초안을 생성해 줄 것입니다. 이 초안은 당신의 글쓰기 부담을 획기적으로 줄여줍니다. 하지만 여기서 멈춰서는 안 됩니다. AI가 써준 글에 당신의 실제 경험, 생생한 사례, 그리고 당신만의 깊이 있는 통찰을 더하고 문장을 섬세하게 다듬는 과정이야말로 이 책을 당신만의 독창적인 작품으로 만드는 중요한 작업입니다. AI는 당신의 생각을 정돈하고 표현을 돕지만 그 안에 영혼을 불어넣는 것은 오직 당신의 몫입니다. 글쓰기 작업이 마무리되면 이제 디자인과 배포 단계로 넘어갑니다. 캔바Canva와 같은 디자인 도구를 활용하면 전문적인 디자인 지식이 없어도 전자책의 표지와 내지를 아름답게 디자인할 수 있습니다. AI는 당신의 아이디어를 시각적으로 구현하는 데 도움을 줄 것입니다. 전자책이 완성되면 퍼블리Publy, 브런치 북, 리디셀렉트, 탈잉, 클래스101 등 다양한 온라인 플랫폼을 통해 세상에 선보일 수 있습니다. 당신의 지식은 이제 새로운 수익을 창출하는 견고한 자산이 될 것입니다.

전자책을 통한 수익화 전략은 다채롭습니다. 당신의 전자책을 무료로 배포하며 독자들의 이메일 구독을 유도하고 이후 뉴스레터나 다른 강의, 제품으로 연결하는 파이프라인을 설계할 수 있습니다. 혹은 리디북스나 브런치 북 유료 전환 기능을 활용하여 유료로 판매할 수도 있습니다. 더 나아가 전자책의 내용을 기반으로 온라인 강의를 제작하여 패키지 형태로 확장하는 것도 가능합니다. AI는 목차 구성, 본문 작성, 편집, 심지어 표지 디자인까지 대부분의 과정을 자동화하여 당신의 창작 부담을 덜어줍니다.

이처럼 전자책 출간은 더 이상 '오랜 시간과 막대한 자본 그리고 타고난 재능이 있는 일부 사람들만의 특권'이 아닙니다. 핵심은 당신만의 진솔한 이야기를 발견하고 그것을 인공지능의 지혜로운 힘으로 빠르고 효율적으로 세상에 전개해 나가는 것입니다. AI와 함께 당신의 지식이 세상에 가치를 더하고 그 가치가 다시 당신에게 돌아오는 아름다운 선순환을 만들어낼 수 있습니다. 당신의 이야기가 전자책이라는 새로운 형태로 세상에 울려 퍼지고 당신의 지식이 수익이 되는 놀라운 경험을 하기를 바랍니다.

재능에서 시스템 구축으로의 전환

콘텐츠로 수익을 창출하는 일은 이제 더 이상 타고난 '재능'의 영역이 아닙니다. 그것은 치밀하게 설계된 '시스템 구축'의 영역으로 진화했습니다. 인공지능을 현명하게 활용하면 하루 단 1~2시간의 투자만으로도 블로그에서 유튜브, 전자책으로 이어지는 견고한 디지털 자산화의 흐름을 만들어내고 그로부터 꾸준한 수익을 창출하는 파이프라인을 충분히 실현할 수 있습니다. 이 모든 과정의 핵심은 꾸준함과 끊임없는 실험에 있습니다. AI의 지혜로운 도움을 받는 만큼, 우리는 더 많은 시도를 더 빠르게 해볼 수 있는 자유를 얻게 됩니다. AI는 우리의 창작 여정을 가속화하고 새로운 기회를 발견하도록 돕는 진정한 동반자입니다.

AI는 창작자의 가장 유능한 '비서'가 되어 줍니다. 블로그 글쓰기의 고통을 덜어주고, 유튜브 영상 스크립트를 능숙하게 작성하며 전자책의 목차를 체계적으로 구성하는 등 반복적이고 시간을 많이 소모하는 작업을 대신 처리합니다. AI의 도움으로 창작자는 글쓰기, 영상 편집, 디자인과 같은 기술적인 장벽에서 벗어나 자신의 고유한 아이디어와 핵심 메시지를 다듬는 데 온전히 집중할 수 있습니다. AI는 단순한 업무 대행을 넘어 창작자가 가진 잠재력을 최대한으로 끌어내는 지능적인 조력자 임무를 수행합니다.

수익을 극대화하는 전략적 파트너

나아가 AI는 콘텐츠 창작자의 가장 강력한 '사업 파트너'가 됩니다. '블로그/유튜브/전자책 → 이메일 구독자 → 뉴스레터 → 강의/디지털 상품 판매'로 이어지는 자동화 파이프라인을 설계하는 데 AI의 지능이 활용될 수 있습니다. AI는 방대한 데이터를 분석하여 독자의 관심사를 파악하고 개인화된 추천을 통해 콘텐츠의 도달률을 높입니다. 멀티 브랜드/채널 관리 플랫폼과 AI를 결합하면 여러 브랜드의 콘텐츠를 한 번에 제작하고 운영하며 성과를 분석할 수 있어 사업의 확장성을 극대화합니다. AI 기반의 개인화 추천, 날카로운 데이터 분석, 그리고 최적화된 광고 전략은 콘텐츠로부터 얻는 수익을 비약적으로 끌어올리는 데 이바지합니다.

AI는 단순히 작업을 대신해 주는 비서를 넘어 새로운 시장 기회를 탐색하고 수익을 극대화하는 지혜로운 사업 동료가 됩니다. 이처럼 AI는 창작의 영역을 '재능'에서 '시스템 구축'으로 전환하며 누구에게나 콘텐츠 수익화의 길을 열어줍니다. '나는 개발자가 아니라서 못 해'라는 오래된 생각 대신, 'AI와 함께라면 무엇이든 도전할 수 있다'라는 자신감을 가슴 가득 품을 때입니다. 실패를 두려워하지 않고 시도하고 그 과정에서 배우며, 다시 시도하는 용기 그 속에서 비로소 진정한 기회가 만들어질 것입니다. 오늘 AI와 함께 당신만의 콘텐츠 자산을 만들어가는 여정을 시작해 보십시오. AI는 당신의 아이디어가 세상에 빛을 발하고 그로부터 새로운 가치를 창출하는 데 필요한 모든 지능과 지원을 아끼지 않을 것입니다.

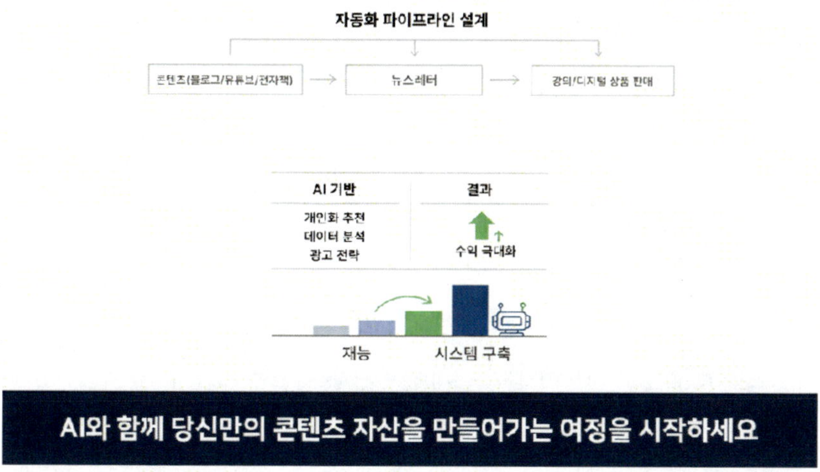

| AI를 통해 콘텐츠 수익화의 길이 열려, 이제는 창작의 영역이 재능이 아닌 시스템 구축으로 전환되었습니다. 따라서 누구나, AI만 있다면 새로운 기회가 열릴 것입니다.

전략적 파트너로서 AI는 단순한 도구나 비용 절감 수단이 아니라 수익창출 구조 자체를 설계-확장-최적화하는 동반자를 의미합니다. 자신의 전문성 분야를 AI와 접목하면 수준 높은 결과물들을 만들어 갈 수 있습니다.

데이터 및 AI 활용으로 부가가치 창출하기

마케팅과 데이터

예전에는 마케팅하려면 많은 시간과 인력이 필요했습니다. 하지만 이제는 인공지능이 '타깃 분석 → 콘텐츠 제작 → 광고 집행 → 고객 응대'까지 모든 과정을 지능적으로 대신할 수 있는 시대가 열렸습니다. 이 장에서는 인공지능 도구들을 활용해 마케팅의 전 과정을 자동화하고 그로부터 안정적인 수익을 창출하는 구체적인 방법을 소개할 것입니다. AI는 당신의 마케팅 전략을 혁신하고 새로운 수익의 길을 열어줄 것입니다.

AI 마케팅이란, 데이터 기반의 의사결정과 콘텐츠 자동 생성을 통해 적은 비용으로 높은 효율을 내는 전략입니다. 또한, 고객의 행동 패턴과 관심사를 분석하여 맞춤형 광고나 메시지를 자동으로 전달할 수 있게 해줍니다. 이를 통해 마케팅 성과를 극대화하면서도 시간과 인력을 대폭 줄일 수 있습니다. 이 모든 게 1인 창업자도 가능한 시대입니다.

마케팅 자동화 흐름은 다음과 같은 예시를 따릅니다. 첫째,

AI로 고객 성향을 예측하여 고객 타깃을 분석합니다. 둘째, 광고 콘텐츠를 자동으로 제작합니다. 셋째, 이메일이나 뉴스레터를 자동으로 발송합니다. 넷째, 광고 성과를 분석하고 최적화합니다. 마지막으로 고객 문의는 AI 챗봇이 자동으로 응대합니다.

수익을 만드는 AI 마케팅 모델은 다양합니다. AI 콘텐츠 마케팅은 AI로 카드뉴스, 블로그 글, 릴스 영상을 제작하여 유입을 늘리고 광고 및 제휴 이익을 얻습니다. 이메일 마케팅 자동화는 AI로 글을 작성하고 자동으로 발송하여 제품 홍보와 반복 구매를 유도합니다. 유튜브 쇼츠 광고는 영상과 제목, 해시태그를 자동 생성하여 조회수 기반 수익을 창출합니다. 제휴 마케팅은 AI가 추천 콘텐츠를 작성하여 클릭이나 구매 시 이익을 얻습니다. SNS 광고 캠페인은 AI가 광고 소재를 생성하고 A/B 테스트를 진행하여 광고 효율을 극대화하고 리드를 수집합니다.

예시를 통해 구체적인 활용법을 알아봅시다. 챗GPTChatGPT로 상품 설명과 리뷰 콘텐츠를 작성하고 캔바Canva로 광고용 이미지를 제작합니다. 메니챗Many Chat 챗봇으로 메시지를 자동으로 전송하고 메타 광고 관리자Meta Ads Manager에 AI가 생성한 소재를 등록합니다. 광고 성과는 피워크Piwik나 구글 애널리틱스Google Analytics로 자동 분석합니다.

마케팅 자동화 도구 조합은 다음과 같습니다. 콘텐츠 생성에는 챗GPT, 재스퍼Jasper, 카피AICopy.ai 등을 활용하여 블로그 글, 광고 문구, SNS 게시물을 자동 작성합니다. 이미지 또는 영상 제작에는 캔바, 피카 랩스Pika Labs, 인 비디오In Video 등을 사용해 광고 배너나 릴스 영상을 자동 제작합니다.

이메일 마케팅에는 메일침프Mail chimp, 비하이프Beehiiv 등을 활용하여 뉴스레터를 자동 발송하고 클릭을 분석합니다. 챗봇 응대에는 메니 챗, 챗 베이스Chat base 등을 사용하여 고객 문의에 대응하고 프로모션 메시지를 보냅니다.

광고 운영에는 애드크리에이티브.AIAdCreative.ai, 오코야Ocoya 등을 활용하여 광고 문구와 디자인을 자동 생성하고 A/B 테스트를 진행합니다. 분석 및 최적화에는 구글 애널리틱스, 피위크 등을 사용하여 광고 성과를 실시간 분석하고 타겟을 세분화합니다.

이 도구들을 조합하면 광고 → 유입 → 전환 → 재구매 유도 과정이 자동으로 돌아갑니다. AI와 자동화는 당신의 마케팅을 혁신하고 새로운 수익의 길을 열어줄 것입니다.

흘려보내지 않는 트래픽: 수익의 핵심 목표

AI 마케팅의 궁극적인 목표는 단 하나 '클릭이 수익으로 이어지게 만드는 것'입니다. 이는 마치 잘 심은 씨앗에 물과 햇빛을 주어 탐스러운 열매를 맺게 하는 과정과 같습니다. 단순히 많은 사람들에게 우리의 콘텐츠를 보여주는 것을 넘어 그들이 우리의 메시지에 반응하고 흥미를 느끼며, 최종적으로는 기꺼이 지갑을 열도록 이끄는 체계적인 흐름을 설계하는 것이 중요합니다. 구조화된 수익 흐름은 다음과 같은 단계를 따릅니다.

- **이메일 수집**: 링크를 통해 유입된 방문자의 이메일 주소를 수집하여 소통의 연결고리를 만듭니다.
- **가치 제공**: 이들에게 꾸준히 가치를 제공하는 뉴스레터를 발송하며 신뢰를 쌓습니다.
- **수익 전환**: 신뢰를 쌓은 후, 우리의 유료 제품을 제안하여 최종적으로 구매로 이어지게 하는 것입니다.

구체적인 흐름을 예로 들어볼까요? 인스타그램에 AI가 생성한 매력적인 릴스 영상을 올립니다. 이 영상은 시청자의 시선을 사로잡고 프로필 링크를 클릭하도록 유도합니다. 프로필 링크를 클릭한 방문자에게는 무료 전자책을 제공하며 이메일 주소를 수집합니다.

이렇게 확보된 구독자들에게는 AI가 작성한 유용한 정보가 담긴 뉴스레터를 자동 발송하여 꾸준히 가치를 제공하고 신뢰를 형성합니다. 뉴스레터 내에서 우리의 유료 제품이나 서비스 혹은 AI 도구 제휴 링크를 자연스럽게 제안하면 독자들의 클릭이 구매로 이어져 수익이 발생하는 선순환 구조가 완성됩니다.

여기서 가장 중요한 것은 'CTACall to Action, 행동 유도'를 명확하게 제시하는 것입니다. "지금 다운로드", "무료로 받아보기", "자세히 알아보기"와 같은 간결하고 행동을 유도하는 문구는 독자의 다음 행동을 이끄는 강력한 지침이 됩니다. 또한, AI가 생성한 콘텐츠라도 사람의 언어로 섬세하게 다듬는 것이 중요합니다. AI는 정보를 조합하지만, 독자의 마음을 움직이는 진정성은 결국 인간의 손길에서 나옵니다.

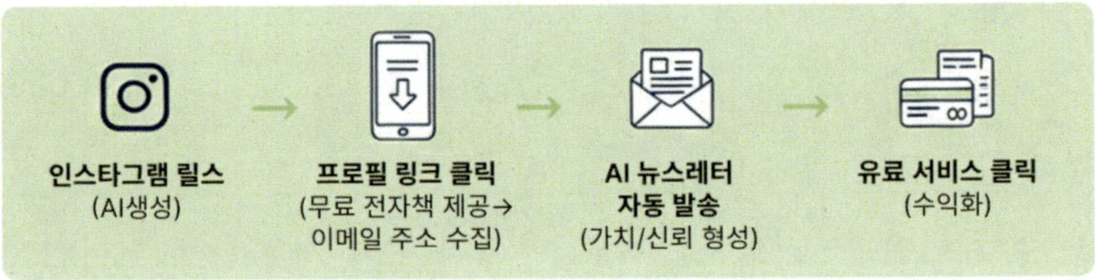

| AI 생성 콘텐츠를 통해 수익화하는 과정

지능이 엮어내는 비즈니스의 그물망

AI를 활용한 마케팅 자동화는 당신의 비즈니스를 위한 가장 효율적인 수익의 그물망을 만들어 줍니다. 이 그물망은 다양한 AI 도구들이 유기적으로 연결되어 마케팅의 모든 과정을 지능적으로 처리합니다.

광고 콘텐츠 제작에는 챗GPT나 애드크리에이티브 AI AdCreative.AI를 활용하여 자동 카피라이팅과 이미지 생성을 통해 빠르고 효과적인 광고 소재를 만듭니다. 소셜 미디어SNS 운영은 버퍼Buffer나 메트리쿨Metricool을 통해 게시물 자동 업로드와 성과 측정을 가능하게 하여 꾸준한 브랜드 노출을 돕습니다. 이메일 마케팅은 비하이프Beehiiv나 메일침프Mailchimp를 활용하여 구독자 대상 메일을 자동으로 발송하고 클릭률을 분석하여 고객과의 관계를 강화합니다. 챗봇 마케팅은 메니챗ManyChat을 통해 다이렉트 메시지DM 응답과 자동 프로모션을 수행하여 고객과의 실시간 소통을 책임집니다. 마지막으로 분석 및 최적화는 구글 애널리틱스Google Analytics를 통해 전환율을 추적하고 리포트를 자동 생성하여 마케팅 전략의 효율성을 끊임없이 개선합니다.

잠든 시간에도 일하는 강력한 엔진

당신도 '마케팅 자동 수익 시스템'을 충분히 만들 수 있습니다. 인공지능 도구들을 지혜롭게 활용하면 마케팅 전문가가 아니어도 광고부터 콘텐츠 제작, 고객 관리까지 모두 자동으로 수익을 창출하는 시스템을 만들 수 있습니다.

핵심은 모든 것을 한꺼번에 완벽하게 하려 하기보다 작고 단순한 자동화부터 차근차근 시작하는 것입니다. 예를 들어 뉴스레터 구독 폼을 만들고, 구독자에게 일정한 간격으로 AI가 작성한 유용한 이메일 콘텐츠를 자동 발송하는 것만으로도 의미 있는 첫걸음이 될 수 있습니다. 여기에 당신의 제품 소개나 다른 콘텐츠 링크를 자연스럽게 포함하면 별도의 광고 없이도 수익으로 이어질 가능성이 생깁니다.

AI는 복잡한 마케팅 전략을 대신하고 당신의 아이디어와 콘텐츠가 더 많은 사람들에게 도달하도록 도와주는 지치지 않는 조력자입니다. 그리고 자동화는 이 모든 흐름을 지속 가능하게 만들어 주는 강력한 엔진 역할을 합니다. 하루 24시간, 당신이 잠든 시간에도 고객과 연결되어 있고, 콘텐츠가 소비되며, 수익이 발생하는 구조 이것이 바로 '마케팅 자동 수익 시스템'의 진정한 힘입니다.

이제 중요한 것은 실행입니다. 당신이 가진 지식, 관심사, 경험은 이미 세상에 가치를 더할 충분한 자격이 있습니다. 거기에 인공지능과 자동화의 힘을 더하면 마케팅 전문가가 아니어도 누구든 지속 가능한 수익 구조를 만들 수 있는 시대입니다. 작게 시작하고 꾸준히 실험하며 데이터를 보고 끊임없이 개선해 나가는 용기, 그것이 바로 당신의 꿈을 현실로 만드는 가장 빠른 길입니다.

시간의 보물을 되찾는 지혜: 반복 업무 자동화

AI 자동화는 단순히 '투자'에서 끝나지 않습니다. 투자와 관련된 정보 수집, 뉴스 분석, 종목 선정, 결과 리포트 작성 등 반복되는 작업까지 지능적으로 자동화할 수 있습니다. 자동화할 수 있는 일 목록은 실로 다양합니다. 매일 아침 주식 뉴스 요약 메일을 자동으로 받을 수 있고, 매주 수익률 요약 리포트를 자동으로 작성할 수도 있습니다.

AI가 포트폴리오 리밸런싱을 추천하고 지정한 수익률이나 손절 조건 달성 시 자동으로 매도하는 것도 가능합니다. 특정 키워드 뉴스가 발생하면 즉시 알림을 받을 수도 있습니다. 예를 들어 구글 파이낸스Google Finance와 재피어Zapier를 연결해 특정 종목 뉴스가 발생하면 슬랙Slack에 자동 알림이 오고, 동시에 전략이 재조정되는 구조도 충분히 설계할 수 있습니다. 단순히 전략만으로는 의미가 없습니다. 실제 수익으로 연결되려면 '자동화 구조화'가 필수적입니다. 수익 전환 전략의 예시로는 AI로 퀀트 전략을 개발하고 백 테스트를 통과한 후 자동 매매를 실행하는 방식이 있습니다.

수익률이 높았던 전략만 모아 복합 포트폴리오를 구성하거나, 고배당 종목 위주로 구성해 배당 수익과 시세차익을 동시에 추구할 수도 있습니다. 나아가 이러한 수익 구조를 블로그나 전자책으로 만들어 판매하는 게 하나의 수익 모델이 될 수 있습니다. 중요한 팁은 단순히 '자동 매매'만으로는 부족하다는 것입니다. '전략 검증'과 '위험 관리'까지 포함된 견고한 구조로 설계해야 합니다. AI가 추천한 종목이라도 직접 검토하는 최소한의 기준선을 설정하는 지혜가 필요합니다.

당신만의 24시간 투자 파트너: 새로운 재테크의 지혜

이제는 트레이딩 시간에 얽매이지 않아도 되는 시대입니다. 당신이 자는 동안에도 시스템은 쉴 새 없이 일합니다. AI와 자동화 전략이 결합한 주식 수익 시스템은 감정에 휘둘리지 않고 일관된 기준으로 매매를 실행하며 시간을 들이지 않고도 안정적인 수익 흐름을 만드는 데 도움을 줍니다. 꾸준히 데이터를 분석하고 전략을 개선해 나간다면 당신만의 '24시간 일하는 투자 파트너'를 갖게 되는 셈입니다.

이러한 AI 기반 자동화는 비단 주식 투자에만 국한되지 않습니다. 픽토리Pictory, 루멘 5Lumen 5, 신디시아Synthesia와 같은 AI 기반 영상 자동화 도구는 영상 제작 시간을 획기적으로 단축하며 비용 효율성을 높이고 있습니다. 노션 AINotion AI, 미로 AIMiro AI와 같은 협업 도구를 통한 공동 지능Co-Intelligence은 실제 팀 프로젝트에 적용되어 협업 품질을 향상하고 있습니다. 구조화된 수익 흐름은 '콘텐츠 제작 → 구독자 확보 → 가치 제공 → 제품 제안 → 수익화'의 순환 과정으로 각 단계에서 AI가 데이터를 분석하고 최적의 전략을 제시합니다.

AI 기반 전략을 설계하고 반복 작업을 자동화하며 수익 구조를 복리로 확장하는 것 이것이 인공지능 시대에 우리가 추구해야 할 새로운 재테크의 지혜입니다.

지식이 자산이 되는 아름다운 순환

"내 지식을 콘텐츠로 만들어 수익을 낼 수 없을까?" 이 질문에 대한 답은 이제 매우 명확해졌습니다. 인공지능의 등장은 콘텐츠 제작의 속도를 비약적으로 높였고, 판매 구조마저 지능적으로 자동화할 수 있게 했습니다. 이 장에서는 인공지능을 활용해 교육 콘텐츠를 기획하고 제작하며 나아가 자동 판매까지 연결하는 견고한 수익 시스템을 만드는 길을 안내할 것입니다. 당신의 지식이 세상에 가치를 더하고 그 가치가 다시 당신에게 돌아오는 아름다운 선순환을 경험하게 될 것입니다.

교육 콘텐츠는 나의 시간을 직접적으로 팔지 않고, 지식을 디지털 자산으로 전환하여 반복적으로 이익을 얻는 대표적인 디지털 제품입니다. 그 핵심 구조는 다음과 같습니다. 아이디어를 매력적인 콘텐츠로 제작하고 적절한 유통 채널에 연결한 뒤, 마지막으로 자동화된 수익 흐름을 구축하는 것입니다. 예를 들어 온라인 강의를 촬영한 뒤 인공지능의 도움으로 편집하고 구성합니다. 완성된 강의를 검로드Gumroad나 클래스101Class 101 같은 온라인 플랫폼에 올리면 결제와 수강이 자동으로 이루어집니다. 여기에 이메일 마케팅을 자동화하여 수강생들과 꾸준히 소통하면 당신이 잠든 시간에도 반복적인 수익이 발생하는 마법을 경험하게 됩니다.

자동화된 교육 콘텐츠 모델의 다채로운 예시

자동화할 수 있는 교육 콘텐츠 모델은 다채롭습니다.

- **녹화된 온라인 강의**: 자동 판매 플랫폼을 통해 강의 결제 수익을 창출합니다.
- **PDF 전자책**: 이론 정리와 문제 풀이가 담긴 PDF 전자책은 유료 다운로드 판매로 이어집니다.
- **이메일 강좌**: 시리즈형 교육 콘텐츠를 이메일로 자동 발송하는 이메일 강좌는 구독 기반의 안정적인 수익을 만듭니다.
- **멤버십 구독 콘텐츠**: 매월 콘텐츠를 업데이트하고 커뮤니티를 운영하는 멤버십 구독 콘텐츠는 꾸준한 월 구독료 수익을 창출합니다.

예를 들어 노션Notion으로 강의 노트를 정리하고 캔바Canva로 매력적인 자료를 구성한 뒤, 챗GPT로 강의 대본을 작성해 녹화하면 됩니다. 완성된 콘텐츠는 티처블Teachable, 검로드Gumroad, 클래스101 등에서 자동으로 판매되며, 수익은 실시간으로 당신의 계좌에 쌓입니다. 인공지능과 자동화 도구를 지혜롭게 조합하는 것은 교육 콘텐츠 수익화의 핵심입니다.

- **기획/제작 자동화**: 챗GPT나 노션 AINotion AI를 활용하여 강의 커리큘럼을 짜고, 대본을 작성하며 타겟 학습자를 분석할 수 있습니다. 픽토리Pictory, 디스크립트Descript, 캡컷CapCut과 같은 AI 기반 도구들은 영상 촬영 후 자동 자막 생성, 영상 요약, 클립 분할 등을 도와 영상 제작 시간을 획기적으로 단축합니다.
- **판매/관리 자동화**: 티처블Teachable이나 검로드Gumroad와 같은 자동화 플랫폼은 결제 처리, 수강생 관리 등 판매와 관련된 모든 과정을 자동화합니다. 메일러라이트Mailerlite를 활용하여 이메일 뉴스레터와 캠페인을 자동으로 발송하고 구독자를 관리합니다.
- **반복 업무의 해방**: 강의 대본 초안 생성, 수강생 질문 AI 챗봇 자동 응대, 이메일 전송 자동화, 소셜 미디어 마케팅자료 자동 생성 등 모든 반복 업무를 인공지능이 처리합니다.

TIP

AI는 감(感)이 아닌 데이터 기반의 자동 투자 시스템을 구축하여, 챗GPT와 API 등을 조합해 주식 전략 설계부터 자동 매매까지 실행함으로써 시간의 자유와 안정적인 수익을 창출합니다.

지식의 가치를 꽃피우는 세 가지 핵심

여기서 중요한 팁이 있습니다. 인공지능이 아무리 훌륭한 대본과 영상을 만들어 준다 해도 '강의의 품질'과 '신뢰'는 결국 당신의 진정성에서 나옵니다. AI는 당신을 돕는 도구일 뿐, 당신의 지식과 경험 그리고 학습자를 향한 진심을 대체할 수는 없습니다. 핵심은 세 가지입니다. 첫째, 인공지능의 지혜를 빌려 콘텐츠를 빠르고 효율적으로 제작하는 것입니다. 둘째, 자동화 시스템을 통해 판매와 관리를 지능적으로 처리하는 것입니다. 셋째, 구독 기반의 수익 모델을 구축하여 지속 가능한 수익을 확장하는 것입니다. AI와 함께, 당신의 지식이 세상에 가치를 더하고 그 가치가 수익으로 돌아오는 놀라운 경험을 시작해 보십시오.

개발자만의 전유물을 넘어선 기회

"내가 직접 인공지능 서비스를 만들어 수익을 낼 수는 없을까?" 이 질문은 더 이상 소수의 개발자만의 전유물이 아닙니다. 최근에는 노코드No-code 도구와 인공지능 API의 눈부신 발전 덕분에 기술적인 배경이 없는 비전공자도 실용적인 AI 앱을 빠르게 만들 수 있고 그로부터 새로운 수익을 창출할 수 있는 시대가 되었습니다.

이 장은 인공지능을 활용해 앱이나 웹 서비스를 기획하고 개발하며 나아가 안정적인 수익을 만들어내는 방법을 안내할 것입니다. 당신의 아이디어가 AI의 지능을 만나 현실에서 빛을 발하는 여정을 함께 떠나보겠습니다. AI 서비스란 인공지능을 활용하여 특정 문제를 해결해 주는 도구나 기능을 중심으로 하는 디지털 제품을 의미합니다. 그것은 사용자의 실생활 문제를 빠르고 정확하게 해결하는 '해결책 중심의 플랫폼'이라고 할 수 있습니다.

이미지 생성 도구, 글쓰기를 돕는 비서, 음성 인식 기반의 상담 시스템, 일정을 지능적으로 추천하는 알고리즘 등 다양한 형태로 존재하며 그 응용 범위는 날마다 넓어지고 있습니다.

AI 서비스가 가진 강점은 명확합니다. 반복적이고 시간 소요가 많은 작업을 자동화하고 사용자에게 최적화된 맞춤형 기능을 제공하며, 미래 행동을 예측함으로써 사용자 경험UX을 개선합니다. 이러한 특성 덕분에 개인 창작자부터 신생기업에 이르기까지 다양한 주체들이 인공지능 기술을 중심으로 한 서비스 모델을 개발하며 새로운 시장을 개척하고 있습니다.

TIP

AI로 콘텐츠 제작 속도와 효율을 높이되, 강의의 신뢰는 나만의 지식과 진정성으로 완성하고, 자동화된 구독 기반 수익 모델을 결합해 지속 가능한 수익 구조를 설계하세요.

다각적인 수익 모델 설계

수익 모델 또한 다채롭게 구성할 수 있습니다. 가장 일반적인 방식은 구독형 모델로 사용자가 월정액 또는 연 단위 요금을 지급하고 서비스를 지속적으로 이용하게 하는 구조입니다. 이 외에도 광고 기반 모델, 기본 기능은 무료로 제공하되 고급 기능은 유료로 전환하는 프리미엄Freemium 모델, AI API 제공을 통한 B2B 수익, 그리고 사용자 데이터를 기반으로 한 통찰력 제공 등 다각적인 수익화 전략이 존재합니다.

AI 서비스의 수익 흐름은 다음과 같은 예시를 통해 이해할 수 있습니다. 챗GPT API를 연동하여 글쓰기 보조 도구를 제작하고 이를 웹 앱 형태로 배포합니다. 사용량 기반의 유료 계획을 설정하고 스트라이프Stripe와 같은 결제 시스템을 연결하여 수익을 창출하는 것입니다. '프리랜서를 위한 이력서 자동 작성기'와 같은 틈새형 AI 앱도 매우 유효한 수익 모델이 될 수 있습니다.

초기에는 무료 체험판을 제공하며 사용자를 확보하고 점진적으로 유료 전환을 유도하는 전략이 효과적입니다. 소셜 미디어와 블로그를 통해 AI 도구를 소개하고 기본 기능은 무료로 제공하되 고급 기능은 유료로 전환하여 심리적 진입 장벽을 낮춥니다. 이메일 뉴스레터를 통해 유용한 사용법 콘텐츠를 꾸준히 제공하며 사용자 리텐션(재방문율)을 높이고 최종적으로 구독을 유도하여 월 반복 결제 수익을 창출하는 것입니다. 이제는 기술 지식 없이도 인공지능 기능을 서비스화할 수 있는 시대입니다. 핵심은 지금 시작하는 사람만이 기회를 잡을 수 있다는 것입니다. 번뜩이는 아이디어 하나와 실행력, 그리고 인공지능 도구 몇 가지만 있으면 누구나 자신만의 서비스를 만들고 디지털 자산으로 전환할 수 있는 환경이 이미 마련되어 있습니다. 더 이상 전문가만의 영역이 아닙니다. 당신의 아이디어를 세상에 내놓으십시오. 그 도전이 미래의 소중한 자산이 될 것입니다.

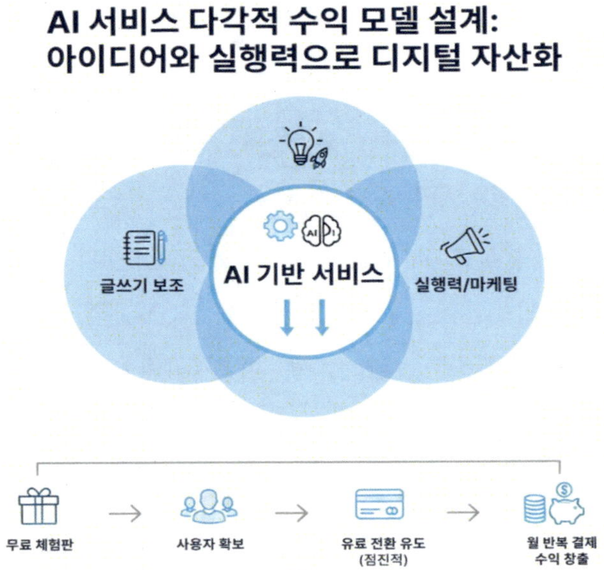

| AI 기반 서비스를 중심으로 글쓰기 보조·마케팅·아이디어 확장 기능을 결합하고, 무료 제공 → 사용자 확보 → 유료 전환 → 반복 수익 창출로 이어지는 다각적 수익 모델 구조입니다.

TIP

> 기술 지식 없어도, 노코드 AI 도구와 창의적인 아이디어만 있으면 누구나 자신만의 AI 서비스를 만들어 수익을 창출할 수 있습니다.

커뮤니티 구축과 브랜드 전략: 장기 성장 기반 다지기

공상 과학을 넘어선 현실: 누구나 크리에이터

불과 몇 년 전만 해도 '이미지를 그려주는 AI'는 공상 과학 영화 속 이야기처럼 느껴졌습니다. 하지만 지금은 다릅니다. 사람처럼 그림을 그리고 사진처럼 생생한 이미지를 만들어내는 인공지능은 더 이상 먼 미래 기술이 아닙니다. 이 순간에도 누군가는 인공지능 이미지를 통해 새로운 수익을 창출하고 있습니다. 놀라운 점은 이러한 기술이 더 이상 디자이너나 전문가의 전유물이 아니라는 사실입니다.

클릭 몇 번, 단어 몇 개만으로 누구든 고품질 이미지를 만들 수 있는 시대에서 이는 단순한 편의의 문제를 넘어섭니다. '누구나 크리에이터가 될 수 있는 시대'가 활짝 열린 것입니다. 미드저니Midjourney, 달리DALL·E, 레오나르도 AILeonardo AI 같은 이미지 생성기는 단순한 도구가 아닙니다. 이들은 창작의 방식 자체를 근본적으로 바꾸는 존재입니다. "우주복 입은 고양이가 커피를 마시는 장면", "북유럽풍의 미니멀 배경", "폴라로이드 감성의 빈티지 사진 스타일"과 같은 말 한 줄만 입력해도 인공지능은 우리가 상상한 장면을 눈앞에 생생하게 펼쳐 놓습니다.

비전문가가 수익을 창출하는 현실

"과연 이미지 한 장을 올려서 돈을 벌 수 있을까?" 이 질문에 대한 대답은 명확합니다. 실제로 많은 사람들이 이미 수익을 창출하고 있습니다. 어도비 스톡Adobe Stock, 셔터스톡Shutterstock, 엣시Etsy 같은 플랫폼에는 매일 수천 장의 이미지가 업로드되고 그중 상당수가 인공지능으로 만들어집니다. 그중 일부는 하루에도 수십 번씩 내려받게 되며, 그것이 곧 수익으로 이어집니다. 무엇보다 놀라운 것은 이러한 수익을 만들어내는 사람들이 대부분 '비전문가'라는 점입니다. 미술을 배운 적이 없어도, 복잡한 디자인 툴을 몰라도 괜찮습니다. 이제 중요한 것은 '그림을 잘 그리는 능력'이 아니라 어떤 이미지를 만들고, 어디에 올리고, 어떻게 팔지 아는 지혜로운 감각입니다.

인공지능 기술의 진입 장벽은 거의 사라졌습니다. 대부분의 이미지 생성 도구는 가입만 하면 바로 사용할 수 있으며, 한글로도 어느 정도 자연스럽게 프롬프트(명령어)를 작성할 수 있습니다. 또한, 유튜브 썸네일, 소셜 미디어 콘텐츠, 웹 디자인 등 디지털 콘텐츠에 대한 수요는 폭발적으로 증가하고 있습니다. '빠르고 저렴하게 쓸 수 있는 이미지'에 대한 수요는 끝없이 이어지고 있으며 어도비 스톡, 크리에이티브 파브리카Creative

Fabrica 등 많은 플랫폼이 인공지능 콘텐츠를 적극적으로 수용하고 있습니다.

우리는 무엇을 만들고, 어디에 올리고, 어떻게 팔지, 그리고 그것을 지속 가능한 수익 시스템으로 확장하는 법을 탐구해야 합니다. 당신이 예술가가 아니어도 괜찮습니다. 이제는 잘 그리는 사람보다, 인공지능을 잘 활용하는 사람이 가치를 창출하는 시대입니다.

이미지 한 장이 만들어내는 자동 수익

"이걸 어떻게 수익으로 연결하지?" 이 질문에 대한 답은 좋은 소식은 그 흐름이 생각보다 꽤 단순하다는 것입니다. 인공지능으로 이미지를 생성하고 이를 판매 플랫폼에 올리면 누군가가 그 이미지를 검색하고 내려받는 순간 수익이 발생합니다. 이 흐름 속에서 가장 중요한 개념은 바로 '패시브 인컴Passive Income'입니다. 한 번 만들어 올려두기만 하면 누군가가 그 이미지가 필요할 때마다 자동으로 수익이 들어오는 구조입니다.

이미지 한 장이 수익으로 연결되는 이유는 단 하나, 누군가에게 필요하기 때문입니다. 유튜버가 영상 배경용 이미지를 찾고 있거나, 디자이너가 프레젠테이션에 쓸 비즈니스 아이콘이 필요하거나, 고객이 인쇄할 수 있는 포스터용 디자인을 찾고 있을 때 당신의 이미지가 검색되고 선택된다면 그 순간 수익이 발생합니다. 그리고 이 수익은 단 한 번이 아니라 반복될 수 있습니다.

물론, 모든 이미지를 올린다고 해서 다 팔리는 것은 아닙니다. 각 판매 플랫폼의 성격과 규칙을 깊이 이해하는 것이 수익화의 핵심입니다.

- **어도비 스톡** Adobe Stock: 인공지능 이미지 업로드를 허용하며 고품질 이미지에 적합합니다. 다운로드 당 평균 $0.25에서 $3의 수익을 기대할 수 있지만, 검수 절차가 까다로워 승인 확률은 약 50~70% 정도입니다.
- **셔터스톡** Shutterstock: 대중적인 이미지 스타일을 선호하며 업로드 자유도가 높고 다운로드 수는 많은 편입니다. 수익 단가는 낮지만, 판매 빈도가 높아 꾸준한 수익을 기대할 수 있습니다. 키워드 입력 전략이 매우 중요합니다.
- **엣시** Etsy: 직접 판매형 플랫폼으로 컬러링 북, 디지털 포스터, 프린터블 배경 등 디지털 다운로드 상품으로 등록하면 자동 판매가 가능합니다. 마케팅과 스토어 운영 능력이 함께 요구됩니다.

지능이 빚어낸 창작물, 책임의 무게를 더하다

인공지능으로 만들어진 이미지도 엄연히 '창작물'이지만, 그 사용에는 반드시 책임이 따릅니다. 특히 이를 통해 수익을 창출하고자 한다면 몇 가지 중요한 사항을 꼼꼼히 확인해야 합니다.

- **직접 생성한 이미지**: 이미지는 반드시 당신이 직접 생성한 것이어야 합니다.
- **권리 침해 금지**: 유명 인물, 특정 로고, 등록된 상표 등 타인

의 권리를 침해할 수 있는 요소가 포함되지 않아야 합니다.

- **유해 콘텐츠 금지**: 폭력적이거나 불쾌감을 주는 콘텐츠는 어떤 경우에도 제작하거나 업로드해서는 안 됩니다.
- **AI 생성 명시**: 이미지가 인공지능으로 생성된 것임을 명확히 밝히는 것이 중요합니다. 일부 플랫폼에서는 이를 필수로 요구합니다.

플랫폼마다 콘텐츠 업로드 정책이 다르므로, 이미지를 판매하거나 활용하기 전에는 반드시 해당 플랫폼의 이용약관과 상업적 사용 규정을 꼼꼼히 확인해야 합니다. 예를 들어 일부 플랫폼은 인공지능 이미지의 판매를 허용하지만, 원본 생성 도구(미드저니, 달리, 캔바 등)의 라이선스 정책에 따라 상업적 이용이 제한될 수 있습니다. 따라서 사용한 도구의 이용 조건도 함께 검토하는 지혜가 필요합니다.

AI 이미지 생성 도구는 자체적으로 '저작권 귀속'이나 '라이선스 범위'를 정해두고 있습니다. 예를 들어 유료 구독자에게만 이미지 소유권을 부여하는 때도 있으니, 유료·무료 사용 여부에 따라 권리 범위를 명확히 알아두어야 합니다. 게티이미지Getty Images나 프리픽Freepik 일부는 아직 인공지능 이미지 업로드를 제한하고 있으니, 주의가 필요합니다. 지능이 창작에 개입할수록, 창작의 범위는 넓어지지만 책임의 깊이 또한 함께 커집니다.

법적 위험을 피하는 신중한 판단

인공지능 생성 이미지에 사람이 오해할 수 있는 실제 브랜드, 연예인, 공공기관 등과 유사한 요소가 포함되면 초상권이나 상표권 분쟁에 휘말릴 수 있으며, 이는 법적 책임으로 이어질 수 있습니다. 따라서 실존 인물을 닮은 이미지나 기존 상표를 연상시키는 그래픽은 가급적 사용을 피해야 합니다. 항상 '이 이미지를 실제 광고에 썼을 때 법적 문제가 없을까?'라는 관점에서 신중하게 판단하는 것이 중요합니다.

AI 생성 이미지의 안전성을 높이기 위해 이미지를 판매할 때는 "이 이미지는 인공지능으로 생성되었으며 저작권 및 사용 범위는 안전하게 확인되었습니다" 같은 설명을 제품 상세 페이지나 판매 소개란에 함께 기재하는 것이 좋은 방법입니다. 이는 구매자에게 신뢰를 주는 동시에 향후 발생할 수 있는 법적 분쟁에 대한 예방책이 될 수 있습니다.

인공지능 이미지와 관련한 법적 기준과 저작권법은 아직 세계적으로도 정리 단계에 있기에, 항상 최신 정보를 확인하고 가능하면 전문가의 조언을 듣는 것이 지혜롭습니다. 실제로 법률 자문 없이 상업적으로 이미지나 디자인을 사용했다가 콘텐츠가 삭제되거나, 플랫폼 계정이 정지되는 사례도 종종 발생하고 있습니다.

신중한 판단이란, 단기 성과보다 장기 책임을 우선해 법적·윤리적 리스크를 선제적으로 차단하는 의사결정입니다. 신중한 판단은 속도를 늦추는 선택이 아니라, 실패를 미리 제거하는 전략입니다.

예술을 넘어 '필요한 도구'로서의 이미지

인공지능으로 이미지를 만들 수 있게 되었고 수익화 흐름도 이해하게 되었습니다. 이제 남은 질문은 단 하나입니다. "대체 어떤 이미지를 만들어야 팔릴까?" 이 질문에 대한 답이 명확하지 않으면 아무리 좋은 이미지도 수많은 콘텐츠 속에 묻히고 아무리 열심히 올려도 수익은 기대하기 어렵습니다. 수요 있는 주제를 고르고, 목적에 맞게 스타일을 조정하는 감각이 필요합니다. 바로 이것이 인공지능 이미지 수익화의 핵심입니다.

이미지는 예술 작품이라기보다 누군가에게 '필요한 도구'로 팔릴 때 비로소 수익이 됩니다. 사람들은 특정 목적에 뚜렷하게 쓰일 수 있는 이미지를 찾으러 플랫폼에 옵니다. 따라서 이미지를 만들 때는 세 가지 요소를 반드시 고려해야 합니다.

- **목적성**: 이 이미지가 어디에 쓰일 수 있는가? 유튜브 썸네일, 웹사이트 배경, 인쇄용 포스터 등 구체적인 사용처를 염두에 두어야 합니다.
- **검색성**: 사용자들이 검색했을 때 잘 노출되는 키워드가 이미지에 포함돼 있는가? 적절한 키워드 전략은 이미지가 발견될 가능성을 높입니다.
- **활용성**: 포토샵, 프레젠테이션 프로그램 등 다른 도구에서 바로 편집하거나 사용할 수 있는 형태로 제공되는가? 사용자가 편리하게 활용할 수 있는 이미지가 더 많이 팔립니다.

수요를 창출하는 구체적인 전략

가장 즉각적이고 꾸준한 수요가 있는 분야 중 하나는 유튜브 썸네일 배경입니다. 유튜버, 틱톡커, 쇼츠 제작자들은 매일 새로운 배경이 필요하며, 미래적인 배경이나 에너지 넘치는 컬러, 몰입감 있는 공간감을 가진 스타일은 특히 높은 수요를 보입니다. 이때 일부러 텍스트 공간을 비워두면 더 매력적인 썸네일이 되며, 'text-friendly background'와 같은 키워드를 함께 활용하는 것이 좋은 전략입니다.

컬러링 북이나 스티커 템플릿도 매력적인 시장입니다. 'cute baby animals line art, coloring page style, no shading'과 같은 프롬프트로 생성한 단순한 라인 일러스트는 컬러링 북PDF, 스티커 파일, 교구 자료 등으로 엣시Etsy에서 잘 팔립니다. 중요한 수익 포인트는 이미지를 한 장이 아닌 10~20장 세트로 구성해 디지털 번들 상품으로 판매하는 것입니다.

프린트 상품용 디자이너들은 패턴 이미지를 자주 찾습니다. AI는 이 작업에도 매우 강력합니다. 'seamless floral pattern, watercolor style, pastel colors'와 같은 프롬프트로 이음매 없는 패턴 이미지를 생성하여 판매할 수 있습니다. AI로 이미지를 만들 수 있게 되었고 수익화 흐름도 이해하게 되었다면 이제 남은 건 꾸준한 실행입니다. 플랫폼별 특징과 정책을 이해하고 꾸준한 업로드와 키워드 전략을 통해 꿈을 현실로 만들어 보십시오.

발견을 위한 투자: 업로드 최적화 전략

이미지를 올리기 전, 최적화 작업은 필수적입니다. 이미지를 단순히 올리는 것만으로는 치열한 경쟁 속에서 살아남을 수 없습니다.

- **파일명, 태그, 설명 설정**: 이를 통해 검색 노출을 높이고 잠재 구매자에게 나의 이미지를 효과적으로 알릴 수 있습니다. 파일명은 간결하면서도 구체적이어야 합니다. 태그는 키워드의 다양성을 제공하여 검색 범위를 넓혀야 합니다. 'minimal design, abstract background, modern art, simple'처럼 다양한 키워드를 포함하는 것이 효과적입니다.
- **가격 책정 전략**: 가격 책정은 판매 전략의 중요한 부분입니다. 가격이 너무 높으면 구매자가 적고, 너무 낮으면 수익성이 떨어지기 때문입니다. 플랫폼에 따른 가격 차별화를 고려하며 나의 타깃 시장에 맞는 가격을 설정해야 합니다. 저가 전략은 높은 판매량을 목표로 시장에 침투할 수 있고, 고급 전략은 특정 고급 고객층을 대상으로 하는 데 유리합니다.

이러한 업로드 최적화 전략은 파일명, 태그, 설명을 구체적이고 다양하게 설정하여 검색 노출과 판매 가능성을 높입니다. 최적화된 가격 설정은 타겟 시장과 플랫폼 특성을 고려하여 수익성과 시장 침투력을 모두 확보할 수 있도록 돕습니다.

마케팅의 시작점: 노출

인공지능으로 이미지를 만들고, 판매 플랫폼에 올리는 것만으로는 충분하지 않습니다. 그 이미지가 팔리기까지의 과정을 고민해야 합니다. 팔리려면 알려야 합니다. 마케팅과 프로모션은 이미지 판매에서 가장 중요한 전략 중 하나입니다. 아무리 퀄리티 높은 AI 이미지를 만들었다고 해도 사람들의 눈에 띄지 않는다면 판매로 이어지기 어렵습니다.

마케팅은 단순한 광고가 아닙니다. 이미지의 특징과 강점을 정확히 전달하고 고객이 그것을 '필요한 것'으로 느끼게 만드는 과정입니다. 예를 들어 "심플한 북유럽 스타일 인테리어 포스터"라는 건조한 문구보다는 "화이트톤 거실에 어울리는 감성적인 북유럽풍 포스터 - 집을 따뜻하게 만들어 주는 한 장의 그림"이라는 식으로 고객의 감성을 자극하는 카피가 훨씬 효과적일 수 있습니다. AI는 이러한 감성적인 카피를 작성하는 데 강력한 조력자가 됩니다.

지속 가능한 판매 시스템 구축

프로모션 전략도 다양하게 활용할 수 있습니다. 한정 기간 할인, 여러 이미지를 묶어 판매하는 번들 판매, 첫 구매 할인, 소셜 미디어 공유 이벤트 등은 단순한 가격 혜택을 넘어 고객의 참여를 유도하고 자연스러운 입소문을 만들 수 있습니다. 특히 핀터레스트Pinterest, 인스타그램Instagram, 틱톡TikTok과 같은 비주얼 중심 플랫폼은 AI 이미지 마케팅에 적합한 채널이므로 적극적으로 활용하는 것이 좋습니다.

또한, 이미지가 실제로 사용될 수 있는 예시mockup를 만들어 보여주는 것도 구매 전환에 큰 영향을 미칩니다. 단순한 이미지 나열보다는, 그 이미지가 쓰일 수 있는 장면이나 용도를 구체적으로 보여주는 것이 훨씬 설득력이 있습니다.

마지막으로 중요한 점은 지속성입니다. 한두 번의 게시나 광고로 끝내는 것이 아니라 꾸준하게 콘텐츠를 발행하고 고객 피드백을 반영하며 마케팅을 고도화하는 과정을 통해 나만의 브랜드를 만들어야 합니다. 이미지 판매도 결국 '신뢰'의 싸움이며, 마케팅은 그 신뢰를 쌓는 가장 효과적인 도구입니다.

시각적 플랫폼을 무대로: AI 이미지의 노출 전략

인스타그램Instagram, 핀터레스트Pinterest, 페이스북Facebook은 시각적 콘텐츠에 특화된 플랫폼으로 AI 이미지의 프로모션에 가장 적합한 무대입니다. 이곳에서 당신의 AI 이미지는 더 많은 사람들의 시선을 사로잡고, 새로운 가치를 창출할 수 있습니다.

- **인스타그램 전략**: 단순히 이미지만 올리는 것을 넘어 '이 이미지를 만들게 된 이유'나 '프롬프트 작성 과정'을 함께 글로 풀어내어 독자들의 흥미와 공감을 끌어내야 합니다. 팔로워가 적더라도 #AIArt, #DigitalDesign과 같이 관련성이 높은 해시태그를 잘 활용하면 더 넓은 시장과 잠재 고객에게

도달할 수 있습니다.

- **핀터레스트 전략**: 아이디어 발상에 강한 플랫폼의 특성을 활용하는 것입니다. 내가 만든 이미지가 다른 사람들의 아이디어 보드에 포함될 수 있도록 시각적으로 매력적이고 영감을 주는 이미지를 만들어야 합니다. 핀터레스트는 이미지 검색에 최적화되어 있어 당신의 이미지가 새로운 아이디어의 영감이 되어 더 많은 사람들에게 발견될 수 있도록 돕습니다.

영향력 활용과 지속 가능한 관계 구축

인플루언서를 활용하면 당신의 이미지를 빠르게 시장에 노출할 수 있습니다. 디지털 아티스트나 미술 관련 인플루언서와 협업하여 이미지를 홍보하거나, 그들의 콘텐츠에 당신의 이미지를 포함하는 것은 효과적인 마케팅 전략이 될 수 있습니다. 그들의 영향력을 빌려 당신의 이미지를 더 넓은 세상에 알리는 것입니다.

한편, 이메일 마케팅은 기존 고객층에게 지속적으로 새로운 이미지를 알리는 가장 효과적인 방법입니다. 정기적으로 뉴스레터를 보내면 고객의 충성도를 높이고 반복 구매를 유도할 수 있습니다. 단순한 홍보 메시지가 아닌 고객에게 진정한 가치를 제공하는 콘텐츠를 담는 것이 핵심입니다.

- **가치 중심 콘텐츠**: “이번 주의 인기 이미지 TOP 3”이나 “계절별 추천 아트 컬렉션”과 같은 유용한 정보는 고객이 메일

을 기다리게 만들고, 열람률을 높이는 데 큰 도움이 됩니다.

- **개인 맞춤형 발송**: 구매 이력에 따라 맞춤형 콘텐츠를 제공하면 훨씬 효과적인 반응을 얻을 수 있습니다. 자연 풍경 이미지를 자주 구매한 고객에게는 "여름 자연 테마 신작 안내"를 모던 아트를 선호한 고객에게는 "도시 감성 포스터 컬렉션"을 소개하는 식으로 타겟팅된 메일을 보내는 것입니다.
- **제목의 중요성**: "6월 신작 이미지 미리보기"처럼 클릭률을 높이는 문구를 제목에 활용해야 합니다. 결국 이메일은 단순한 광고 채널이 아니라 고객과 깊은 관계를 유지하고 브랜드에 대한 신뢰를 쌓는 조용하지만 강력한 도구입니다. 꾸준히, 정성껏 운영하면 큰 성과로 돌아올 것입니다.

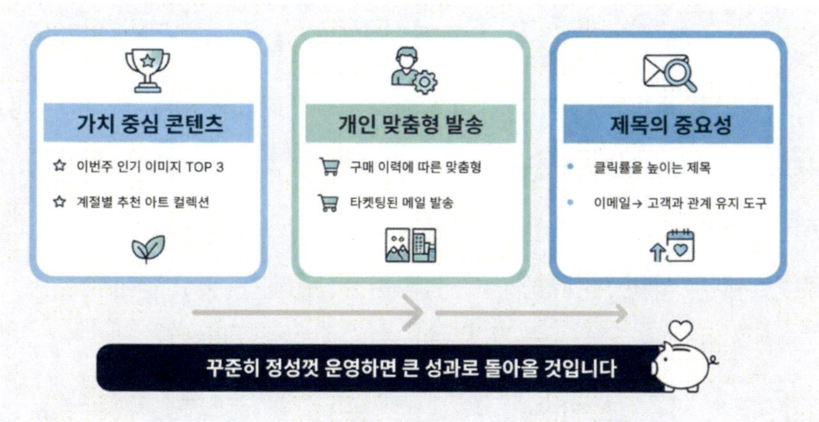

| 인플루언서 협업으로 초기 노출을 확보하고, 가치 중심·개인화된 이메일 마케팅을 통해 고객과의 신뢰를 쌓아 반복 구매로 이어가는 것이 이미지 판매의 핵심 전략입니다.

창작물의 귀속: 복잡한 지적재산권의 문제

인공지능으로 이미지를 만들고 수익화하려면 반드시 알아야 할 중요한 이야기, 바로 '지적재산권'과 '저작권'에 대해 깊이 있게 탐구해야 합니다. 인공지능으로 생성한 이미지라고 해서 무조건 나의 것이라고 주장할 수 있을까요? 현실은 그렇게 단순하지 않습니다. 예를 들어 특정 유명 캐릭터를 연상시키는 이미지를 만들었는데, 그 캐릭터가 이미 존재하는 유명 애니메이션에서 왔다면 법적인 문제가 발생할 수 있습니다.

따라서 인공지능 이미지 제작자에게는 몇 가지 중요한 저작권 체크리스트가 필요합니다. 이미 존재하는 캐릭터, 로고, 상표를 흉내 내지는 않았는지, 특정 작가의 독창적인 스타일을 그대로 모방하지는 않았는지, 그리고 AI 플랫폼의 이용약관을 숙지하고 나의 이미지가 '상업적 사용'에 문제가 없는지 꼼꼼히 확인해야 합니다. 픽사베이Pixabay, 언스플래시Unsplash 등의 무료 이미지 사이트가 'CC0 라이선스'를 제공하지만 사람 얼굴이 있는 이미지는 모델 릴리스(초상권 사용 동의) 를 요구하기도 합니다. 이러한 세부 사항까지 꼼꼼히 점검하는 지혜가 필요합니다.

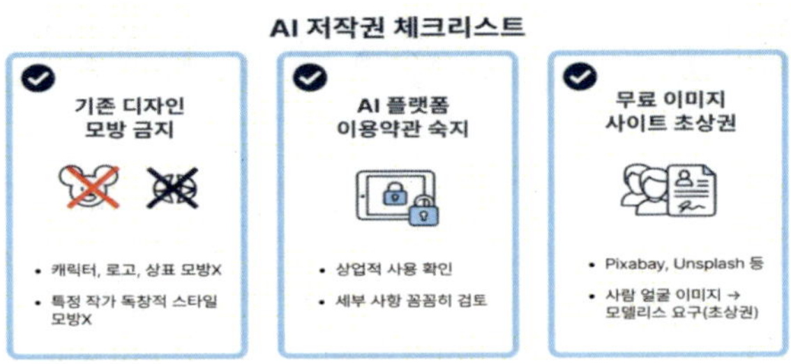

| AI 이미지 제작 시 필수 체크

영감을 넘어선 모방의 위험

AI 이미지 제작자에게 중요한 것은 나의 이미지가 어디에서 영감을 받았고, 어떤 스타일을 참고했는지를 명확히 아는 것입니다.

예를 들어 영상 제작 AI를 사용할 때 특정 작가의 이름을 프롬프트(명령어)에 넣는 것도 법적으로 문제가 될 수 있습니다. 그 작가의 성향도 보호받을 수 있는 창작물입니다.

인공지능은 학습 데이터에 포함된 수많은 예술가의 스타일을 모방할 수 있습니다. 하지만 이 모방이 원작자의 권리를 침해할 경우, 의도치 않은 법적 분쟁에 휘말릴 수 있습니다. 따라서 우리는 프롬프트를 작성할 때 특정 작가의 이름을 명시적으로 언급하기보다는 '고유한 예술적 기법'이나 '일반적인 사조(예: 인상주의, 아르데코 스타일)' 등 넓은 범위의 표현을 사용하는 지혜가 필요합니다. AI의 능력을 최대한 활용하되 타인의 창작에 대한 존중과 책임을 잊지 않는 것이 AI 시대의 윤리적인 창작자 자세입니다.

인공지능의 밑그림 위에 인간의 붓을 더하다

"인공지능이 다 만들어주는데 굳이 손을 대야 할까요?" 이 질문에 대한 답은 명확합니다. "인공지능이 그려준 밑그림 위에, 진짜 그림은 당신이 그리는 것입니다." 인공지능 이미지 생성은 훌륭한 출발점입니다. 하지만 시장에서 팔리는 이미지는 대부분 인공지능의 손길이 아닌 인간의 눈과 손이 마지막 터치를 더한 이미지입니다. 바로 이 작은 차이가 '그냥 만든 이미지'와 '팔리는 이미지'를 가릅니다.

인공지능이 생성한 이미지는 겉보기에 멀쩡해 보여도 유심히 들여다보면 이런 문제들이 종종 보입니다. 손가락이 6개이거나 이상하게 휘어 있는 경우, 눈이 서로 다른 방향을 바라보는 경우, 배경이 뭉개져 있거나 왜곡된 경우, 텍스트가 깨지는 경우 등이 그렇습니다. 이런 이미지를 그대로 올렸다가는 리뷰 단계에서 '거절'당할 수도 있습니다. 특히 셔터스톡Shutterstock이나 어도비 스톡Adobe Stock은 인공지능 이미지에도 퀄리티 기준을 엄격하게 적용하므로, '최종 보정'은 필수 코스인 셈입니다.

판매 콘텐츠로 완성도를 끌어올리는 과정

최종 보정은 단순히 '예쁘게 꾸미는' 수준이 아닙니다. 판매할 수 있는 콘텐츠로 완성도를 끌어올리는 마지막 단계입니다. 이미지는 시각적으로 완성도가 높을수록 더 많은 사람들의 이목을 끌 수 있고, 신뢰도 또한 올라갑니다. 특히 손, 얼굴, 텍스트처럼 사람이 가장 민감하게 인식하는 영역은 반드시 주의 깊게 확인해야 합니다. 인공지능은 여전히 이 부분에서 오류를 자주 범하므로, 포토샵Photoshop이나 캔바Canva, 포터Fotor, 루미나Luminar 등 보정 툴을 통해 정교하게 손봐주는 게 좋습니다. 보정 과정에서는 단순히 오류를 수정하는 것 외에도 색감 보정, 명암 대비, 선명도 조절, 배경 정리 등 다양한 요소를 다듬어야 합니다. 이를 통해 이미지의 전체적인 조화와 시각적 몰입감을 높일 수 있습니다. 작은 디테일 하나의 차이가 구매 전환율을 크게 좌우할 수 있음을 기억해야 합니다. 어도비 포토샵, 라이트룸은 전문가용으로 섬세한 제어가 가능하고 캔바, 포터는 웹 기반으로 사용이 간편합니다. 또한, 레미니Remini, 페이스튠FaceTune은 인물 보정에, 토파즈 기가픽셀 AITopaz Gigapixel AI는 해상도 업스케일에 특화된 도구입니다. 인공지능 이미지가 생성된 후, 세부적인 수정과 보정을 거쳐야 비로소 시장에서 빛을 발하는 상품이 되는 것입니다.

왜 내 이미지는 팔리지 않을까? 트렌드의 중요성

"좋은 이미지인데 왜 안 팔릴까?" 이 질문의 해답은 의외로 간단합니다. 지금 사람들이 '원하는 이미지'가 아니기 때문입니다. 우리가 아무리 멋진 인공지능 이미지를 만들어도 그것이 지금, 이 순간 검색되고 있는 키워드와 동떨어져 있다면 판매될 기회를 얻지 못할 가능성이 큽니다. 반대로 유행의 흐름을 제대로 읽고 타이밍 좋게 이미지를 올리면 평범해 보이는 이미지도 꾸준히 팔리게 됩니다. 시장의 속삭임에 귀 기울이는 것이야말로 수익 창출의 첫걸음입니다.

실제로 이미지 판매 플랫폼의 수익은 트렌드를 얼마나 민감하게 반영했는가에 따라 큰 차이를 보입니다. 트렌드를 읽는 눈은 수익을 결정하는 중요한 요소입니다.

트렌드를 읽는 방법은 다양합니다. 우리는 AI의 지능을 빌려 시장의 흐름을 체계적으로 분석할 수 있습니다.

- **스톡 이미지 플랫폼 자체의 분석 기능 활용:** 셔터스톡Shutterstock에서는 검색창에 'top trending'을 입력하거나, 어도비 스톡Adobe Stock에서 제공하는 트렌드 리포트를 통해 시즌별 키워드와 인기 태그를 확인할 수 있습니다.

- **구글 트렌드**Google Trends **활용**: 트렌드 그래프를 통해 시즌별 키워드 검색량 변화를 파악할 수 있습니다. 'spring landscape', 'autumn mood'와 같은 키워드를 검색하여 시간 흐름에 따른 관심도 변화를 파악하는 것입니다.

- **소셜 미디어**SNS **및 커뮤니티 주시:** 핀터레스트Pinterest는 감성 이미지 트렌드의 보물창고이며, 비핸스Behance는 전문가들이 작업하는 스타일을 참고하기 좋습니다. 틱톡TikTok은 특히 제품용 썸네일 디자인 트렌드에 민감합니다.

- **AI 플랫폼 자체의 인기 프롬프트 분석:** 미드저니 익스플로어Midjourney Explore, 렉시카.아트Lexica.art에서 인기 검색어별 생성 이미지 목록을 살펴본다면 사람들이 실제로 어떤 이미지를 생성하고 있는지에 대한 힌트를 얻을 수 있습니다.

단기 성공을 넘어선 지속 가능한 수익

단순히 '지금 뜨는 키워드'를 넘어 향후 시장이 어디로 향하는가를 예측하는 능력 또한 중요합니다. 이러한 감각은 반복적인 관찰과 비교를 통해 키울 수 있습니다. 미래 흐름을 읽는 힌트는 디지털 마케팅 트렌드, 환경 및 사회적 이슈 반영(예: 친환경 이미지, 다양성 강조), 그리고 웹3Web3, 메타버스 관련 비주얼과 같은 기술 산업의 변화 속에서 찾을 수 있습니다.

AI는 도구일 뿐 진정한 수익은 지속적으로 창출되는 것입니다. 수익화의 시작은 단기적인 성공에 있지 않습니다. 꾸준히 새로운 이미지를 업로드하고 반복적인 수익을 창출하는 게 핵심입니다. 이미지를 브랜드화하여 특정 고객층을 형성하고 인공지능 이미지와 관련된 독특한 이야기를 담아내면 더욱 많은 사람들에게 매력적으로 다가갈 수 있습니다.

지속 가능한 수익화는 단기 성과보다 꾸준한 콘텐츠 제작과 반복 수익 구조를 만드는 데 초점이 있습니다. 인공지능 이미지를 브랜드화하고 독특한 이야기를 더하는 것, 그것이 바로 당신의 수익 기반을 구축하는 지혜로운 길입니다.

TIP

> 트렌드를 예측하며 AI 이미지를 꾸준히 브랜드화하고 스토리를 더해 반복 수익 구조를 만드는 것이 지속 가능한 수익화의 핵심입니다.

관계의 자산: 브랜드와 커뮤니티의 힘

강력한 수익 시스템은 단순히 상품을 판매하는 구조를 넘어 브랜드와 팬층, 그리고 커뮤니티라는 관계의 자산 위에 구축됩니다. 오늘날에는 AI 기술이 이러한 커뮤니티 운영과 브랜딩의 속도, 깊이를 동시에 확대해 주는 비밀 무기가 되고 있습니다.

콘텐츠 기반 커뮤니티의 시작은 무엇보다 뚜렷한 브랜드 메시지에 있습니다. 예를 들어 'AI 자동화로 시간을 아끼는 법'이라는 명확한 주제로 블로그와 뉴스레터를 운영한다면 이에 관심 있는 사람들이 자연스럽게 모이기 시작합니다. 이 과정에서 AI는 일관성 있는 콘텐츠를 자동으로 생산하고 고객 데이터를 분석해 반응이 좋은 주제에 더욱 힘을 실어줍니다. 점차 브랜드의 정체성은 선명해지고 신뢰할 만한 리더로 인식되게 됩니다.

스마트 커뮤니티: AI가 만드는 맞춤형 관계

팬층이 일정 수준 이상 쌓이면 자연스럽게 커뮤니티가 형성됩니다. 이때 중요한 것은 사람들이 단순히 정보를 소비하는 걸 넘어 적극적으로 의견을 나누고, 질문하며 서로 도움을 주고받도록 유도하는 구조를 만드는 것입니다. Notion으로 정리된 온라인 허브나 Discord·Slack 같은 실시간 커뮤니티 채널을 AI로 자동 운영하도록 설계하는 식입니다.

AI 기반의 커뮤니티는 단순히 자동화만을 내세우는 것이 아니라 맞춤형 응답과 개인화된 콘텐츠, 그리고 행동 기반의 피드백까지 제공하는 '스마트 커뮤니티'로 진화합니다. 신규 가입자에게는 환영 메시지가 자동 전송되고 각자의 관심사에 따른 뉴스레터가 선별적으로 발송됩니다. 반복되는 질문은 챗봇이 빠르게 해결하며 커뮤니티 내에서 활발히 활동하는 회원에게는 AI가 자동으로 맞춤 보상이나 콘텐츠를 추천하기도 합니다. 또한, 회원들이 남긴 피드백과 뉴스레터 클릭 기록 등 데이터를 바탕으로 이후 제작할 콘텐츠가 자동 큐레이션 됩니다.

이전에는 콘텐츠 자동화가 삭막할 수 있다는 우려도 있었으나 실제로는 '사람 냄새 나는 경험 공유'와 스토리텔링을 결합하면 오히려 참여도가 높아집니다. 예컨대 자신의 실패 경험이나 즐겨 쓰는 도구 추천 같은 실제 사례를 중심으로 작성하면 더욱 신뢰를 얻게 됩니다. AI와 자동화 툴을 활용하더라도 가장 중요한 건 결국 '신뢰와 참여의 루틴'을 설계하는 일입니다. 무수히 많은 정보 중에서 내 콘텐츠에 사람들이 공감하고 질문하며 피드백을 주는 순간, 그곳이 바로 브랜드이자 커뮤니티의 시작입니다. AI는 이 과정의 촉진제이자, 사람과 사람 사이의 관계를 더욱 촘촘하게 엮어주는 도구로 자리매김하게 됩니다.

AI가 만드는 스마트 커뮤니티의 본질은 사람을 대체하는 것이 아니라, 사람 사이의 관계를 더 정확하게 오래 지속되게 하는 것입니다. 즉, AI가 사람-사람, 사람-조직, 사람-공공 서비스 간 관계를 맞춤형으로 연결 유지·확장하는 지능형 인간관계 생태계입니다.

누가 하느냐가 주목받는 시대

개인 브랜드의 중요성은 갈수록 커지고 있습니다. 이제는 '무엇을 하느냐'만큼이나 '누가 하느냐'가 주목받는 시대입니다. 같은 내용을 다루더라도 그 메시지를 전달하는 사람의 정체성과 목소리에 따라 대중의 반응은 완전히 달라집니다. 이러한 변화 속에서 누구나 단순히 콘텐츠를 생산하는 사람을 넘어 자신만의 내러티브와 신뢰를 갖춘 브랜드로 성장할 필요가 있습니다. 다행히 이 과정에서 AI 도구들은 매우 실질적인 조력자가 될 수 있습니다.

먼저, 자신을 브랜드로 정의하는 작업은 자신을 객관적으로 들여다보는 데서 출발합니다. 이때 AI, 예를 들어 ChatGPT 같은 도구를 활용하면 '나'라는 사람을 조금 더 냉정하게 분석하는 데 도움이 됩니다. 자신이 어떤 분야에 관심이 많은지, 무엇을 잘하는지 등에 대해 AI에게 정보를 입력하고 질문을 던지면 AI는 핵심 키워드, 대표 문장, 잠재 독자, 그리고 앞으로 나아가야 할 콘텐츠 방향까지 체계적으로 정리해 제안합니다.

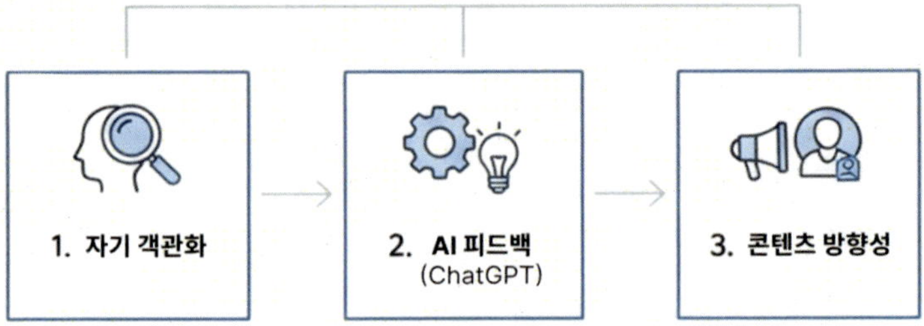

| AI를 활용해 자신을 객관화하고 콘텐츠에 대해 체계적으로 정리합니다.

브랜드를 위한 AI 디자이너와 코치

개인 브랜드의 기본은 '한 문장으로 나를 표현'하는 데서 시작합니다. "퇴근 후 1시간, AI로 전자책 쓰는 직장인", "효율을 설계하는 사람"처럼 짧고 영향력 있는 슬로건이 필요합니다. 이러한 문장은 AI와의 꾸준한 대화를 통해 점점 구체적으로 다듬어갈 수 있습니다.

- **채널별 톤 앤 매너 설정**: 브랜드는 친근하고 정돈된 설명체가 유튜브 영상에서는 직관적이고 감정이 살아있는 스크립트가 적합합니다. 이 역시 AI에게 채널별로 문장 스타일을 제안해 달라고 요청하면 그에 맞는 예시 문구를 손쉽게 받을 수 있어 실질적으로 도움이 됩니다.
- **시각적 정체성 구축**: 브랜드는 말보다 이미지로 먼저 각인됩니다. Canva, Leonardo AI, Looka 등 다양한 AI 기반 디자인 툴을 활용하면 전문적인 디자인 역량이 없더라도 손쉽게 나만의 로고, 색상 팔레트, 폰트, 심지어 캐릭터 일러스트까지 추천받고 제작할 수 있습니다.

결국 브랜드는 단발성의 이벤트가 아니라 꾸준한 실천과 반복을 통해 서서히 만들어집니다. 블로그에는 매주 글을 기록하고, SNS를 통해 일상의 순간을 브랜드 키워드와 연결 지어 알리며 독립형 콘텐츠 프로젝트에 도전해 본다면 시간이 흐를수록 사람들은 자연스럽게 'AI 활용에 능숙한 사람'으로 나를 인식하게 됩니다. 일관된 기록 습관과 반복된 메시지 그리고 지속적인 자기 성찰과 개선이 곧 개인 브랜드의 성장으로 이어집니다.

AI는 개인 브랜드 구축에서 코치이자 비서, 그리고 디자이너의 역할까지 해내며 누구든 자신만의 브랜드 정체성을 설계하고 확장할 수 있도록 든든히 지원합니다. 브랜딩의 핵심은 내가 쌓고 싶은 인식과 그 인식을 일관되게 만드는 실천입니다. AI와 함께라면 그 과정이 훨씬 명확하고 효율적으로 진행될 수 있습니다.

수익 모델의 다변화와 플랫폼 선택의 중요성

플랫폼별 수익 모델을 비교하면 각 서비스의 구조와 장점, 콘텐츠 흐름이 서로 다르다는 점이 뚜렷이 드러납니다. 동일한 콘텐츠라 할지라도 어느 플랫폼에 게시하느냐에 따라 기대할 수 있는 수익 구조와 부가적 효과, 성장 동력 역시 크게 달라지므로, 자신의 목표와 역량에 가장 잘 맞는 플랫폼 선택이 무엇보다 중요합니다.

- **유튜브** YouTube: 단순한 영상 공유를 넘어 일상에 브랜드를 자연스럽게 심는 강력한 브랜딩 매체로 자리 잡았습니다. AI 기반 영상 제작 도구(Pictory, RunwayML 등)를 활용하면 대본 작성, 편집, 자막 작업까지 빠르게 자동화할 수 있으며, 광고 수익 외에 전자책, 온라인 클래스, 컨설팅 등 다각적 수익원으로 연결되는 파이프라인을 만들어냅니다.

- **브런치** Brunch: 글을 통한 정성적 콘텐츠에 특화된 플랫폼입니다. 에세이와 경험담, 창작 팁 등 진정성 있고 깊이 있는 글이 경쟁력이 됩니다. AI(Notion AI, ChatGPT 등)를 활용해 원고 기획, 초안 작성, 퇴고까지 자동화할 수 있으며, 축적된 글은 브런치 북 출간, 전자책 판매, 출판 및 브랜드 제휴로 이어질 수 있습니다.
- **크몽** Kmong: 대표적 '지식 마켓'으로 자신이 가진 정보를 제품처럼 빠르게 상품화하여 판매하는 데 효과적인 구조를 갖추고 있습니다. 예를 들어 "AI로 썸네일 만드는 PDF 가이드"처럼 실용적이고 구체적인 콘텐츠를 제작해 올리면 빠르게 거래가 일어날 수 있습니다.
- **클래스101** Class 101: 자신의 경험과 비결을 체계적인 온라인 강의로 상품화할 수 있는 플랫폼입니다. AI 기반 도구(ChatGPT, SlidesAI, Descript 등)는 강의 기획안 작성, 슬라이드 제작, 음성 편집 작업을 빠르고 효율적으로 지원하며 전문성 구축에 적합합니다.

정리하면 유튜브는 장기적 브랜딩과 다각적 수익 파이프라인에 강점을 갖고, 브런치는 깊이 있는 텍스트 기반 콘텐츠, 크몽은 실용적이고 빠른 지식 상품화, 클래스101은 체계적인 강의로서 경험 전달과 전문성 구축에 각각 적합합니다. AI 도구의 활용 여부와 의미 있는 포트폴리오 구축, 그리고 자신이 추구하는 창작의 방향에 따라 플랫폼 선택 전략이 달라져야 하겠습니다.

감성의 깊이와 효율의 극대화

AI 시대의 창작자 생존 전략은 감성과 효율, 즉 인간의 감정적 연결과 AI가 제공하는 생산성 향상을 어떻게 조화롭게 융합할 것인가에 달려 있습니다. AI가 글쓰기, 이미지 제작, 영상 편집 등 많은 콘텐츠 생산 과정을 빠르고 효율적으로 수행할 수 있지만, 사람들에게 진정으로 공감을 얻고 감동을 주는 콘텐츠를 만드는 것은 여전히 인간의 몫입니다.

콘텐츠가 단순히 정보의 나열에 그친다면 AI가 더 우수한 결과물을 낼 수 있지만, 그 안에 담긴 제작자의 경험, 감정, 그리고 이야기는 기계가 감히 모방할 수 없는 영역입니다. 예를 들어 같은 주제를 다룬 콘텐츠라도 제작자가 왜 그 주제를 선택했는지, 과정에서 어떤 생각과 감정을 경험했는지가 드러날 때 차별화된 힘을 가집니다. AI는 이러한 '진짜 감정'을 경험하지 못하기 때문입니다.

창작 과정에서 AI는 전체 작업의 약 70%를 담당할 수 있습니다. 글의 구조화, 아이디어 발굴, 초안 작성, 시각 자료 생성, 편집과 교정 등 다양한 방면에서 효율성을 극대화하는 것이 AI의 역할입니다.

그러나 마지막 30%, 즉 감성적인 터치, 경험의 서술, 스토리텔링 구성, 독자와의 진정한 소통은 반드시 인간이 책임집니다. 예를 들어 기획 단계에서는 AI를 활용해 아이디어를 폭넓게 뽑아낼 수 있지만, 주제 선택의 이유와 독자와의 감성적 연결고리는 사람이 직접 정합니다. 콘텐츠 제작 시에 AI가 초안을 만들고 각종 작업을 자동화하는 동안 그 위에 자신의 경험과 감정을 더하고 톤과 분위기를 조절하는 작업도 인간의 손길이 필요합니다.

따뜻한 시선과 소통하는 능력

무엇보다도 감성 콘텐츠를 잘 만드는 창작자들은 기술을 능숙하게 활용하는 걸 이상으로 사람에 대한 따뜻한 시선을 지니고 있습니다. 그들은 실패 역시 성장 이야기로 승화시키며, 자신만의 이야기를 공감 기반으로 나누면서 '내가 하고 싶은 이야기'를 끊임없이 발견합니다. 결국 인공지능 시대에 창작자가 생존하기 위한 핵심 역량은 사람의 마음을 읽고 소통하는 능력입니다.

AI는 분명 빠르고 똑똑해졌지만 우리는 더 세심하고 따뜻해져야 합니다. 효율적 작업은 AI에게 맡기고 감성과 영감, 그리고 진심을 자신의 무기로 삼을 때 창작자는 누구보다도 강력해질 수 있습니다. 따라서 인공지능 시대를 살아가는 창작자라면 감정을 잊지 않고 진심이 담긴 콘텐츠로 사람들의 마음을 움직이는 데 집중해야 합니다. 이것이 바로 앞으로도 변치 않을 창작자의 생존 전략입니다.

TIP

인공지능 시대에 창작자가 생존하기 위한 핵심 역량은 사람의 마음을 읽고 소통하는 능력입니다.

특별하지 않은 일상의 가치

일상형 콘텐츠로 수익을 만드는 시대가 도래했습니다. 이제는 특별한 전문 지식이 없더라도 누구나 겪는 친근한 경험과 공감 가는 이야기로 충분히 수익 창출이 가능합니다. 예를 들어 직장을 그만두고 새롭게 시간을 관리하는 방법, 아기를 키우며 만든 육아 루틴, 또는 블로그를 운영하면서 겪은 시행착오 같은 소소한 일상 속 이야기들이 디지털 자산으로서 가치를 지니게 되는 것입니다.

가장 쉬운 형태로는 전자책이 있습니다. 일상에서 얻은 인사이트나 루틴, 경험담을 체계적으로 정리해 글로 옮기면 독자들에게 공감을 얻는 동시에 판매가 가능합니다. "퇴사 후 6개월, 만들어낸 3가지 수익 루틴"이나 "육아하며 완성한 10분 생산성 루틴"과 같은 제목의 콘텐츠가 대표적입니다. 이들은 크몽, 브런치 북, 탈잉 스토어 등에서 판매되며, 한 번 만들어두면 반복적으로 이익을 얻을 수 있는 디지털 자산이 되기도 합니다. 이를 위해 AI를 활용하는 방법도 효과적입니다. 예컨대 ChatGPT로 목차를 설계하고 Notion AI로 원고 초안을 작성한 뒤, Canva를 이용해 전자책 디자인을 완성하는 식으로 작업 효율을 높일 수 있습니다.

이와 더불어 강의 제작도 일상 경험을 수익으로 연결하는 훌륭한 방법입니다. 자신의 경험이나 루틴을 구조화하여 '과정'에서 '변화' 그리고 '방법'의 3단계로 구성하면 듣는 이에게 실질적 도움을 줄 수 있습니다. '디지털 노마드로 변신한 과정과 수익 루틴' 등의 주제가 강의로 많이 활용됩니다. AI 도구를 이용해 대본과 슬라이드 제작, 녹화 준비를 자동화할 수 있으며, 클래스101, 탈잉 등에서 판매가 가능합니다.

영상 콘텐츠와 공감의 힘

마지막으로 영상 콘텐츠는 빠른 반응과 확장성 면에서 강점을 지니며, 유튜브 쇼츠나 인스타그램 릴스에서 짧은 일상 팁을 소개하는 형식의 콘텐츠가 특히 인기를 끌고 있습니다. 간단한 아침 루틴, 퇴사 후 하루 일정, AI를 활용한 작업 실험 영상 등이 대표적인 예이며 Pictory, Runway, CapCut 같은 AI 편집 도구와 ElevenLabs와 같은 음성 자동 삽입 도구를 활용하면 제작 시간과 노력을 효과적으로 줄일 수 있습니다. 영상에서는 첫 3초 안에 시선을 사로잡는 후킹 자막이 중요하고 일상 속 실용적인 경험이 자연스럽게 녹아들어야 시청자의 관심을 유지할 수 있습니다.

요약하면 일상형 콘텐츠는 전자책, 강의, 영상 등으로 확장 가능하며 친근하고 구체적인 개인 경험을 바탕으로 공감을 형성하는 것이 핵심입니다. AI 도구를 적극 활용해 기획과 제작의 효율을 높이면 반복적인 수익 모델 구축에도 도움이 되며 평범한 일상 역시 체계적인 수익화 전략을 통해 영향력 있는 콘텐츠로 재탄생할 수 있습니다.

일관된 루틴 속에 피어나는 창의성

AI 기반의 루틴 설계는 지속적인 수익 활동과 생산성 향상을 위해 필수적인 전략으로 자리 잡고 있습니다. 창작자와 1인 비즈니스 운영자들이 꾸준히 성과를 내기 위해서는 매일 동일한 업무를 반복하는 일관된 루틴을 유지하는 게 중요하지만 이를 혼자서 지속하는 일은 쉽지 않습니다. 이때 AI를 활용해 반복되는 작업을 자동화하고 아이디어 생성부터 업무 점검, 피드백 분석에 이르기까지 반자동 시스템을 구축하는 것이 효과적입니다.

일과를 아침의 아이디어 수집, 낮의 제작 및 점검, 저녁의 회고와 피드백 정리로 명확히 구분하고 AI를 적극 활용하는 반자동 루틴은 생산성뿐만 아니라 지속 가능한 성장을 가능하게 합니다.

- **아침**: 아이디어 수집 자동화: Zapier와 Notion을 연동하면 매일 아침 최신 뉴스나 관심 키워드 기반의 콘텐츠 아이디어가 자동으로 Notion에 정리되어 새롭게 영감을 얻기 쉽습니다. ChatGPT에 미리 저장한 프롬프트로 그날그날 독자나 시장에 맞는 맞춤형 아이디어를 받는 방식도 매우 유용합니다.
- **낮**: 제작과 점검의 효율화: 콘텐츠 종류별로 ChatGPT나 Notion AI의 기본 틀을 저장해 두고 게시할 글이나 영상 기획, 전자책 편집 등을 계획에 따라 체계적으로 수행합니다. 또한 Notion에 정리된 글을 Pictory 같은 AI 영상 제작 도구에 투입해 자동으로 영상 콘텐츠를 생성하고 바로 플랫폼

에 올리는 흐름도 가능합니다.

- **저녁**: 회고와 피드백 분석: ChatGPT에 "오늘 한 일 중 잘된 점과 개선할 점을 말해달라"는 프롬프트를 저장해 두고 일일 요약을 기록합니다. Zapier 등을 활용해 유튜브 댓글, 블로그 피드백 등을 자동으로 모아 요약 보고서를 ChatGPT가 작성하게 하여 개선점을 빠르게 찾아내는 선순환 구조를 만듭니다.

반복적인 작업을 AI에게 맡겨 그 시간을 창의적이고 가치 있는 일에 집중할 수 있도록 설계하는 것이 중요하며 이 과정을 통해 누구나 꾸준한 콘텐츠 생산과 수익 활동을 체계적으로 이어갈 수 있습니다. 결국 AI 루틴은 단순한 반복이 아니라 생산성을 극대화하는 '자동화된 시스템'이며, 매일 작지만 일관된 노력이 장기적 성과로 연결되는 기반입니다.

초기 자금 부담을 허무는 AI의 힘

창업하기 시작할 때 가장 큰 걸림돌은 단연 초기 자금 부담일 것입니다. 하지만 인공지능AI은 이러한 부담을 획기적으로 줄여주며, 사실상 자본 없이도 창업을 가능하게 만드는 강력한 도구로 떠오르고 있습니다. 이는 AI가 제공하는 고도의 자동화 도구와 스마트한 데이터 분석 능력 덕분입니다.

AI는 콘텐츠 생성, 고객 서비스 자동화, 마케팅 등 전통적인 창업 방식에 비해 비용을 현저히 낮춥니다. 특히 코딩 지식이 없는 사람들도 시스템을 구축할 수 있는 노코드No-code 툴과 결합하면 그 효율은 극대화됩니다.

Notion, Zapier, Make와 같은 툴을 활용하면 별도의 개발자 없이도 웹사이트 구축, 결제 시스템 연동, 고객 관리 등을 자동화할 수 있어 초기 비용을 대폭 절감할 수 있습니다. AI의 힘을 빌려 가능성을 현실로 바꾸는 시대가 바로 지금입니다.

TIP

> "AI는 일관성 있는 콘텐츠 생성과 데이터 분석을 통해 강력한 브랜드 정체성을 구축하고 스마트 커뮤니티를 운영하는 핵심 도구이며 성공적인 AI 시대의 창작자는 효율적 자동화(AI)에 인간의 감성과 스토리텔링을 결합하고 이를 일관된 자동화 루틴으로 체계화하여 지속 가능한 성과를 창출해야 합니다."

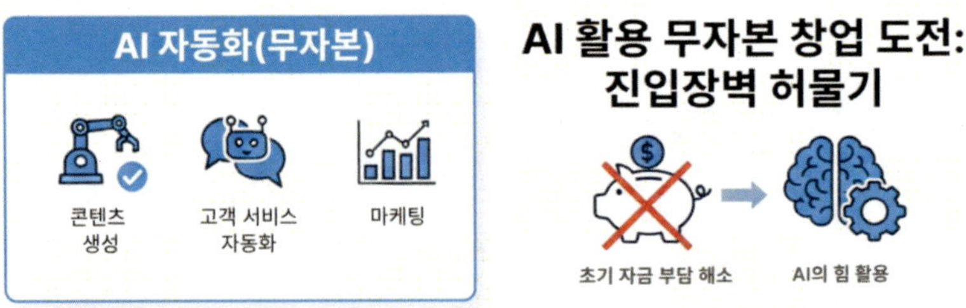

| 자동화 도구와 데이터 분석 능력으로 창업 초기 자금의 부담이 줄어, 창업 진입 장벽이 낮아졌습니다.

돈 한 푼 없이 시작하는 자동 수익의 설계

이제 AI를 활용하여 돈 한 푼 들이지 않고도 시작할 수 있는 창업 아이디어와 그에 맞는 수익 모델을 구체적으로 살펴보겠습니다. 제시되는 각 아이디어는 초기 자본이 거의 필요 없으며, AI 도구를 통해 완전 자동화가 가능합니다.

- AI 기반 콘텐츠 판매를 통한 수익화

AI의 힘을 빌려 다양한 형태의 콘텐츠를 생성하고 이를 판매하여 수익을 창출하는 방법입니다. 전자책, 블로그 글, 유튜브 영상, 온라인 강의 등 AI가 만들어낼 수 있는 콘텐츠의 범위는 무궁무진합니다.

- **실행**: Notion이나 Canva 같은 툴로 손쉽게 전자책을 제작하고 Gumroad 같은 플랫폼을 통해 판매할 수 있습니다. ChatGPT나 Jasper AI를 활용하여 블로그 글이나 유튜브 영상 대본을 자동으로 생성하고 이를 통해 구글 애드센스 광고 수익, 유료 광고 유치, 제휴 마케팅 등으로 수익을 낼 수 있습니다.
- **활용 도구**: ChatGPT/Notion AI(아이디어 구상 및 초안 작성), Pictory(글을 영상으로 자동 변환), Gumroad(전자책 판매 및 결제 자동화).

- AI 챗봇을 활용한 고객 서비스 자동화 및 수익 창출

AI 챗봇을 활용하여 온라인 고객 서비스를 자동화하고 유료 구독 서비스, 개인화된 마케팅으로 수익을 창출하는 방식입니다.

- **실행**: 챗봇을 통해 사용자 맞춤형 정보 제공이나 전문적인 상담 서비스를 유료로 제공하거나, 챗봇이 사용자의 질문에 맞춰 제휴 링크나 특정 제품을 자동으로 추천하고 이를 통해 수수료를 얻습니다. Many Chat, Chatbase는 챗봇을 웹사이트나 소셜 미디어 채널에 배치하여 고객 응대와 정보 제공을 자동화합니다.
- **활용 도구**: Zapier를 통해 고객 문의 응답 자동화, 이메일 마케팅 연동 등을 관리하여 고객 관리 효율을 높여줍니다.

- AI 기반 제휴 마케팅 자동화

제휴 마케팅은 직접 제품을 판매하지 않고도 판매 수수료를 통해 수익을 올리는 방식입니다. AI를 활용하면 이러한 제휴 마케팅 사이트의 운영을 거의 완벽하게 자동화할 수 있습니다.

- **실행**: AI가 블로그나 소셜 미디어 콘텐츠에 자동으로 제휴 링크를 삽입하고 이 링크를 통한 클릭 및 구매에 따라 수수료를 받습니다. AI가 사용자 행동을 분석하여 개인별 맞춤형 제품을 추천하고 판매 수익의 일부를 수수료로 받는 것도 가능합니다.
- **활용 도구**: ChatGPT(제휴 마케팅 콘텐츠 작성 및 추천 제품 정보 자동화), Zapier (콘텐츠 게시, 트래킹, 이메일 전송 등을 관리하여 마케팅 효율 극대화) 등이 있습니다.

AI를 활용한 창업의 가장 큰 장점은 최소한의 노력으로도 자동화된 수익 시스템을 구축할 수 있다는 것입니다. 많은 창업가가 처음부터 거대한 목표를 설정하려 하지만 AI의 진정한 가치는 작은 규모에서 시작하여 자동화와 데이터 분석을 통해 점진적으로 확장해 나갈 수 있다는 점에 있습니다.

초기에는 기본적인 콘텐츠 생성 및 마케팅 자동화부터 시작하여, 점차 고객 서비스, 피드백 수집, 그리고 더 고도화된 데이터 분석 기능까지 추가하며 사업을 확장해 나가는 전략이 바로 인공지능 시대 창업의 핵심입니다.

TIP

최소한의 노력으로 AI 도구를 활용해 자동 콘텐츠 생산과 마케팅을 시작하면 작은 수익이 쌓여 미래의 디지털 자산으로 성장할 수 있습니다.

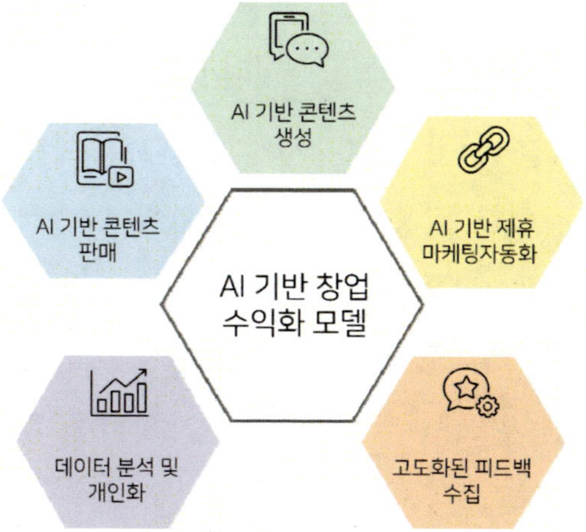

| 데이터 분석을 통한 개인화 서비스와 고도화된 피드백 수집을 통해 창업의 효율성과 수익성을 극대화할 수 있습니다.

시각적 플랫폼을 무대로: AI 이미지의 노출 전략

인스타그램Instagram, 핀터레스트Pinterest, X구 트위터, 틱톡TikTok은 시각적 콘텐츠에 특화된 플랫폼입니다. 이곳에서 당신의 AI 이미지는 더 많은 사람들의 시선을 사로잡고, 새로운 가치를 창출할 수 있습니다.

인플루언서를 활용하면 당신의 이미지를 빠르게 시장에 노출할 수 있습니다. 디지털 아티스트들과 협업하여 이미지를 홍보하거나 그들의 콘텐츠에 당신의 이미지를 포함하는 것은 효과적인 마케팅 전략이 될 수 있습니다. 그들의 영향력을 빌려 당신의 이미지를 더 넓은 세상에 알리는 것입니다.

이제 당신의 차례입니다. 책에서 배운 지혜, 곧 '지능적인 AI 활용법'과 '인간 중심의 철학'이라는 두 개의 나침반을 손에 쥐고 세상으로 나아가십시오.

AI를 두려워하지 마십시오. 대신 작게 그리고 꾸준히 실험하십시오. 당신의 작은 실패와 그 실패에서 얻은 피드백이 바로 당신을 성장시킬 가장 귀한 자산입니다. AI는 당신의 창업과 성장의 가장 강력한 공동 창업자가 될 수 있습니다.

사람의 마음에 집중하십시오. 당신의 콘텐츠와 비즈니스는 AI의 정교함이 아닌 당신의 진심 어린 스토리텔링과 고객을 향한 따뜻한 시선 위에서 비로소 성공을 꽃피울 것입니다. 마케팅의 마지막 한 줄, 고객 응대의 마지막 온기는 기계가 아닌 당신의 손끝에서 완성되어야 합니다.

윤리적 분별력을 놓지 마십시오. AI가 던지는 정보의 홍수 속에서 진실과 허위를 가려내고 편향을 인식하며 책임 있는 결정을 내리는 윤리적 주체로 서야 합니다. 이것이 바로 AI 시대의 진정한 리더십입니다.

AI이미지 노출 전략은 이미지를 만드는 기술을 넘어 플랫폼 알고리즘·사용자 시선·브랜드 맥락을 동시에 설계해 노출과 확산을 극대화 하는 전략입니다. AI이미지의 경쟁력은 창작 능력이 아니라 노출을 설계하는 전략능력에서 결정됩니다. 따라서 이제 중요한 질문은 이 이미지를 얼마나 잘 만들었는가가 아니라, 이 이미지가 어디서, 누구의 손을 멈추게 하는가가 될 것입니다.

인공지능 시대의 미래는 당신의 선택과 태도에 따라 서서히 만들어집니다. 기술의 발전에 발맞춰 인간의 고유한 가치를 지키고, 그 가치를 세상과 나누는 당신의 성장이 곧 이 시대의 가장 희망찬 미래가 될 것입니다. 이 길 위에서, 당신의 다음 발걸음이 늘 빛나기를 진심으로 응원합니다.

콘텐츠의 승부처는 텍스트가 아니라, '보이는 순간'에 결정되는 무대-시각적 플랫폼입니다. 콘텐츠는 말이 아니라 '장면'으로 설득하고 시각적 플랫폼은 전시장이 아니라 공연장이라 할 수 있습니다. 필자가 운용하고 있는 국내 유일의 비상대비체험관에서도 관람객들에게 시각적 효과를 통해 체험활동을 효율적으로 할 수 있도록 설계하였습니다.

AI 자동화 논의의 출발점

AI 자동화 논의

최근 조직의 업무 환경은 업무량 증가, 데이터 복잡성 확대, 인력 구조 변화라는 복합적인 압력 속에서 빠르게 변화하고 있습니다. 이러한 환경에서 기존의 규칙 기반 자동화만으로는 반복 업무를 안정적으로 처리하는 데 한계가 나타나고 있으며, 보다 유연하고 확장 가능한 자동화 방식에 대한 요구가 점차 커지고 있습니다. 이러한 문제의식 속에서 등장한 것이 인공지능(AI)을 결합한 업무 자동화입니다.

본 장에서 다루는 AI 자동화는 단순히 개별 작업을 빠르게 처리하는 도구가 아니라, 학습과 추론을 통해 변화하는 업무 조건에 대응하고 여러 업무 단계를 연계하는 자동화 접근을 의미합니다. 이는 기존 자동화가 전제했던 고정된 규칙과 절차의 한계를 보완하며, 비정형 데이터와 예외 상황이 빈번한 현대 업무 환경에 보다 적합한 대안으로 논의되고 있습니다.

특히 AI 자동화는 인간의 판단을 완전히 대체하는 방식이 아니라, 반복적이고 소모적인 작업은 기술이 담당하고 최종적인 검토와 의사결정은 사람이 수행하는 협업 구조를 전제로 합니다. 이러한 관점에서 AI 자동화는 '대체 기술'이라기보다 업무 분담 구조를 재구성하는 보조적·전략적 기술로 이해될 필요가 있습니다. 본 장에서는 이러한 문제의식과 관점을 바탕으로 전통 자동화와 AI 자동화의 차이, 지능형 자동화 구조, 그리고 확산 배경을 단계적으로 살펴보고자 합니다.

전통 자동화 vs AI 자동화 비교

전통 자동화는 고정된 규칙과 스크립트에 따라 단순 반복 작업을 처리하는 방식으로, 엑셀 매크로나 배치 파일과 같이 'if-then' 논리에 기반해 작동합니다. 예를 들어 매일 동일한 시간에 파일을 복사하거나 특정 조건에서 이메일을 발송하는 작업이 이에 해당합니다. 이 방식은 안정적이고 예측 가능하다는 장점이 있으나 업무 환경이 조금만 변경되어도(예: 양식 변경, 데이터 형식 변경) 즉시 중단되거나 수동 수정이 필요해 효율성이 급격히 저하되는 한계를 지닙니다.

반면 AI 자동화는 대규모 언어 모델(LLM)과 머신러닝 기술을 활용하여 학습과 적응이 가능한 지능형 접근 방식을 취합니다. 동일한 회의록 요약 업무에서도 전통 자동화는 단순 키워드 추출에 그치지만, AI 자동화는 문맥을 이해해 핵심 논점과 실행 과제를 구조화하고, 이전 작업 패턴을 학습하여 점차 정확도를 높일 수 있습니다. 엑셀 업무 또한 단순 계산을 넘어 이상치 탐지, 추세 분석, 시각화까지 연계가 가능합니다.

결과적으로 두 방식의 가장 큰 차이는 유연성과 적응력에 있습니다. 전통 자동화는 한 번 프로그래밍하면 안정적으로 작동하지만 변화에 취약한 반면, AI 자동화는 변화하는 업무 환경에 맞춰 스스로 조정되며 반복 노동을 크게 경감시킬 수 있습니다. 업무의 복잡성이 지속적으로 증가하는 오늘날, AI 자동화가 필수적인 대안으로 논의되는 이유가 여기에 있습니다.

지능형 자동화(IA)와 RPA+AI 구조

지능형 자동화는 RPA(로보틱 프로세스 자동화)에 AI 기술을 결합하여 단순 규칙 기반 작업을 넘어 복잡한 판단과 학습이 가능한 자동화 시스템을 의미합니다. RPA는 엑셀 입력이나 이메일 발송과 같이 고정된 규칙에 따른 반복 업무를 처리하는 데 강점을 가지지만, 양식 변경이나 예외 상황에서는 쉽게 한계에 부딪힙니다. 여기에 AI, 특히 대규모 언어 모델을 결합하면 문맥 이해, 자연어 처리, 예측 분석이 가능해져 자동화 수준이 지능적으로 확장됩니다.

실제 구조를 살펴보면, RPA는 '실행 엔진' 역할을 수행하고 AI는 '분석 및 판단을 담당하는 두뇌' 역할을 합니다. 예를 들어 금융 보고서 자동화에서는 RPA가 데이터를 수집·입력하고, AI가 수치를 분석해 이상 거래를 탐지한 뒤 자연어 보고서를 작성합니다. 회의록 처리에서도 RPA가 파일을 불러오고 AI가 요약과 실행 과제 분류를 수행한 후, 최종적으로 사람이 승인하는 흐름으로 구성됩니다. 이러한 구조를 통해 IA는 워크플로 전반의 효율을 크게 향상시킵니다.

이 구조의 핵심은 인간과 AI의 협업입니다. RPA와 AI가 반복적 업무의 상당 부분을 처리하더라도, 전략적 판단과 윤리적 결정은 사람이 담당합니다. 업무의 복잡성이 높아질수록 IA의 적응형 지능이 더욱 중요한 역할을 수행하게 됩니다.

AI 자동화 시장 동향

현재 AI 자동화는 일부 선도 기업의 실험 단계를 넘어, 일반 기업과 공공기관, 자영업 분야까지 확산된 실용 기술 단계에 진입하고 있습니다. 특히 문서 작성, 보고서 정리, 엑셀 분석, 고객 응대와 같이 많은 시간이 소요되지만, 부가가치는 상대적으로 낮은 반복 업무를 중심으로 AI 도입이 빠르게 확산되고 있습니다. 자동화는 프로젝트 단위가 아니라 일상적인 업무 도구로 자리 잡아가는 흐름을 보이고 있습니다.

많은 조직은 처음부터 대규모 시스템을 구축하기보다 회의록 요약, 이메일 정리, 간단한 데이터 분석과 같은 소규모 자동화부터 시작해 점진적으로 범위를 확대하는 전략을 채택하고 있습니다. 기술 측면에서는 노코드·로우코드 기반 자동화 도구의 성장으로 비개발자도 AI 워크플로를 직접 설계할 수 있는 환경이 조성되고 있습니다. n8n과 같은 워크플로 도구와 생성형 AI, 협업 도구들이 자연스럽게 연동되면서 정보 수집부터 요약, 전달까지의 흐름을 손쉽게 구성할 수 있게 되었습니다.

이러한 흐름 속에서 AI 자동화는 거창한 혁신 프로젝트가 아니라, 각자의 업무 부담을 실질적으로 줄이는 생산성 도구로 인식되고 있으며, 장기적으로 일하는 방식 자체를 변화시키는 기반이 되고 있습니다.

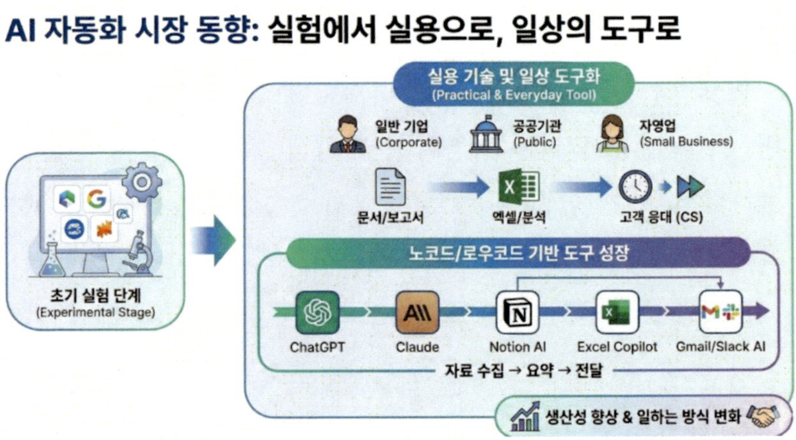

| AI 자동화는 실험 단계를 넘어 일상적인 업무 도구로 정착하며, 기업·공공·자영업 전반에서 반복 업무를 중심으로 빠르게 확산되고 있습니다.

LLM 기반 워크플로 자동화

대규모 언어 모델(LLM)은 AI 자동화의 핵심 두뇌 역할을 수행합니다. 자연어를 이해하고 생성하는 능력을 통해 문서 요약, 작업 분류, 결과 전달 등 업무 워크플로 전반을 연결하며, 단일 지시를 넘어 복합적인 작업 흐름을 문맥을 유지해 처리하여 오류를 줄이고 효율성을 높입니다.

실무에서는 보고서, 기획서, 회의록 입력 시 구조를 자동 제안하고 핵심 포인트를 도출하는 데 효과적으로 활용되며, 엑셀 분석, 이메일·메신저 요약 등 업무 흐름을 자동화하는 엔진으로 기능합니다. 다만 지속적인 대화 관리나 복잡한 협업에는 한계가 있어 이후 단계의 기술과 결합이 필요합니다.

멀티에이전트 프레임워크

멀티에이전트 프레임워크는 여러 AI 에이전트가 역할을 분담해 협업하는 구조로 LLM 단독 활용의 한계를 보완합니다. 각 에이전트는 데이터 수집, 분석, 작성 등 명확한 역할을 받아 복합적인 업무를 체계적으로 처리합니다.

이러한 구조는 인간의 감독을 전제로 하며 에이전트들이 반복 작업을 처리하고 최종 승인, 조정은 사람이 수행합니다. 역할과 흐름은 코딩이 아닌 자연어 기반으로 직장인도 활용 가능합니다. 멀티에이전트 프레임워크는 전문화·분업·조정을 통해 성능·신뢰성·확장성을 동시에 확보하는 것입니다.

사무 / 고객센터 자동화

사무 업무와 고객센터는 AI 자동화가 가장 빠르게 확산된 분야로, 문서 작성과 고객 응대와 같은 반복 업무 부담을 크게 경감시키고 있습니다. 회의록 입력만으로도 생성형 AI가 핵심 내용을 요약하고 실행 과제를 분류하여 협업 도구로 자동 전달하는 워크플로가 점차 표준화되고 있습니다. 또한 지식 관리 도구를 활용하면 자료가 데이터베이스 형태로 자동 정리되어 간단한 검색만으로 과거 기록을 즉시 조회할 수 있는 환경이 구축됩니다.

고객센터에서는 이메일과 메신저 기반 문의를 AI가 실시간으로 요약하고 분류함으로써, 다수의 문의를 유형별로 체계화할 수 있습니다. 표준 응답 초안이 자동 생성되어 담당자는 이를 검토·수정하는 방식으로 업무를 수행하게 됩니다. 오케스트레이션 도구를 활용하면 고객 문의 접수부터 분류, 우선순위 설정, 1차 응답까지의 흐름을 자동으로 연결할 수 있으며, 일정 관리 도구와 연계할 경우 응대 일정 또한 효율적으로 조정할 수 있습니다.

이러한 자동화 구조의 핵심은 사람이 보다 중요한 판단과 의사결정에 집중할 수 있도록 업무를 분담하는 데 있습니다. AI가 초안 작성과 정리 업무를 담당하고, 감정적 대응이나 복잡한 사례는 사람이 처리함으로써 생산성과 고객 만족도를 동시에 향상시킬 수 있습니다.

금융/재무 보고서 자동화

금융 및 재무 분야에서 AI 자동화는 데이터 수집부터 보고서 작성까지 전체 워크플로를 통합 처리해 오류 가능성을 낮추고 업무 소요 시간을 크게 단축하고 있습니다. 멀티에이전트 기반 구조에서는 데이터 수집, 분석, 보고서 작성 역할이 분리되어 수행되며, 각 단계가 유기적으로 연결됩니다.

분기 보고서 작성 시 RPA는 재무 데이터를 불러오고, AI는 수익 추이와 위험 요소를 분석해 자연어 형태의 보고서 초안을 생성합니다. 이후 규제 준수 여부를 점검한 뒤 최종 결과물이 경영진에게 전달되며, 반복적인 계산과 시각화 작업은 자동화 도구가 담당합니다.

이러한 구조는 정확성과 속도를 동시에 확보할 수 있다는 점에서 금융 자동화의 대표적인 사례로 평가됩니다. 자동화를 통해 반복 노동 부담이 감소함에 따라 재무팀은 예측 분석과 의사결정 지원 역할을 강화할 수 있습니다.

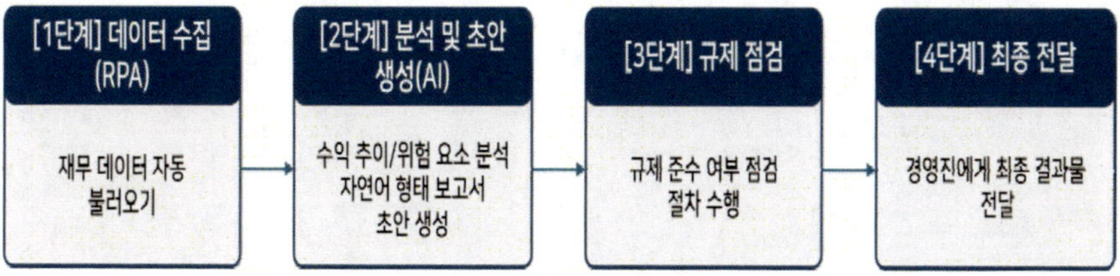

| 재무 데이터 수집부터 분석, 규제 점검, 최종 전달까지의 과정을 자동화하여 보고서 작성의 정확성과 효율성을 동시에 확보하는 구조를 나타냅니다.

제조/물류 스마트 팩토리

제조 및 물류 분야에서 AI 자동화는 생산 라인 모니터링, 재고 관리, 배송 최적화까지 연계되어 운영 효율을 향상시키고 비용 절감을 가능하게 합니다. 스마트 팩토리 환경에서는 센서 데이터가 실시간으로 분석되어 이상 징후를 사전에 예측하고, 예방 정비가 자동으로 예약되는 구조가 구축됩니다.

물류 영역에서는 과거 데이터와 실시간 주문 정보를 기반으로 수요를 예측하고, 발주 및 배송 경로를 최적화하는 자동화가 핵심 역할을 합니다. 재고 현황과 물류 흐름은 대시보드 형태로 실시간 제공되어 관리자가 전체 상황을 한눈에 파악할 수 있습니다.

이러한 자동화는 사후 대응이 아닌 예측과 예방에 중점을 둔다는 점에서 의미가 있습니다. 반복적인 감시 업무를 AI가 담당함으로써 작업자는 문제 해결과 공정 개선과 같은 고부가가치 업무에 집중할 수 있으며, 공급망 전체가 지능적으로 연계되는 기반을 마련합니다.

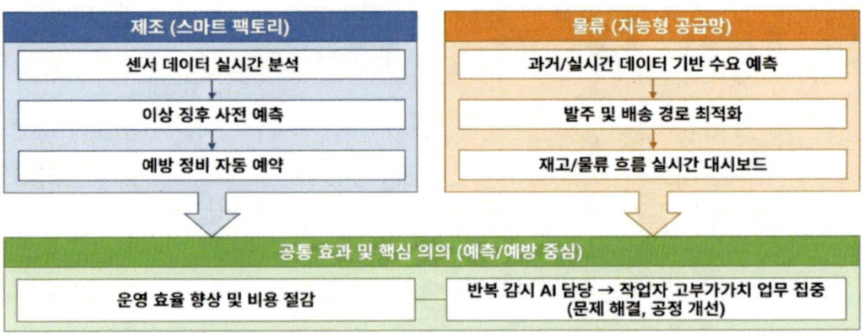

| 실시간 데이터 분석을 통해 운영 효율과 비용 절감을 동시에 달성합니다.

IT 운영과 DevOps 자동화

IT 운영과 DevOps 분야에서 AI 자동화는 서버 모니터링, 코드 배포, 장애 대응까지의 전 과정을 연결하여 시스템 안정성을 높이고 개발 속도를 향상시키고 있습니다. 로그 분석을 통해 문제 원인을 자동으로 진단하고, 역할이 분담된 자동화 프로세스를 통해 패치 생성과 배포가 연계됩니다.

개발 과정에서는 코드 작성과 리뷰가 자동화 도구의 지원을 받아 효율적으로 이루어지며, 장애 발생 시 분석부터 배포, 알림까지의 흐름이 자동으로 연결됩니다. 이를 통해 개발자는 반복적인 운영 업무에서 벗어나 설계와 개선에 집중할 수 있습니다.

이 분야의 핵심은 자동 복구 역량입니다. AI가 상시 모니터링과 즉각적인 대응을 수행함으로써 IT팀은 예방 전략과 장기적 혁신에 역량을 집중할 수 있습니다.

AI 자동화 도입 전략

AI 자동화 도입은 대규모 프로젝트가 아니라, 반복 빈도가 높은 단일 업무에서 출발하는 점진적 접근이 효과적입니다. 회의록 정리나 이메일 요약과 같이 일상적으로 많은 시간이 소요되는 업무를 대상으로 시범 적용을 통해 가능성과 한계를 검증하는 과정이 중요합니다.

이후에는 오케스트레이션 도구를 활용해 업무 흐름을 연결하고, 일정 관리까지 자동화 범위를 확장할 수 있습니다. 조직 차원의 도입 시에는 소규모 파일럿팀을 중심으로 성공 사례를 축적하고 이를 점진적으로 확산하는 전략이 바람직합니다.

자동화 도입 과정에서 중요한 원칙은 '작게 시작', '인간의 감독 유지', '지속적인 피드백'입니다. AI의 결과를 검토하고 개선하는 과정을 반복함으로써 안정적인 자동화 환경을 구축할 수 있습니다. 현재 조직 환경에서 AI 자동화의 핵심 과제는 단순 효율화가 아니라, 복잡한 판단·조정·보고까지 포함하는 지능형 자동화(IA, Intelligent Automation) 체계 구축입니다. AI 자동화는 '사람을 대체'하는 기술이 아니라, 사람이 전략에 집중하도록 구조를 바꾸는 정책·경영 수단입니다. 필자 또한 AI 학습분야에 최대관심사는 자동화 분야에 두고 있습니다.

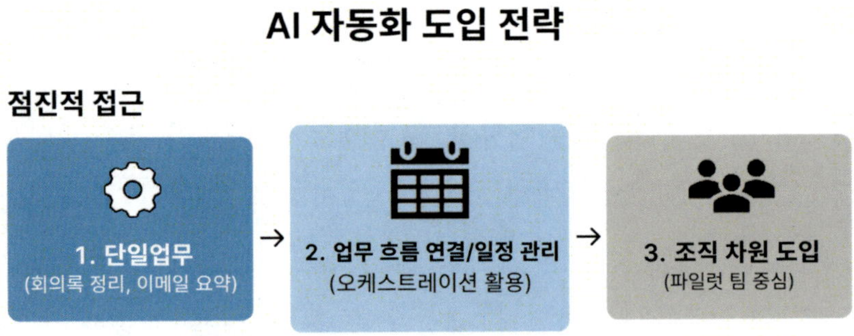

| 단일 업무에서 출발하는 점진적 접근을 시작으로 점차 확장시켜 AI 자동화를 활용한다면, 안정적인 환경을 구축할 수 있습니다.

설명가능성(XAI)과 책임 구조

AI 자동화의 신뢰성은 의사결정 과정에 대한 설명 가능성에 의해 좌우됩니다. AI가 특정 결과를 도출한 근거를 제시할 수 있을 때, 사용자는 이를 검증하고 신뢰할 수 있습니다. 이러한 투명성은 조직 내 수용성을 높이는 핵심 요소입니다.

책임 구조는 인간의 최종 결정 원칙을 중심으로 명확히 설정되어야 합니다. AI가 초안을 생성하더라도 승인과 수정은 사람이 수행하며, 의사결정 이력을 기록함으로써 책임 소재를 분명히 해야 합니다. 특히 규제가 엄격한 분야에서는 자동 점검과 감사 추적 기능을 함께 도입할 필요가 있습니다. 이와 같은 체계가 마련될 경우, AI 자동화는 통제 불가능한 기술이 아니라 신뢰 가능한 보조 수단으로 자리 잡을 수 있습니다.

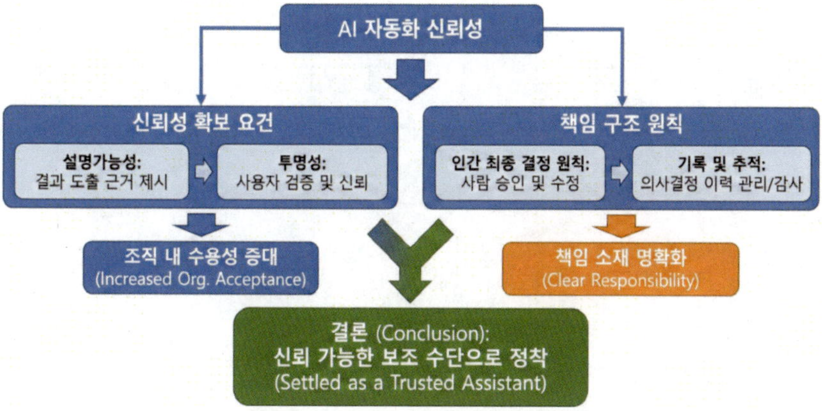

| 의사결정 근거를 명확히 설명하고 최종 판단은 사람이 담당할 때, 자동화는 신뢰 가능한 업무 지원 체계로 작동합니다.

미래 트렌드와 과제

2026년 이후 AI 자동화는 멀티에이전트 기술과 에지 컴퓨팅의 결합을 통해 '완전 자율 워크플로' 형태로 진화할 것으로 전망됩니다. 현재는 CrewAI나 AutoGen과 같이 다수의 에이전트가 협업하는 수준에 머물러 있으나, 향후에는 엣지 디바이스에서 실시간 학습이 이루어지는 분산 지능 구조가 표준화될 가능성이 큽니다. 이에 따라 스마트 팩토리나 자율 물류와 같은 분야에서는 완전 무인 운영이 현실화될 것으로 예상됩니다. 동시에 생성형 AI가 코드 자체를 자동으로 생성함에 따라 기존의 노코드 환경을 넘어 '제로 코드 자동화'로 발전할 가능성도 확대되고 있습니다.

그러나 이러한 기술 발전과 함께 해결해야 할 과제 또한 적지 않습니다. 데이터 프라이버시 보호와 AI 편향 문제의 중요성은 더욱 커질 것이며, EU AI Act와 국내 AI 관련 법률 등 규제가 강화되는 환경에서는 체계적인 거버넌스 투자가 필수적입니다. 또한 대규모 AI 모델의 에너지 소비 문제가 부각되면서 상대적으로 효율적인 소형 언어모델(small LLM)에 대한 관심도 증가하고 있습니다. 조직 차원에서는 기술 도입 자체만큼이나 인간과 AI의 협업 문화를 정착시키는 노력이 요구되며, 이를 위해 직원 재교육과 윤리 가이드라인 수립이 핵심 과제로 부상하고 있습니다.

결국 AI 자동화의 미래는 기술적 성숙도뿐만 아니라 신뢰성과 지속가능성에 달려 있습니다. 기술이 고도화되더라도 인간의 감독과 가치 판단이 중심에 유지될 때, AI 자동화는 조직 차원에서 장기적인 성과와 안정적인 활용을 달성할 수 있을 것입니다.

TIP

AI 음성 서비스는 콘텐츠 제작, 고객 응대, 교육 분야에서 생산성과 글로벌 확장성을 비약적으로 높여 외주 수주나 오디오북 제작 등 새로운 수익 기회를 창출합니다. 성공을 위해서는 감정·톤 조절을 포함한 고객 맞춤형 서비스를 제공하고 데이터 기반 분석을 통해 시장의 흐름과 클릭 유도 패턴을 지속적으로 읽어내야 합니다.

AI 기반 업무 자동화의 개념과 발전 배경

AI 기반 업무 자동화의 확산과 의미

최근 인공지능(AI)은 단순한 기술 트렌드를 넘어 조직의 업무 방식 전반을 변화시키는 핵심 동력으로 자리 잡고 있습니다. 과거의 자동화가 반복적인 작업을 기계적으로 처리하는 수준에 머물렀다면, 오늘날의 AI 기반 업무 자동화는 데이터 분석, 의사결정 지원, 고객 응대, 콘텐츠 생성 등 인간의 인지 영역에 가까운 업무로까지 확장되고 있습니다. 이러한 변화는 단순한 업무 속도 향상을 넘어, 조직의 생산성과 효율성 나아가 경쟁력 자체를 재구성하고 있다는 점에서 중요한 의미를 지닙니다.

AI를 활용한 업무 자동화란 인공지능 기술을 기반으로 인간이 수행하던 업무 과정을 부분적 또는 전면적으로 대체하거나 보조하는 시스템을 구축하는 것을 의미합니다. 여기에는 머신러닝, 딥러닝, 자연어 처리(NLP), 컴퓨터 비전, 로보틱 프로세스 자동화(RPA) 등의 기술이 복합적으로 활용됩니다.

자동화 기술의 진화와 AI 기반 전환의 배경

초기의 업무 자동화는 규칙 기반(rule-based) 시스템에 의존하여 사전에 정의된 조건과 절차에 따라 정형화된 업무를 처리하는 데 초점을 두었습니다. 그러나 데이터의 양과 복잡성이 급격히 증가하면서 단순 규칙 기반 자동화만으로는 다양한 상황과 예외를 효과적으로 처리하는 데 한계가 나타나기 시작했습니다.

이러한 한계를 극복하기 위해 등장한 것이 AI 기반 자동화입니다. AI는 대규모 데이터를 학습하여 패턴을 인식하고, 변화하는 환경과 예외 상황에 보다 유연하게 대응할 수 있다는 점에서 기존 자동화 방식과 본질적인 차이를 가집니다.

이러한 기술적 전환의 배경에는 다음과 같은 세 가지 주요 요인이 존재합니다.

| 데이터 증가와 기술 발전, 업무 환경 변화에 따라 기존 규칙 기반 자동화의 한계를 넘어, 기술·데이터·환경이 결합된 AI 기반 자동화 시스템이 확산되고 있습니다.

① 클라우드 컴퓨팅과 GPU 기술 발전에 따른 컴퓨팅 파워의 비약적인 향상이다. 이는 대규모 AI 모델의 학습과 실시간 활용을 가능하게 했다.

② 디지털 전환의 가속화로 조직 내외부에서 생성되는 데이터의 양이 폭발적으로 증가하면서 AI 학습을 위한 풍부한 데이터 환경이 조성되었다.

③ 원격 근무와 하이브리드 근무 등 새로운 업무 환경의 확산으로, 반복적이고 소모적인 업무를 자동화하려는 조직의 요구가 더욱 증대되었다.

AI 업무 자동화의 주요 적용 분야

AI 기반 업무 자동화는 다양한 산업과 직무 영역에서 활용되고 있으며, 그 적용 범위는 지속적으로 확대되고 있습니다.

- 행정·사무 업무 자동화

행정 및 사무 업무는 반복성과 정형성이 높아 자동화 효과가 큰 분야입니다. 회의 일정 조율, 회의록 작성, 문서 분류 및 보관, 전자결재 처리 등은 AI를 통해 효율적으로 관리될 수 있으며, 이를 통해 직원들은 보다 창의적이고 전략적인 업무에 집중할 수 있습니다.

- 인사(HR:Human Resources) 및 재무 분야

인사 분야에서는 이력서 자동 분석, 지원자 선별, 근태 관리, 교육 이력 관리 등에 AI가 활용됩니다. 재무 분야에서는 회계 처리 자동화, 비용 분석, 부정 거래 탐지 등에서 높은 효과를 보이며, 특히 정확성과 신속성이 중요한 재무 업무 특성상 AI 자동화의 도입 효과가 크게 나타납니다.

- 고객 서비스 및 마케팅

챗봇과 가상 비서는 고객 문의에 24시간 대응할 수 있으며, 고객 데이터를 분석하여 개인화된 마케팅 전략 수립에도 활용됩니다. 반복적인 단순 문의는 자동 처리하고, 복잡하거나 감정적 대응이 필요한 상담은 담당 인력에게 연결함으로써 고객 응대의 품질과 효율성을 동시에 향상시킬 수 있습니다.

- 연구·기획 및 콘텐츠 업무

보고서 작성, 시장 조사 요약, 프레젠테이션 초안 작성 등 지식 기반 업무에서도 AI 자동화의 활용 범위는 점차 확대되고 있습니다. 이는 업무 속도를 향상시킬 뿐만 아니라, 자료 조사와 정리에 소요되는 시간을 크게 절감하는 효과를 제공합니다.

| AI 자동화는 행정·사무, HR·재무, 고객 서비스·마케팅, 연구·기획 등 다양한 직무 영역에서 활용되며 업무 효율성과 전문성을 동시에 강화합니다.

AI 업무 자동화 도입 효과

AI를 활용한 업무 자동화는 조직 전반에 걸쳐 다양한 긍정적 효과를 가져옵니다. 반복 업무의 자동 처리를 통해 업무 처리 속도가 향상되고, 인건비와 오류로 인한 비용이 감소합니다. 또한 데이터 기반 처리로 업무 정확성이 높아지며, 단순 업무 감소를 통해 직원들의 직무 몰입도와 만족도 역시 향상됩니다. 이러한 효과는 단기적인 성과에 그치지 않고, 장기적으로 조직의 경쟁력을 강화하는 기반이 됩니다.

조직 전반에 다양한 긍정적 효과

구분	주요 효과	세부 내용
생산성 향상	업무 처리 속도 증가	반복 업무의 자동 처리로 작업 시간 단축
비용 절감	운영 비용 감소	인건비 및 오류로 인한 손실 감소
품질 개선	오류 감소	데이터 기반 처리로 정확도 향상
업무 만족도	직원 만족도 증가	단순 업무 감소로 직무 몰입도 향상
이러한 효과는 단기적인 성과뿐 아니라, 장기적으로 조직의 경쟁력을 강화하는 기반이 된다.		

| AI를 활용한 업무 자동화는 장기적으로 조직 전체의 경쟁력을 강화합니다.

도입 전략과 고려사항

AI 자동화를 성공적으로 구현하기 위해서는 기술 도입 이전에 조직 문화, 데이터 인프라, 업무 프로세스를 함께 재정비하는 접근이 필요합니다.

첫째, 업무 프로세스 분석을 통해 자동화 대상 업무의 복잡성, 빈도, 비용을 평가해야 합니다.

둘째, 투자 대비 효과(ROI)가 높은 영역을 중심으로 우선순위를 설정하고 파일럿 프로젝트를 수행해야 합니다.

셋째, RPA, AI 모듈, 데이터 파이프라인을 통합 관리할 수 있는 플랫폼을 구축해야 합니다.

넷째, AI 모델이 현업 데이터로 지속적으로 개선될 수 있도록 학습 환경을 조성해야 합니다.

다섯째, 직원 교육과 AI 윤리 인식 제고를 통해 조직의 적응력을 강화해야 합니다.

특히 AI 자동화는 조직 전반의 혁신을 요구하는 과제로 경영진의 명확한 리더십과 전사적 협력이 필수적입니다.

| AI 자동화는 기술 도입 효과를 극대화하여 조직 전반의 혁신을 지원합니다.

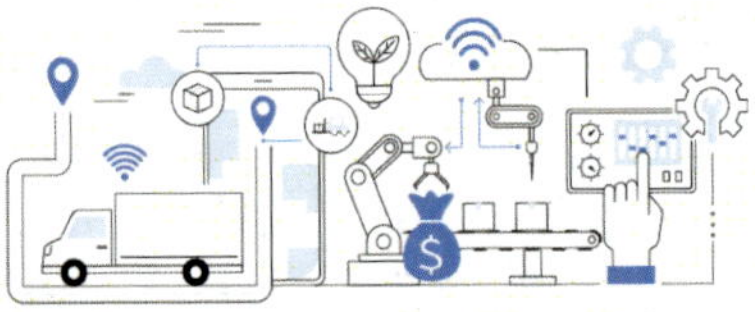

AI 자동화 도구 및 적응 가이드

AI 자동화 도구 현황 및 활용 사례

최근 디지털 전환(Digital Transformation)이 가속화됨에 따라 인공지능(AI) 기반의 업무 자동화는 단순한 효율화 수준을 넘어 조직의 생존을 좌우하는 핵심 전략으로 자리 잡고 있습니다. 오늘날 공공과 민간을 막론하고 다수의 조직은 인력 구조의 급격한 변화, 업무 몰입도 저하, 폭증하는 데이터 처리 부담이라는 구조적 한계에 직면해 있습니다. AI 자동화 기술은 이러한 문제를 해결하기 위한 결정적인 대안으로 개별 업무의 처리 속도를 높이는 데 그치지 않고 조직의 운영 방식과 의사결정 체계를 근본적으로 재설계하는 핵심 동력으로 작용하고 있습니다.

본 절에서는 AI 자동화의 개념적 정의와 주요 도구 체계를 체계적으로 정리하고, RPA를 비롯하여 마케팅·콘텐츠 제작, 고객 응대, 데이터 분석 등 다양한 산업 현장에서 나타나는 실제 적용 사례를 분석합니다. 또한 AI 자동화가 향후 산업 전반의 패러다임을 어떻게 재편할 것인지 전망함으로써 기술 도입을 준비하는 조직이 확보해야 할 전략적 통찰과 실행 방향을 제시하고자 합니다.

AI 자동화의 개념과 기술적 배경

AI 자동화란 인공지능 기술을 활용하여 반복적이거나 규칙 기반의 업무를 자동으로 처리하는 시스템을 의미합니다. 기존의 자동화가 사전에 정의된 규칙과 명령에 의존했다면, AI 자동화는 학습과 추론을 통해 상황에 따라 유연하게 대응할 수 있다는 점에서 차별성을 가집니다.

AI 자동화의 기술적 기반에는 자연어 처리(NLP), 컴퓨터 비전, 강화학습, 데이터 마이닝 기술이 포함됩니다. 이러한 기술들은 문서 인식, 음성 및 텍스트 분석, 패턴 인식, 예측 모델링 등 다양한 영역에서 활용되며, 자동화 시스템의 지능 수준을 지속적으로 향상시키고 있습니다.

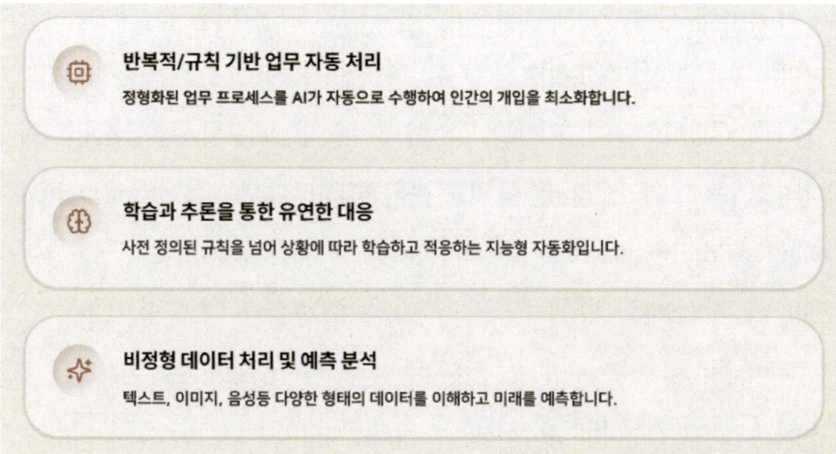

| AI 자동화는 반복·규칙 기반 업무를 자동 처리하고, 학습과 추론으로 상황에 유연하게 대응하며, 텍스트·이미지·음성 등 비정형 데이터를 이해해 예측까지 수행하는 지능형 업무 처리 방식입니다.

AI 자동화 도구 유형과 특징

AI 자동화 도구는 적용 목적과 기능에 따라 다음과 같이 구분할 수 있습니다.

① RPA Robotic Process Automation 도구는 반복적인 사무행정 업무를 자동화하는 데 초점을 맞춘다.

② 마케팅·콘텐츠 자동화 도구는 고객 데이터를 기반으로 마케팅 활동을 자동화하고, 콘텐츠 제작 및 배포 과정을 효율화한다.

③ 고객 응대 및 챗봇 자동화 도구는 고객과의 상호작용을 자동화하여 서비스 품질을 향상시킨다.

④ 데이터 처리 및 분석 자동화 도구는 대규모 데이터를 신속하고 정확하게 분석하여 의사결정에 필요한 정보를 제공한다.

이러한 도구들은 개별적으로 활용되기도 하지만 최근에는 상호 연계되어 통합 자동화 환경을 구축하는 방향으로 발전하고 있습니다. 예를 들어 RPA와 데이터 분석 도구를 결합하면 업무 처리와 동시에 성과 분석이 가능해지며, 챗봇과 CRM Customer Relationship Management 시스템을 연동하면 고객 맞춤형 서비스 제공이 가능해집니다.

RPA 도구의 현황과 적용 사례

RPA는 사람이 컴퓨터를 통해 수행하던 반복적인 업무를 소프트웨어 로봇이 대신 처리하도록 하는 기술입니다. 대표적인 RPA 도구로는 UiPath와 Automation Anywhere가 있으며, 두 도구 모두 다양한 시스템과의 연동성과 확장성을 강점으로 합니다. UiPath는 직관적인 사용자 인터페이스와 강력한 워크플로 설계 기능을 제공하여 금융, 공공, 제조 분야에서 폭넓게 활용되고 있습니다.

RPA 정의	사람의 반복적인 컴퓨터 업무를 소프트웨어 로봇이 대신 처리하는 기술	
구분	**세부내용**	
대표 도구 특징 비교 (공통점: 시스템 연동성, 확장성)	UiPath	Automation Anywhere
	직관적 사용자 인터페이스, 강력한 워크플로 설계 기능	**클라우드 기반 환경 중심, 대규모 조직 적합**
주요 활용 분야	**금융, 공공, 제조 분야**	**대규모 조직 전반**
적용 사례 및 효과	**회계 및 재무**	**공공기관 분야**
	분야세금 계산, 정산 보고서 작성, 거래 내역 검증(업무 시간 단축)	**민원 처리, 행정 문서 입력, 통계 자료 정리 (정확성 및 속도 향상)**
종합 기대 효과	비용 절감, 조직 운영 안정성 및 신뢰성 제고	

| RPA는 반복적인 컴퓨터 업무를 소프트웨어 로봇이 자동 처리하는 기술로, UiPath와 Automation Anywhere는 활용 분야와 적용 방식에서 각각의 강점을 가지고 있습니다.

Automation Anywhere는 클라우드 기반 환경을 중심으로 대규모 조직에 적합한 자동화 솔루션을 제공합니다. 실제 적용 사례를 살펴보면, 회계·재무 분야에서는 세금 계산, 정산 보고서 작성, 거래 내역 검증 업무가 자동화되어 업무 시간이 단축되었으며, 공공기관에서는 민원 처리, 행정 문서 입력, 통계 자료 정리 업무에 RPA를 도입하여 정확성과 처리 속도를 동시에 향상시키고 있습니다. 이러한 사례는 RPA가 비용 절감뿐 아니라 조직 운영의 안정성과 신뢰성을 제고하는 데 기여함을 보여줍니다.

마케팅 및 콘텐츠 자동화의 활용 확대

마케팅 자동화는 고객 행동 데이터를 분석하여 개인화된 마케팅 전략을 자동으로 실행하는 것을 목표로 합니다. 이메일 마케팅 도구와 CRM 시스템을 연동하면 고객의 구매 이력과 관심사를 기반으로 맞춤형 메시지를 자동 발송할 수 있으며, 이를 통해 마케팅 효율성과 고객 만족도를 동시에 향상시킬 수 있습니다.

콘텐츠 자동화 영역에서는 생성형 AI 기술이 핵심적인 역할을 수행하고 있습니다. 블로그 글, 홍보 문구, SNS 게시물 등을 AI가 초안 형태로 생성함으로써 콘텐츠 제작 시간이 크게 단축되며, 일정 관리와 게시 자동화를 통해 콘텐츠 운영의 일관성과 지속성을 확보할 수 있습니다. 이러한 자동화는 특히 인력이 제한된 소규모 조직에서도 효과적인 마케팅 활동을 가능하게 합니다.

고객 응대 및 챗봇 자동화의 발전

AI 챗봇은 자연어 처리 기술을 활용하여 고객의 질문을 이해하고 적절한 답변을 제공하는 시스템입니다. 초기에는 단순한 규칙 기반 응답에 머물렀으나 최근에는 대규모 언어 모델을 활용한 지능형 챗봇이 등장하면서 대화의 자연스러움과 응답 정확성이 크게 향상되었습니다.

금융, 유통, 공공 서비스 분야에서는 챗봇을 활용하여 24시간 상담 체계를 구축하고 있으며, 반복적인 문의를 자동 처리함으로써 상담 인력의 업무 부담을 경감하고 있습니다. 또한 챗봇을 통해 축적된 상담 데이터는 고객 요구 분석과 서비스 개선을 위한 기초 자료로 활용될 수 있다는 점에서 높은 전략적 가치를 지닙니다.

데이터 처리 및 분석 자동화의 중요성

데이터 처리 및 분석 자동화는 데이터의 수집, 정제, 분석, 시각화 전 과정을 자동화하여 의사결정의 속도와 정확성을 향상시키는 데 목적이 있습니다. BI Business Intelligence도구와 AI 기반 분석 시스템은 실시간 데이터 시각화를 통해 조직이 현재 상황을 직관적으로 파악할 수 있도록 지원합니다.

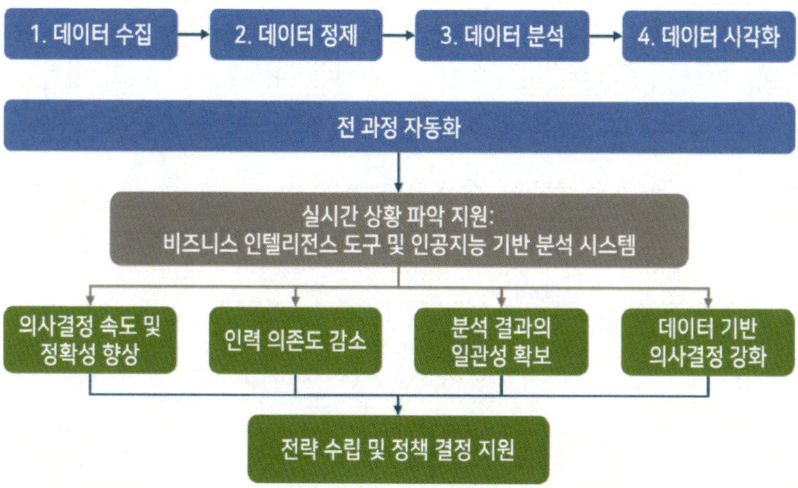

| 데이터 수집부터 시각화까지 전 과정을 자동화함으로써 의사결정 속도와 정확성을 높이고, 전략 수립과 정책 결정에 필요한 데이터 기반 판단을 지원합니다.

AI 자동화 툴 기반 수익 시스템 구축

인공지능 기술 확산과 자동화 환경의 변화

인공지능 기술은 더 이상 일부 전문가나 연구기관, 대기업만의 전유물이 아닙니다. 과거 인공지능은 복잡한 알고리즘과 고가의 컴퓨팅 자원을 요구하는 기술로 인식되었으나, 최근에는 생성형 AI와 자동화 도구의 발전으로 누구나 쉽게 활용할 수 있는 범용 기술로 자리 잡았습니다. 이러한 변화는 기술 접근성의 향상에 그치지 않고 개인과 조직의 업무 수행 방식 전반에 구조적인 변화를 가져오고 있습니다.

특히 주목할 점은 AI 기술의 확산으로 인해 기술 자체가 더 이상 차별화 요소로 작동하지 않는다는 사실입니다. API, 자동화 도구, 생성형 AI 모델은 이미 대중화되었으며, 동일한 도구를 사용하는 것만으로 경쟁 우위를 확보하기는 어려워졌습니다. 이에 따라 AI 시대의 경쟁력은 '무엇을 사용하느냐'가 아니라 '어떻게 설계하느냐'의 문제로 이동하고 있습니다.

이러한 환경 변화 속에서 자동화의 의미 또한 재정의되고 있습니다. 자동화는 단순히 노동 시간을 절감하기 위한 보조 수단이 아니라 반복 가능한 가치 생산 구조를 설계하는 핵심 전략으로 인식되기 시작했습니다. 특히 AI 자동화는 인간의 판단을 완전히 대체하는 기술이 아닌 인간의 사고와 판단을 시스템 안에 구조화하여 지속적으로 실행하게 만드는 도구로 이해할 필요가 있습니다.

기존 자동화 인식의 문제점과 한계

그동안 자동화는 주로 내부 업무 효율성을 개선하기 위한 수단으로 활용되어 왔습니다. 반복적인 보고서 작성, 데이터 입력, 일정 관리, 단순 계산 업무를 자동화함으로써 업무 속도를 높이고 인적 오류를 줄이는 데 초점이 맞춰져 있었습니다. 이러한 자동화는 일정 수준의 성과를 거두었으나 그 효과는 대부분 내부 비용 절감에 국한되는 경우가 많았습니다.

기존 자동화의 가장 큰 한계는 자동화 결과물이 조직 내부에서만 소비된다는 점입니다. 자동화된 결과는 내부 보고서나 개인 업무 편의 향상에 활용될 뿐, 외부 시장에서 가치를 인정받는 형태로 확장되지 못했습니다. 이로 인해 자동화는 '편리한 도구' 이상의 의미를 갖기 어려웠으며, 새로운 수익을 창출하는 구조로 발전하지 못했습니다.

또한 기존 자동화는 일회성 프로젝트로 종료되는 경우가 많

않았습니다. 특정 업무를 자동화한 이후 유지·보수나 확장에 대한 고려 없이 방치되면서 시간이 지날수록 활용도가 저하되는 사례도 적지 않았습니다. 이는 자동화를 하나의 시스템이 아닌 단발성 기능으로 인식한 데서 비롯된 문제라 할 수 있습니다.

자동화의 새로운 관점: 수익 창출 시스템

AI 시대의 자동화는 기존의 효율 중심 사고에서 벗어나야 합니다. 자동화의 본질은 '얼마나 시간을 절약했는가'가 아닌 '얼마나 지속적으로 가치를 생산할 수 있는 구조를 설계했는가'에 있습니다. 즉, 자동화는 노동을 줄이는 기술이 아니라 수익 구조를 설계하는 전략으로 이해되어야 합니다.

수익 창출 시스템으로서의 자동화는 다음과 같은 특징을 가집니다.

① 자동화 시스템은 반복 가능한 가치 생산을 전제로 설계되며 주기적으로 실행되고, 결과가 누적되는 구조를 가진다.

② 자동화의 결과물은 외부에 제공 가능한 형태로 가공된다. 내부 참고용 자료가 아닌, 고객이나 사용자에게 전달 가능한 상품 또는 서비스 형태로 전환된다.

③ 자동화 시스템은 자산으로 축적된다. 시간이 지날수록 데이터와 결과물이 누적되며, 이는 곧 경쟁력이 된다.

이러한 관점에서 자동화는 비즈니스 모델 설계의 문제로 접근해야 합니다. '무엇을 자동화할 것인가'보다, '어떤 방식으로 반복 실행하여 가치를 축적할 것인가'가 중요해지고 있습니다.

데이터 자동화 처리 4단계 흐름

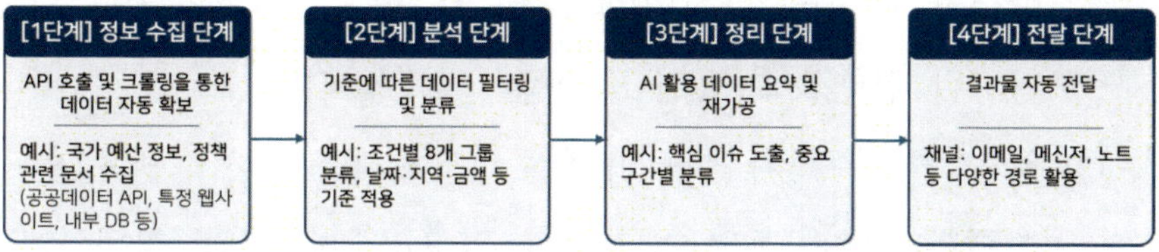

| 데이터 자동화는 정보 수집–분석–정리–전달의 단계를 반복 실행함으로써, 사람의 개입 없이도 지속적으로 가치를 생산하는 구조를 형성합니다.

이 네 단계가 하나의 루프로 연결될 때, 자동화 시스템은 사람의 개입 없이도 24시간 지속적으로 가치를 생산하는 구조가 됩니다.

자동화는 시간을 줄이기 위한 기능이 아니라, 반복 실행을 통해 가치가 축적되는 수익 구조로 설계하세요. 수집-분석-정리-전달의 데이터 흐름을 하나의 루프로 연결해 결과물이 외부에 제공 가능한 자산으로 남도록 만드는 것이 핵심입니다. 사람의 개입 없이도 지속적으로 실행되는 구조를 완성할수록 자동화는 비즈니스 경쟁력이 됩니다.

자동화가 자산으로 전환되는 조건

자동화가 단순한 업무 편의 기능을 넘어 자산으로 기능하기 위해서는 다음과 같은 조건이 충족되어야 합니다.

① 자동화 시스템은 스스로 가치 있는 결과물을 생산해야 한다. 단순한 데이터 수집이나 알림 수준을 넘어, 외부에 제공 가능한 형태로 가공된 결과물이 필요하다.

② 품질의 표준화가 이루어져야 한다. 자동화 시스템은 언제 실행되더라도 동일한 기준과 알고리즘에 따라 일정 수준 이상의 품질을 유지해야 한다. 이는 사람의 컨디션이나 숙련도에 따라 결과가 달라지는 기존 업무 방식과 근본적으로 다른 점이다.

③ 자동화의 결과물은 반복적으로 축적되어야 한다. 하루, 일주일, 한 달 단위로 누적되는 결과물은 시간이 지날수록 시스템의 가치를 증대시킨다. 이러한 축적 구조가 형성될 때 자동화는 진정한 자산으로 전환된다.

자동화 기반 수익 시스템의 구조적 설계

자동화가 수익을 창출하기 위해서는 정보의 유입부터 결과물의 전달, 그리고 반복 실행에 이르기까지 모든 단계가 유기적으로 연결되어야 합니다. 이러한 구조가 안정적으로 작동할 때 비로소 '시스템'이라 할 수 있습니다.

자동화 기반 수익 시스템은 일반적으로 정보원, 자동 수집,

필터링, 처리, 전달, 반복 실행의 여섯 단계로 구성됩니다. 이 구조는 단순한 업무 자동화 흐름을 넘어, 지속적인 가치 생산과 수익 창출을 가능하게 하는 기본 골격입니다.

① 첫 번째 단계인 정보원은 자동화 시스템의 출발점이다. 어떤 정보를 다룰 것인지를 명확히 정의하지 않으면 이후 모든 과정이 불필요하게 복잡해진다. 공공데이터 API, 특정 웹사이트, 내부 데이터베이스, 엑셀 파일 등 정보의 출처를 사전에 명확히 규정함으로써 자동화의 방향성과 목적이 분명해진다.

② 두 번째 단계인 자동 수집은 사람이 직접 개입하지 않아도 시스템이 정해진 주기에 따라 데이터를 확보하는 과정이다. 이 단계에서는 주기성, 안정성, 누락 방지가 중요하다. 사람이 수동으로 정보를 수집할 경우 발생할 수 있는 시간 낭비나 실수, 업무 공백 문제를 시스템이 대신 해결한다는 점에서 자동화의 효율성이 가장 직접적으로 드러나는 부분이다.

③ 세 번째 단계인 필터링은 자동화 시스템의 '가치 판단'이 이루어지는 구간이다. 수집된 방대한 데이터 중에서 어떤 정보가 의미 있고, 어떤 정보가 불필요한지를 기준에 따라 선별한다. 키워드, 지역, 금액, 날짜와 같은 조건을 설정함으로써 자동화 시스템은 단순한 데이터 저장 장치를 넘어 '의사결정 보조 시스템'으로 기능하게 된다.

④ 네 번째 단계인 처리는 AI를 활용해 데이터를 재가공하는 단계이다. 단순한 정보 나열이 아니라, 사람이 빠르게 이해

하고 판단할 수 있도록 요약하고 구조화하는 과정이 포함된다. 이 단계에서 자동화의 결과물은 내부 참고 자료를 넘어 외부에 제공 가능한 형태의 콘텐츠나 리포트로 전환된다.

⑤ 다섯 번째 단계인 전달은 가공된 결과물을 실제 사용자에게 전달하는 과정이다. 이메일, 메신저, 노션 데이터베이스 등 다양한 채널을 활용할 수 있으며, 전달 방식은 결과물을 어떻게 소비할 것인지에 대한 전략적 판단과 직결된다. 이 단계가 명확할수록 자동화 시스템의 활용도는 크게 높아진다.

⑥ 마지막 단계인 반복 실행은 자동화 기반 수익 시스템의 핵심이다. 자동화는 한 번 실행하고 끝나는 것이 아니라, 정해진 주기에 따라 지속적으로 반복 실행되며 결과를 누적한다. 이 반복성이 자동화를 단순 기능이 아닌 '수익 엔진'으로 전환 시키는 결정적 요소다. 반복 실행을 통해 자동화 시스템은 시간이 지날수록 더 많은 데이터를 축적하고, 더 높은 가치를 만들어낸다.

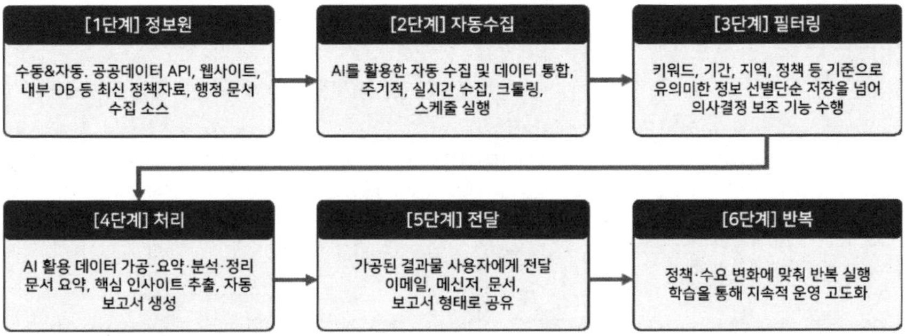

| 정보원부터 반복 실행까지의 전 과정을 하나의 흐름으로 연결하여, 자동화를 지속적인 가치·수익 생산 시스템으로 전환하는 구조를 나타냅니다.

사례 분석: 공공 입찰 정보 자동화 시스템

공공 입찰 정보 자동화 사례는 자동화가 실질적인 수익 구조로 전환되는 과정을 잘 보여줍니다. 기존에는 담당자가 매일 나라장터 사이트에 접속해 정보를 확인·선별해야 했고, 이 과정은 많은 시간과 노력은 물론 중요한 정보를 놓칠 위험도 존재했습니다.

자동화 시스템 도입 후에는 나라장터 오픈 API를 활용해 정해진 시간마다 데이터를 자동으로 수집하고, 설정된 조건에 맞는 정보만 필터링해 이메일이나 메신저로 자동 전달됩니다. 이를 통해 반복적인 노동은 제거되고, 담당자는 핵심 의사결정에 집중할 수 있게 됩니다.

이 사례는 자동화가 단순한 업무 편의 수준을 넘어, '놓치지 않는 수익 구조'를 구축하는 전략임을 보여줍니다.

코딩이 아닌 설계로서의 자동화

많은 사람들이 자동화를 어렵게 느끼는 이유는 코딩에 대한 부담 때문입니다. 그러나 자동화의 핵심은 '어떤 흐름으로 일을 시킬 것인가'를 설계하는 데 있습니다.

ChatGPT와 같은 생성형 AI를 활용하면 목적, 조건, 결과물을 자연어로 정의하는 것만으로도 자동화의 기본 구조를 설계할 수 있습니다. 사람은 무엇이 좋은 결과인지를 정의하고, AI는 그 기준에 따라 반복적으로 실행합니다.

자동화 실행 환경과 지속 가능성

자동화 시스템이 일회성 시도로 끝나지 않고 지속 가능한 구조로 작동하기 위해서는 실행 환경의 선택 또한 중요합니다. 아무리 잘 설계된 자동화라 하더라도 유지·관리 비용이 높거나 운영이 복잡하다면 장기적인 활용이 어렵습니다. 이러한 점에서 Google Apps Script 기반 자동화 환경은 실용적인 대안으로 평가할 수 있습니다.

Google Apps Script는 별도의 서버 구축 없이 구글 드라이브 환경에서 무료로 실행 가능한 스크립트 편집기입니다. 사용자는 AI가 생성한 자동화 코드를 복사하여 붙여넣는 것만으로 즉시 실행할 수 있으며, 복잡한 배포 과정이 필요하지 않습니다. 이는 자동화의 진입 장벽을 크게 낮추는 요소로 작용합니다.

또한 시간 기반 트리거 기능을 활용하면 '매일 오전 8시 실행'과 같은 자동화 실행 주기를 손쉽게 설정할 수 있습니다. 한 번 설정된 자동화는 이후 사람의 개입 없이도 지속적으로 작동하며, 담당자가 변경되거나 부재중인 상황에서도 동일한 품질의 결과를 유지합니다. 이는 자동화를 개인의 역량이 아닌 조직의 자산으로 전환 시키는 중요한 조건입니다.

자동화의 미래는 얼마나 많이 자동화 했는가가 아니라, 그 자동화가 얼마나 오래, 안전하게, 확장 가능하게 작동하는가에 달려있습니다.

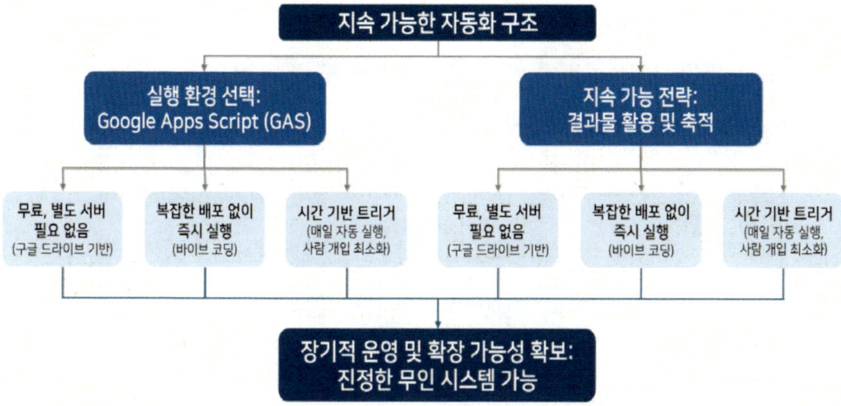

| Google Apps Script 기반 자동화는 반복 실행과 결과 축적을 통해 지속 가능한 자동화 구조를 구현합니다.

지속 가능한 자동화를 위해서는 결과물을 어떻게 활용하고 축적할 것인지에 대한 전략도 필요합니다. 자동화 결과를 이메일 소비에만 그치지 않고, 노션이나 데이터베이스에 누적 저장함으로써 장기적인 데이터 자산으로 전환할 수 있습니다. 이렇게 축적된 데이터는 향후 추가 분석이나 새로운 서비스 개발의 기반이 됩니다.

결국 자동화 실행 환경은 기술적 편의성뿐 아니라, 장기적인 운영과 확장 가능성을 고려하여 선택되어야 합니다. 안정적으로 반복 실행되고, 관리 부담이 적으며, 결과물이 축적되는 구조를 갖출 때 자동화는 진정한 수익 시스템으로 기능할 수 있습니다. 지속가능한 자동화 실행 환경은 기술을 자산으로 경쟁력을 키우는 핵심 기반이 될 것입니다.

자동화의 본질 : 인간의 판단을 시스템으로 전환하기

자동화의 진짜 목적은 노동을 없애는 것이 아니라 인간의 '판단'과 '실행'을 지속 가능한 구조로 바꾸는 것입니다. 사람이 매일 확인하고 정리하던 일을 시스템이 대신 수행하도록 만들면, 결과물은 하루 단위로 생산되고 축적됩니다. 이 축적된 결과물은 단순한 산출물이 아니라, 시간이 지날수록 가치가 쌓이는 조직의 운영 자산이자 수익화의 기반이 됩니다.

즉, 자동화는 "일을 덜 하는 기술"이 아니라, 일이 계속 굴러가도록 만드는 구조이며, 이 구조가 갖춰질 때 비로소 자동화는 반복되는 성과를 만드는 엔진이 됩니다.

TIP

> 우리가 매일 직접 요리를 해서 파는 것은 '노동'입니다. 하지만 나만의 맛있는 '레시피'를 만들고, 그 레시피대로 작동하는 '요리 로봇'을 설치한다면 어떨까요? 나는 자고 있어도 로봇은 일정한 맛의 음식을 계속 만들어낼 것입니다. 여기서 레시피를 만드는 능력이 '설계'이고, 요리 로봇이 '자동화 시스템'입니다.

자동화 시스템이 만들어내는 결과물(리포트, 알림, 브리핑, 분석 등)이 의미 있으려면, 반드시 바깥세상의 정보가 들어와야 합니다. 이때 필요한 재료가 바로 외부 데이터(뉴스, 공공기관 공고, 시장 지표, 고객 문의 등)이며, 시스템이 그 데이터를 가져오는 통로가 APIApplication Programing Interface입니다. 다음 장에서는 자동화가 실제로 작동하기 위해 필요한 API의 개념을 구체적으로 살펴보겠습니다.

API란 무엇인가? : 시스템과 데이터를 잇는 '대화 창구'

앞서 우리는 자동화를 '요리 로봇'에 비유했습니다. 요리 로봇이 맛있는 음식을 만들려면 신선한 재료가 필요하듯 우리의 자동화 시스템이 가치를 생산하려면 외부의 데이터(뉴스, 공공기관 공고, 주가 정보 등) 가 필요합니다. 이때 시스템이 외부 창고에 가서 '재료 좀 가져올게!'라고 말하고 데이터를 받아오는 통로를 APIApplication Programing Interface 라고 부릅니다.

| API는 자동화 시스템이 외부 데이터 소스와 연결되어 필요한 정보를 주고받는 통로로, 자동화가 지속적으로 가치를 생산하기 위한 핵심 수단입니다.

API를 통한 공공 입찰 자동화 시스템 구축하기

STEP 01

기본 개념 알아가기

핵심 포인트

1. 반복 업무를 자동화 구조로 전환
2. 키워드 기반 선별·요약으로 판단 보조
3. 매일 오전 8시 이메일로 지속 전달 체계 구축

※ 구축 결과물(메일 받기) 예시

[AI 제안서 리포트] 오늘의 사전규격 & AI 관련 뉴스

보낸사람

받는사람

2025년 8월 26일 (화) 오전 5:02

안녕하세요 사전규격 & AI 관련뉴스 소식입니다.

2025년 08월 26일 기준 리포트입니다:

[1] 사전규격 제안서:

1 [[일반용역]AI약물개발 플랫폼 기반 코로나19 치료제 후보물질 신규발굴 및 개선]
- 발주기관: 질병관리청 국립보건연구원
- 예산: 53,000,000원
- 마감일시: 2025-08-30 23:59:00

2 [Geo-AI 기반 공공서비스 혁신을 위한 기본계획 수립 연구]
- 발주기관: 조달청 대전지방조달청
- 예산: 127,267,600원
- 마감일시: 2025-08-30 23:59:00

3 [강원1도1국립대학「AI기반 초개인화 개방형 원격교육시스템」구축 용역]
- 발주기관: 강원대학교
- 예산: 798,000,000원
- 마감일시: 2025-08-28 09:00:00

[구축의 목적과 의미]

이 구축의 목적은 단순히 나라장터 데이터를 불러오는 것이 아닙니다. 사람이 매일 반복하던 사전규격 **확인 → 선별 → 요약 → 전달 과정**을, **자동으로 반복 실행 가능한 구조**로 바꾸는 데 의미가 있습니다.

사전규격은 공공기관이 향후 어떤 입찰을 준비하는지 사전에 파악할 수 있는 중요한 신호입니다. 하지만 반복 업무 부담 때문에 충분히 활용되지 못하는 경우가 많습니다. 이번 구축은 이 문제를 자동화 시스템으로 해결하는 과정을 다룹니다.

[왜 자동화가 필요한가?]

사전규격 확인 업무가 어렵게 느껴지는 이유는 대부분 아래와 같습니다. 매일 직접 접속해서 확인해야 하는 번거로움이 있으며 필요한 키워드가 포함된 정보만 선별하기 어려움이 있습니다. 신규 정보와 기존 정보를 구분하기 어려움(중복 확인/누락 발생)도 존재하고 오류가 발생할 수 있는 확률이 높습니다.

즉, **"정보는 중요한데, 확인하는 과정이 너무 반복적이고 비효율적"**인 상태라는 것입니다. 따라서 아래의 그림과 같은 구축을 통해 사람의 개입 없이 반복 실행 가능한 구조로 전환합니다.

앞에서도 기술하였듯이 AI자동화는 AI를 활용하는데 매우 중요한 도구이고 AI시대 업무를 효율화하는데 절대적으로 필요한 사항으로 인식됩니다.

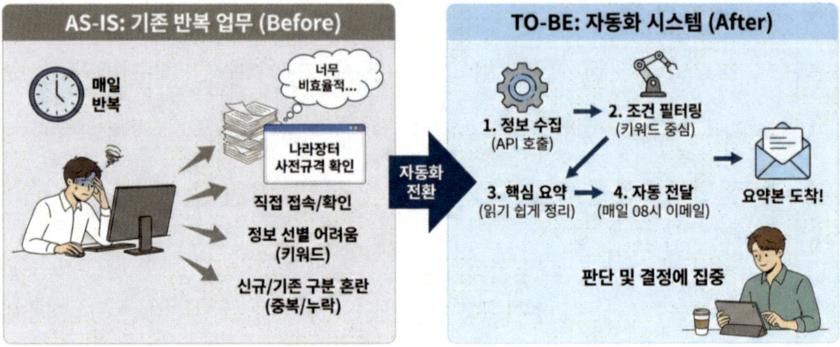

| 반복적인 사전규격 확인 업무를 자동화하여 업무 효율성과 판단 집중도를 높이는 구조를 나타냅니다.

기존 반복 업무 구조(Before)의 핵심 특징은 사람 중심·수작업 중심이었고, 동일 업무의 반복·누적, 판단 이전 단계에서 시간·집중력 소모되었습니다. 자동화 시스템 구조 (After)의 핵심 특징은 API + 자동 실행 중심, 반복 작업은 시스템이 처리하고 사람은 판단·결정에 집중할수 있는 구조가 만들어지는 것입니다.

[주요 기능 소개]

이 시스템은 나라장터에서 제공하는 공식 오픈 API를 사용해 사전규격 정보를 자동으로 불러옵니다. 사람이 홈페이지에 직접 들어가 검색하는 대신, **프로그램이 나라장터에 요청하여 데이터를 받아오는 방식**입니다. 여기서 핵심은 모든 정보를 다 가져오는 것이 아니라, **미리 정한 조건(키워드 등) 에 맞는 정보만 선별해서 수집**한다는 점입니다. 그래서 불필요한 정보는 줄이고 실제로 확인해야 할 내용만 빠르게 모을 수 있습니다.

수집된 사전규격 정보는 **사용자가 지정한 시간에 자동으로 이메일로 발송됩니다. 이메일에는 아래와 같이 항목이 한눈에 보이도록 정리되어 포함됩니다.**

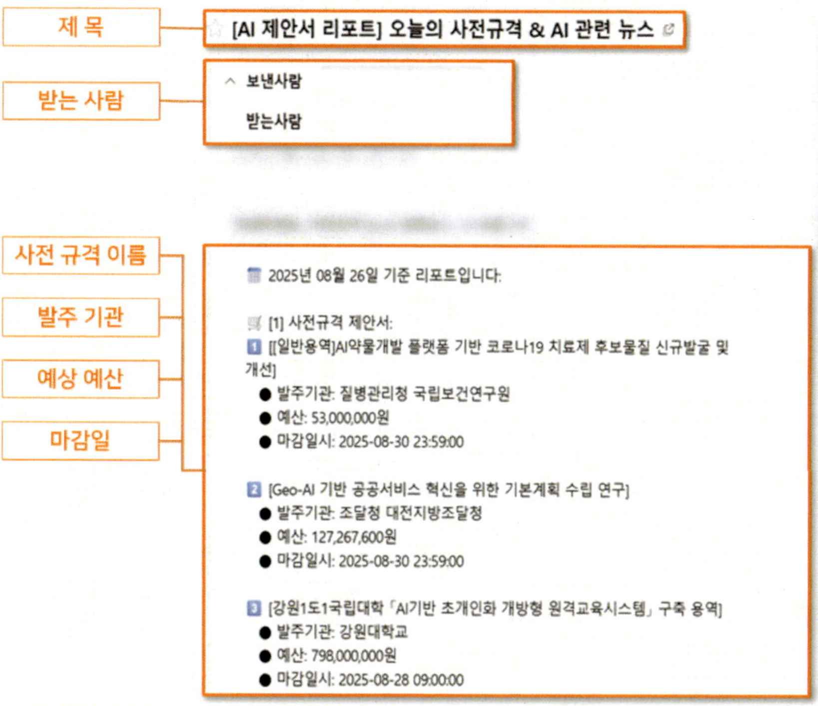

자동화의 목적은 '사람을 줄이는 것'이 아니라, 사람을 판단과 의사결정에 집중시키는 것입니다. AI시대가 도래되면서 나타나고 있는 문제점 하나가 기존 조직의 축소가 목표로 되어가고 있는 것입니다. 이는 잘못된 사례로 구성원의 역량을 향상시켜서 생산성과 효율성을 배가 시키는 방향으로 접근해야 합니다.

STEP 02

AI를 활용한 자동화 구조 설계

나라장터 자동화 실습은 코드를 먼저 작성하거나 API 설정부터 시작하지 않습니다. 이 실습의 출발점은 AI에게 무엇을, 어떻게 요청할 것인지를 정리하는 것입니다.

자동화는 컴퓨터가 대신 일을 하게 만드는 과정이지만, 그 일이 어떤 기준으로, 어떤 목적을 가지고, 어떤 결과물로 만들어져야 하는지는 결국 사람이 설계해야 합니다. 따라서 기술보다 **"말로 정리하는 과정"**이 가장 중요합니다. 즉 **"자동화가 어떤 일을, 어떤 조건으로, 어떤 결과물로 만들어야 하는지"를 언어로 명확하게 설계합니다.**

❶ 자동화의 목적을 문장으로 정리하기

가장 먼저 해야 할 일은, 자동화를 통해 무엇을 하고 싶은지를 한 문장으로 정리하는 것입니다. 자동화가 단순한 기술 실행이 아니라, 사람의 판단을 중심으로 설계된 구조임을 보여줍니다. 첫째는 외부 데이터를 모읍니다. 사람이 일일이 확인하던 정보를 시스템이 대신 수집하는 단계입니다. 둘째는 어떤 방식으로 활용할지 정리합니다. 수집된 정보 중 무엇이 필요한지, 어떤 기준으로 볼 것인지를 사람이 정의합니다. 셋째는 자동화 결과를 만듭니다. 정리된 기준에 따라 필요한 결과물만 자동으로 생성·전달됩니다. 이 단계가 없으면 자동화는 무작위 수집에 그칩니다. 그리고 판단(Judgment)은 자동화의 핵심 지점입니다. AI가 아니라 사람의 기준·목적·의사결정 논리가 이 중앙에 위치합니다.

| 자동화는 목표 데이터 정의, 정리 방식 설정, 실행 흐름 자동화의 과정을 판단을 중심으로 단계적으로 설계됩니다.

이 단계에서의 내용을 예시(한 문장)로 제시하면 아래와 같으며 본인이 얻고 싶은 정보를 얼마든지 다양하게 만들어 갈수 있습니다.

"매일 아침 8시에 AI 관련 정보를 자동으로 정리해서 이메일로 받아보고 싶다."

---

❷ 활용할 데이터 출처(API)를 분명하게 적기

다음으로는 **어디에서 정보를 가져올 것인지**를 구체적으로 적어줍니다. 자동화는 아무 정보나 가져오는 것이 아니라, 정해진 정보원에서 데이터를 받아오는 구조이기 때문에 이 부분을 명확히 해야 합니다. 예를 들면 아래와 같습니다.

"나라장터 사전규격 API를 활용해서..."

이 문장이 들어가면 AI는 "공공사업 사전규격 정보는 나라장터에서 가져와야 한다"는 점을 이해하고, 그에 맞는 자동화 흐름을 구성합니다. 이 단계의 핵심은 다음과 같습니다.

| 자동화는 정보의 출처를 명확히 정의함으로써, AI가 적절한 데이터 수집 경로와 자동화 흐름을 정확히 구성하도록 합니다.

❸ 필터링 조건과 키워드 정하기

자동화의 진짜 가치는 정보를 많이 모으는 것이 아니라, 필요한 정보만 골라내는 것에서 만들어집니다. 그래서 반드시 **"어떤 기준으로 정보를 걸러낼지"**를 함께 정해야 합니다.

"'AI' 또는 '인공지능' 키워드가 포함된 정보만 모아줘."

이러한 조건이 들어가면 AI는 모든 사전규격을 가져오는 것이 아니라, 해당 키워드가 포함된 항목만 선별하는 구조를 설계합니다.

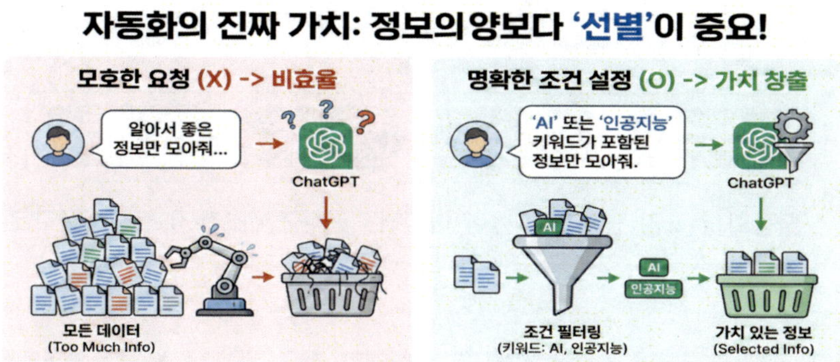

| 자동화의 가치는 정보의 양이 아니라, 명확한 키워드와 기준을 통해 필요한 정보만 선별하는 데서 창출됩니다.

❹ 결과를 어떤 형태로 받을지 정하기

마지막으로 자동화 결과를 어떤 모습으로 받을지를 정합니다. 결과 형태에 따라 자동화의 활용 방식이 크게 달라집니다.

"요약과 링크 형식으로 정리해서 이메일로 보내줘."

결과 형태까지 정해주면 자동화는 단순 수집이 아니라, 바로 업무에 쓰기 좋은 실용적 도구가 됩니다.

⑤ STEP 02 정리

STEP 02는 자동화를 만든 것이 아니라, 자동화가 '무엇을·어떻게' 해야 하는지를 설계한 단계입니다.

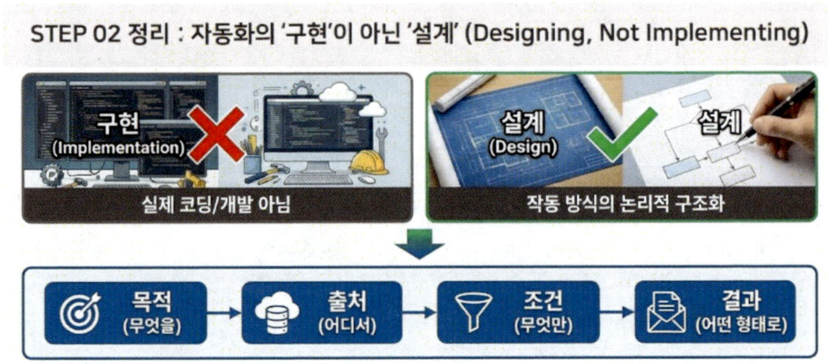

| 자동화의 초기 단계는 구현이 아니라, 목적·출처·조건·결과를 중심으로 작동 방식을 논리적으로 설계하는 과정입니다.

STEP 02 체크리스트
☐ 자동화를 통해 무엇을 하고 싶은지 한 문장으로 정리했는가?
예: 매일 아침 특정 정보를 자동으로 정리해 받고 싶은지
☐ 자동화를 실행할 시간이나 주기를 정했는가?
예: 매일, 매주, 특정 시간에 실행되는 구조인지
☐ 자동화에 사용할 정보 출처를 분명히 적었는가?
예: 나라장터 사전규격 API, 뉴스 API 등
☐ 모든 정보가 아닌, 필요한 정보만 선별할 기준을 정했는가?
예: 특정 키워드가 포함된 정보만 수집하도록 설정했는가
☐ 불필요한 정보가 섞이지 않도록 필터링 조건을 함께 제시했는가?
예: 키워드, 기간, 주제 등
☐ 자동화 결과를 어떤 형식으로 받을지 정했는가?
예: 이메일, 문서, 노션 등
☐ 결과를 어떤 방법으로 전달받을지 정했는가?
예: 나라장터 사전규격 API, 뉴스 API 등

STEP 03

AI에게 자동화 코드 요청하기

STEP 02에서 자동화의 목적과 조건을 말로 설계했다면, STEP 03에서는 그 내용을 바탕으로 AI에게 실제 코드를 만들어 달라고 요청합니다. 이 단계의 핵심은 코드를 직접 작성하는 것이 아닙니다. **AI가 이해할 수 있도록 필요한 정보를 빠짐없이, 명확하게 전달하는 것이 핵심입니다. 즉, "이런 자동화를 만들고 싶은데, 이 조건에 맞는 코드를 만들어줘."라고 요청하는 단계입니다.**

❶ 프롬프트를 만들기 전에 생각해야 할 것

AI에게 자동화 코드를 요청할 때는 무엇을 어떻게 자동화할지 사람의 판단을 먼저 정리해 주는 것이 중요합니다. 다음 항목을 위에서 아래 순서대로 알려주면 됩니다.

① 데이터를 어디에서 가져올지(데이터 출처, 웹사이트, API, 파일 위치 등)

② 어떤 조건으로 정보를 골라낼지(키워드, 제외 조건, 날짜·상태 필터 등)

③ 결과를 어떤 형태로 정리할지(요약, 표, 항목 목록, 컬럼 구성 방식)

④ 결과를 어디로 전달할지(이메일, 노션, 슬랙, 문서 파일 등)

⑤ 부가 기능 필요 여부(자동 실행 주기, 중복 방지 기준, 오류 발생 시 처리 방식)

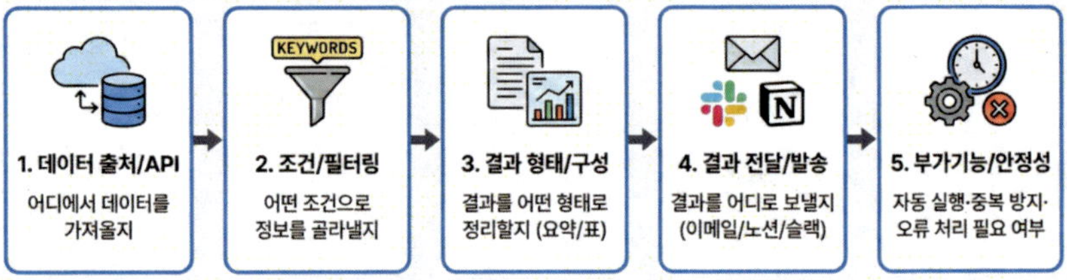

| 데이터 출처·조건·결과 형태·전달 방식 등을 명확히 정의해 AI가 이해할 수 있도록 요청하는 것이 핵심입니다.

공공 분야 실습(사전규격·공고·정책 모니터링) '예'

- 자동화 대상 예시: 사전규격, 입찰공고, 정책자료 신규 등록 여부 확인
- 실습 체크 포인트
  · 데이터 출처: 나라장터, 부처 홈페이지, 공공 포털
  · 필터 조건: 분야 키워드, 금액 기준, 기관명
  · 신규 판별: 게시일·공고번호 기준 중복 제거
  · 결과물: 신규 공고 목록 + 핵심 요약
  · 전달: 담당자 이메일 또는 부서 노션에 기록
  · 자동 실행: 매일 오전 정해진 시간
- 사람의 판단 지점 → "이 공고가 우리 기관/사업과 관련 있는가?"

❷ 프롬프트 템플릿(복사해서 사용)

아래는 나라장터 사전규격 자동화를 요청할 때 사용할 수 있는 기본 프롬프트 템플릿입니다.

[어디에서 데이터를 수집/조회할지]
  - 나라장터 사전규격 오픈 API
[어떤 키워드/조건으로 필터링할지]
  - AI, 인공지능, 디지털, 시스템 등 특정 키워드가 포함된 사전규격
  - 조회 기간, 최대 조회 건수 등 조건 적용
[어떤 형식으로 정리할지]
  - 사전규격 제목
  - 발주 기관
  - 마감일
  - 핵심 내용 요약
[결과를 어디로 보낼지]
  - 이메일 / 노션 / 슬랙 / 카카오톡 등
[부가 기능 포함 여부]
  - 매일 자동 실행 트리거
  - 중복 데이터 방지
  - 오류 발생 시 처리 로직 포함 여부
Google Apps Script 또는 원하는 언어 코드로 만들어줘.

---

❸ 입력 정보(변수)를 함께 제공하기

아래에는 자동화에 필요한 구체적인 입력 정보를 함께 적어 줍니다. 이 값들은 코드 안에서 변수로 들어가는 실제 설정값이 됩니다.

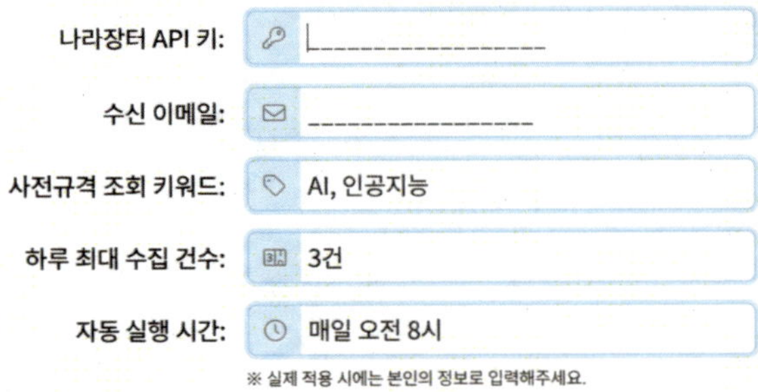

※ 실제 적용 시에는 본인의 API 키와 이메일 주소로 바꿔 입력하면 됩니다.

❹ 실제 요청문 예시

아래 문장은 AI에게 그대로 입력해도 되는 실전 요청문입니다.

매일 오전 8시에 자동으로 실행되도록 설정해 줘.
나라장터 사전규격 오픈 API를 활용해서 'AI', '인공지능' 키워드가 포함된 사전규격 정보만 수집하고, 아래 형식으로 정리한 뒤 이메일로 전송하는 Google Apps Script 코드를 만들어줘.
- 정리 형식: 사전규격 제목 / 발주기관 / 마감일 / 핵심 요약(2~3줄)/ 원문 링크
- 하루 최대 수집 건수: 3건
- 중복 실행이나 중복 데이터 수집은 방지되도록 구성
- 오류가 발생해도 중단되지 않도록 예외 처리 로직 포함
- 트리거(자동 실행) 설정까지 포함해서 안내해 줘
입력 정보는 아래와 같아.
- 나라장터 API 키: (여기에 입력)
- 수신 이메일: (여기에 입력)

---

❺ STEP 03 정리

STEP 03에서 한 일은 '코드를 구현한 것'이 아니라, AI가 자동화 코드를 제대로 만들 수 있도록 요구사항을 완성한 것입니다.

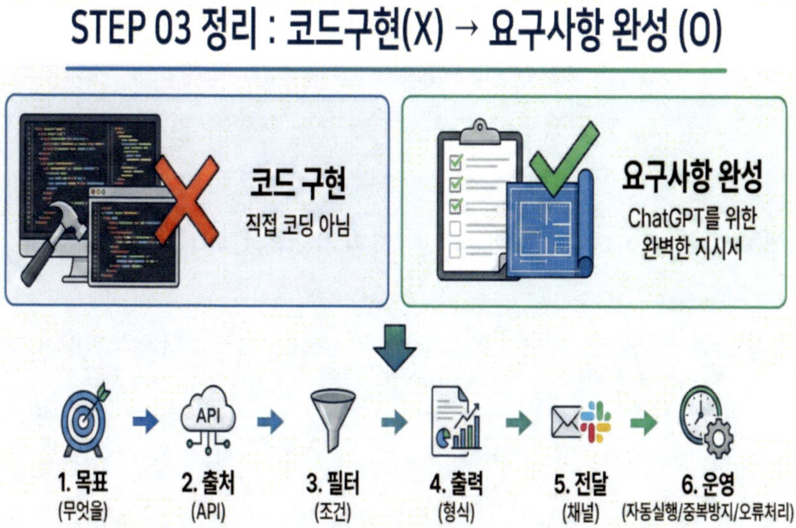

| STEP 03에서는 직접 코딩을 수행하는 것이 아니라, AI가 자동화 코드를 정확히 생성할 수 있도록 목표와 조건을 체계적으로 시행합니다.

그런데 여기서 한 가지가 남아 있습니다. 바로 **나라장터 API에 접근하기 위한 'API 키(인증키)'입**니다. 자동화 시스템이 나라장터에 데이터를 요청하려면, **'누가 요청하는지'**를 확인할 수 있는 열쇠가 필요합니다. 따라서 다음 단계에서는 **나라장터 사전규격 오픈 API 키를 발급받는 방법을** 제시하겠습니다.

STEP 04

나라장터 API 발급 받기

나라장터 사전규격 자동화를 위해서는 **공식 오픈 API 인증키**가 필요합니다. 이 인증키는 **자동화 시스템**이 **나라장터 데이터**를 정해진 방식으로 안정적으로 조회할 수 있도록 해주는 **접근 권한**입니다.

❶ 공공데이터포털 접속 및 회원가입(로그인)

나라장터 오픈 API는 공공데이터포털에서 신청·발급받습니다.

※ 공공데이터포털 주소 : https://www.data.go.kr/index.do

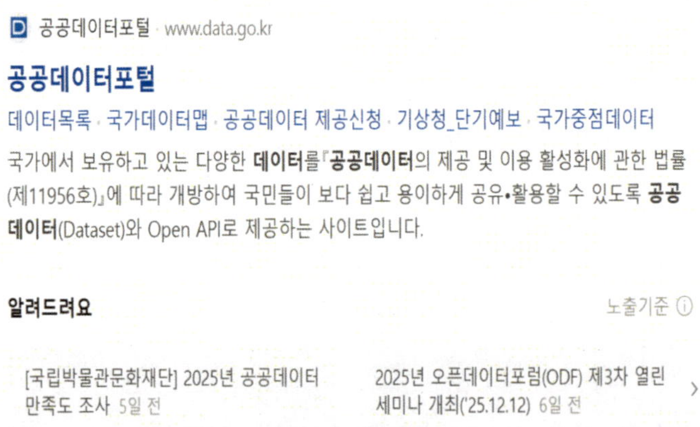

사이트에 접속한 후 회원가입을 진행하고 로그인 합니다. 이미 계정이 있다면 바로 로그인하면 됩니다.

❷ 나라장터 사전규격정보 서비스 검색

로그인 후 상단 또는 중앙의 검색창에 아래 키워드를 입력합니다.

나라장터 사전규격정보서비스

검색 결과에서 오픈 API 항목 중 "조달청_나라장터 사전규격정보서비스"를 클릭합니다.

조달청_나라장터 사전규격정보서비스

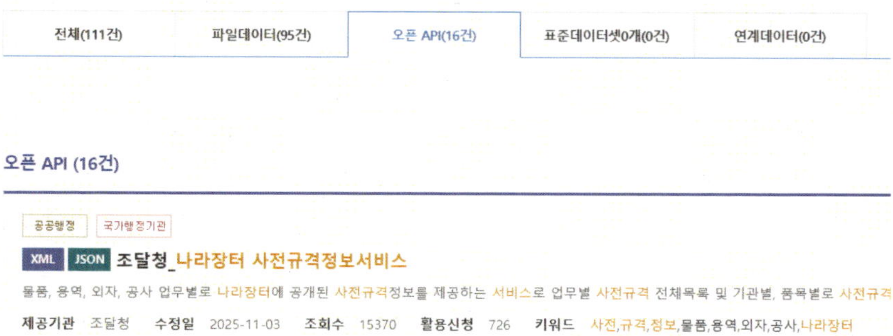

❸ 오픈 API 활용 신청하기

서비스 상세 화면에 들어가면 **'활용신청'** 버튼이 보입니다. 해당 버튼을 클릭해 API 사용 신청을 진행합니다.

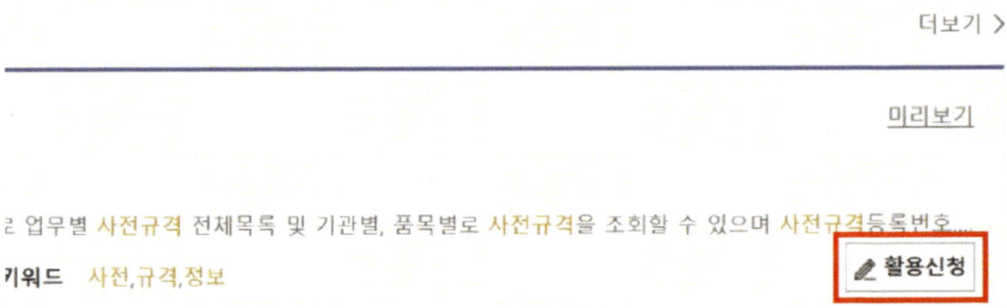

활용 신청 과정에서는 보통 다음 항목을 입력/선택합니다.

- 사용 목적 : 간단히 작성(필수)

"사전규격 정보 자동 수집 및 이메일 브리핑 자동화 실습"

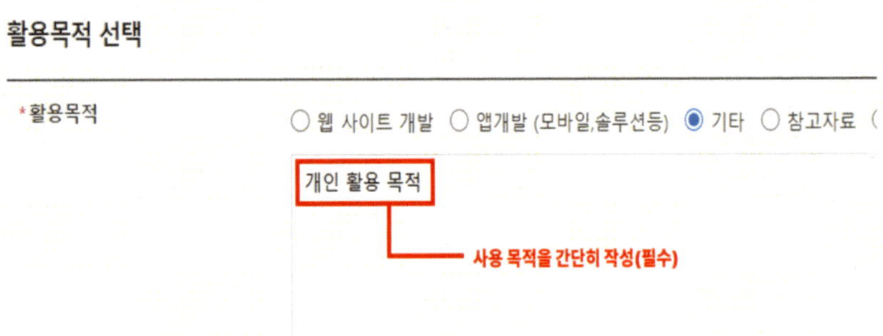

- 이용 허락 범위 : 안내에 따라 '동의합니다' 체크

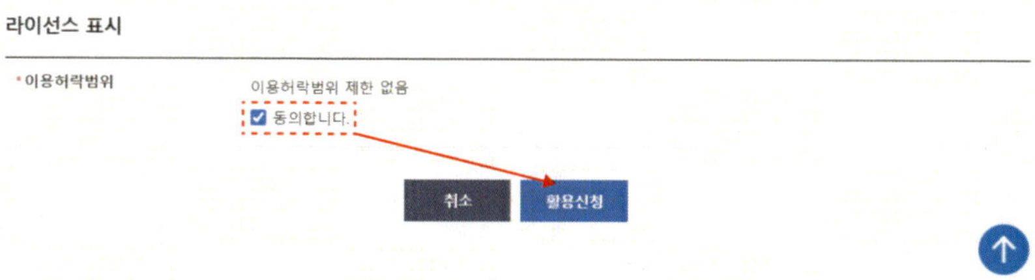

※ 신청 후 승인까지 시간이 소요될 수 있으며, 승인 여부는 공공데이터포털 내 신청 목록에서 확인합니다.

❹ 인증키 확인 및 복사

활용 신청이 승인되면, 공공데이터포털 내 "활용 신청 승인된 API" 목록에서 해당 서비스를 확인할 수 있습니다. **승인된 API 목록에서 조달청_나라장터 사전규격정보서비스 선택합니다. 서비스 상세 화면에서 인증키를 확인합니다.**

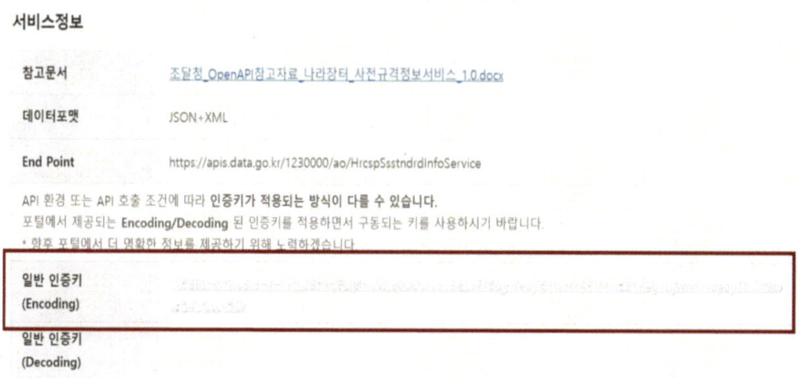

해당 페이지에서 일반 인증키(Encoding)를 복사해 두세요.
이 키가 이후 자동화 실습에서 사용할 나라장터 API 키입니다.

❺ STEP 04 정리

STEP 04에서의 작업은 자동화를 구현한 것이 아니라, 자동화가 나라장터 데이터를 사용할 수 있도록 공식적으로 접근 권한(API 인증키)을 확보한 것입니다. 다음 단계에서는 발급받은 인증키를 사용해 AI가 생성한 코드에 값을 넣고 실제로 자동화를 실행할 준비를 하겠습니다.

STEP 04 체크리스트
□ **공공데이터포털에 가입하고 로그인했다**
□ **나라장터 사전규격정보 API를 찾았다**
□ **API 활용 신청을 완료했다**
□ **인증키를 발급받아 복사해 두었다**

공공데이터포털에 가입하고 로그인할 때 API 인증키는 로그인한 사용자 계정에 연결되므로 가입/로그인이 필요합니다. 나라장터 사전규격정보 API를 찾았다는 사전규격 관련 데이터 중에서도 원하는 데이터를 제공하는 API를 정확히 찾는 것입니다.

API 활용 신청은 "사용자가 데이터를 이렇게 활용하겠다"를 등록하는 절차입니다. 마지막 인증키를 발급받아 복사해 두었다는 API 호출 시 "이 사람이 허가받은 사용자임"을 증명하는 값입니다. 이후 단계에서 AI가 만든 코드에 이 인증키를 입력해야 데이터가 정상 조회됩니다.

STEP 05

Google Apps Script에 코드 등록 및 설정

API 키 발급이 완료되었다면, 이제 AI가 만들어 준 자동화 코드를 실제로 실행할 수 있는 환경에 등록해야 합니다. 이 단계는 자동화 구조를 **"설계"**하는 단계가 아니라, **자동화가 실제로 작동하도록 세팅하는 단계**입니다.

❶ 오픈 API 공공데이터포털에서 신청·발급 받기

나라장터 오픈 API는 공공데이터포털에서 신청·발급받습니다.

※ Google Apps Script 주소: https://script.google.com

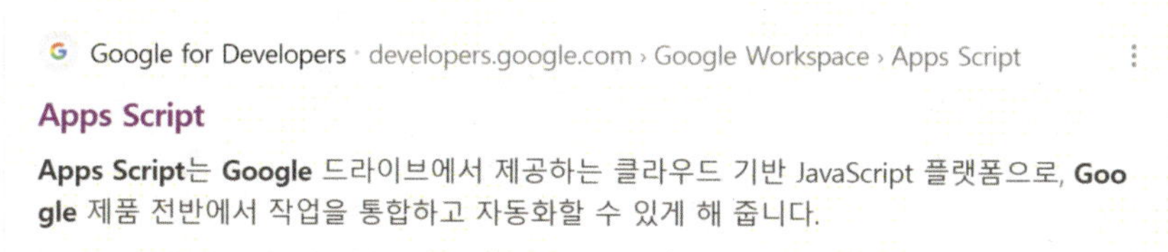

공공데이터포털 접속하여 상단 검색창에 키워드 입력합니다.(예: 나라장터 사전규격, 입찰, 조달, 공고, 전력 등) 검색 결과에서 "오픈API" 유형을 선택하여 들어가서 아래를 확인 요청합니다. 주소, 요청/응답 형식(JSON/XML), 필수 파라미터, 인증 방식 등

❷ 새 프로젝트 만들고 코드 등록하기

로그인 후, **"새 프로젝트"**를 클릭합니다.

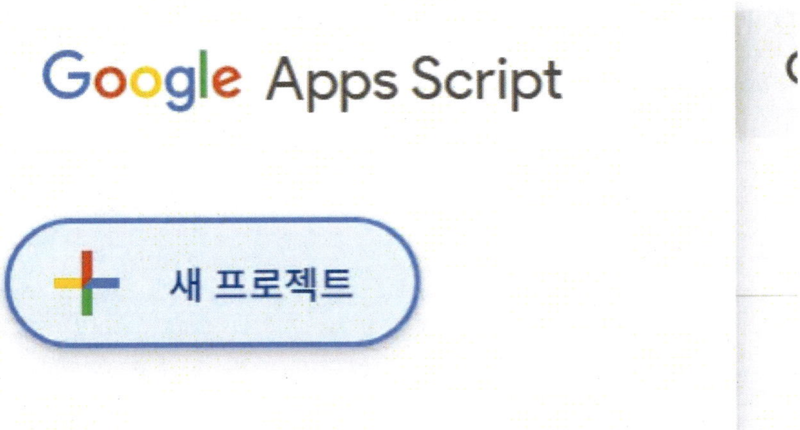

프로젝트가 열리면 기본 예제 코드가 자동으로 들어가 있습니다. 이 코드는 사용하지 않으므로 **전체 삭제**합니다.

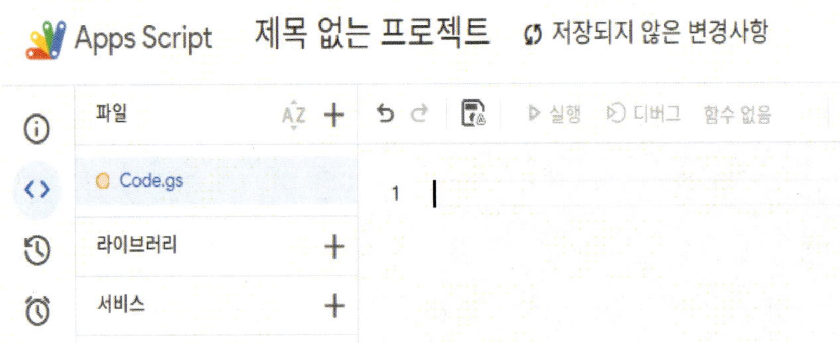

그 다음, AI가 생성해 준 자동화 코드를 전체 복사 → 그대로 붙여넣기 합니다. 마지막으로 저장(Ctrl + S) 을 진행합니다.

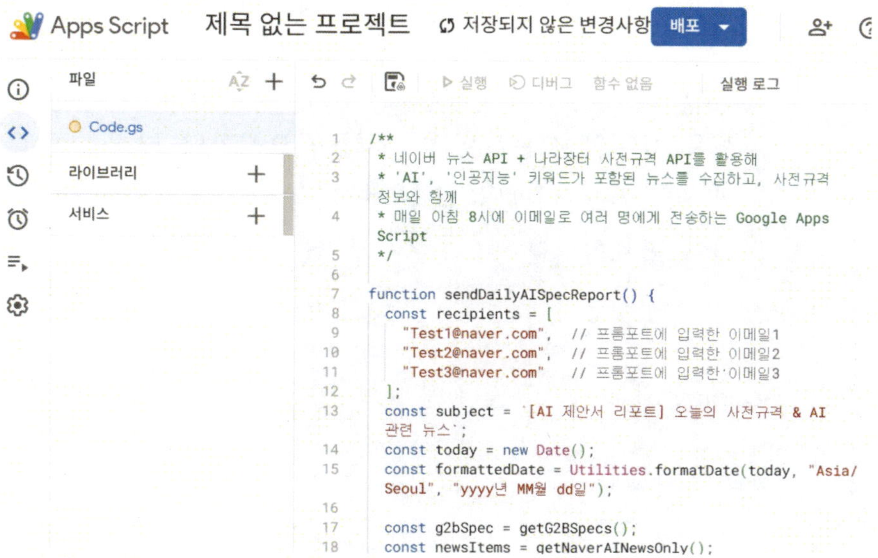

❸ 코드 실행 및 정상 동작 확인하기(처음 1회 테스트)

코드가 잘 등록되었는지 확인하기 위해 상단의 '실행' 버튼을 클릭합니다.

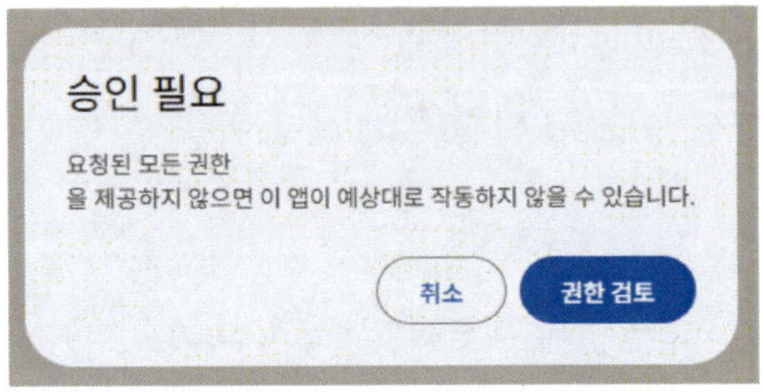

- 처음 실행할 때는 구글이 권한을 요청합니다.
  이 자동화는 이메일 발송 등 기능을 사용하므로 권한 승인이 필요합니다.

- 고급 → [프로젝트명] (으)로 이동(안전하지 않음) 클릭

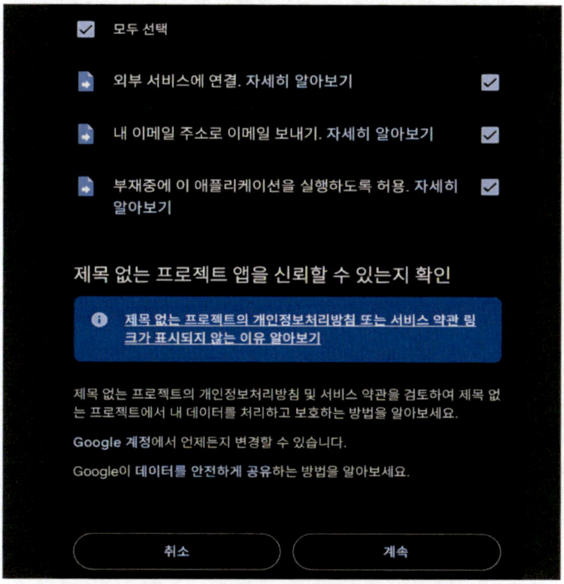

- **필요한 권한 체크 → 계속 진행**

권한 승인이 끝나면 코드가 한 번 실행되고, 실행 결과는 실행 로그(로그/실행 기록) 에서 확인할 수 있습니다.

오류 메시지가 나타난다면, "환경이 잘못되었거나 코드 일부가 수정이 필요하다"는 의미입니다. 다음의 순서에 따라 진행하면 오류를 수정할 수 있습니다.

- 오류 메시지를 그대로 복사
- ChatGPT에 오류 로그 + 사용한 설정값(API 키/수신 이메일/키워드 등) 함께 전달
- 수정된 코드를 다시 받아 반영

❹ 자동 실행 트리거 설정하기(매일 정해진 시간에 실행)

이제 코드가 메일 자동으로 실행되도록 **트리거** Trigger를 설정합니다.

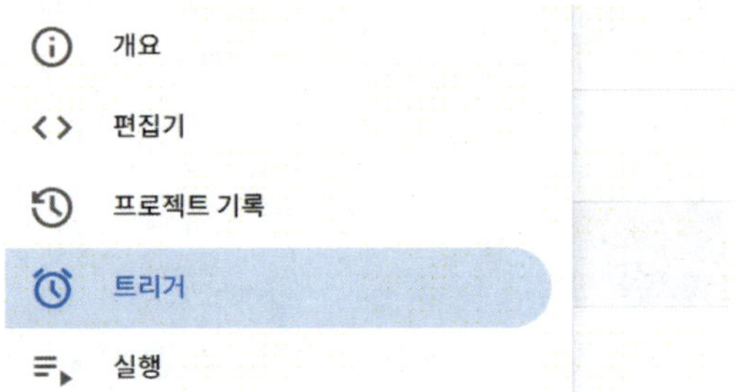

그 다음 **'트리거 추가'** 버튼을 선택합니다. 트리거 설정은 아래와 같이 진행합니다.

❺ STEP 05 정리

STEP 05에서 한 일은 **자동화 코드**를 **실제 환경**에 등록하고, **사람이 직접 실행하지 않아도 정해진 시간에 자동으로 돌아가도록 설정한 것**입니다. 이제는 사람이 매일 하나씩 확인하지 않아도, 미리 정해둔 키워드를 기준으로 자동화가 사전규격 정보를 모으고 정리해 주며, 사용자는 이메일로 전달된 결과를 보고 판단하는 단계로 넘어갈 수 있습니다.

STEP 05 체크리스트
☐ **Google Apps Script에 접속했다.**
☐ **새 프로젝트를 만들고 코드를 등록했다.**
☐ **코드가 정상적으로 실행되는지 확인했다.**
☐ **매일 자동 실행되도록 트리거를 설정했다.**

Google Apps Script에 접속했다는 자동 실행 가능한 클라우드 실행 환경에 들어갔다는 뜻입니다. 새 프로젝트를 만들고 코드를 등록했다는 "자동으로 할 일"을 코드로 정의했다는 것입니다. 코드가 정상적으로 실행되는지 확인했다는 자동 실행 전에 수동으로 테스트했다는 것이고, 매일 자동 실행되도록 트리거를 설정했다는 것은 "사람 개입 없이 매일 실행"되도록 예약했다는 것입니다.

n8n을 통한 AI Agent 구축 하기

STEP 01

기본 개념 알아가기

핵심 포인트

1. 코딩 없이 AI Agent 구축
2. 키워드 기반 선별·요약으로 글쓰기 보조
3. 포스팅 글 자동화를 통한 수익화

※ 실습 결과물(AI 챗봇)텔레그램 예시

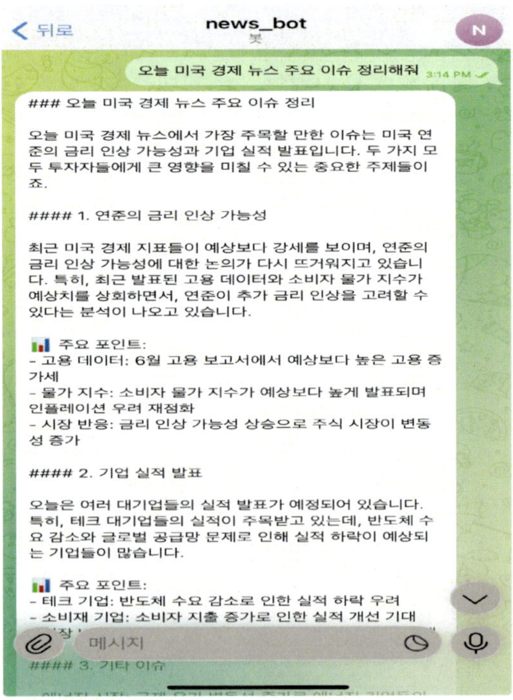

[구축의 목적과 의미]

n8n을 통한 자동화 구축의 목적은 n8n을 활용해 **정보 탐색·정리·콘텐츠 초안 생성까지 수행하는 텔레그램 기반 AI Agent를 만드는 것**입니다. 이를 통해 다음과 같은 경험을 할 수 있습니다. 반복적으로 직접 검색하던 뉴스·정보 수집 과정을 자동화할 수 있습니다.

또한 단순 Q&A 챗봇이 아닌, **설명형·정리형 응답을 생성하는 AI를 설계할수 있습니다.** 블로그 포스팅, 리포트 등 수익화 가능한 콘텐츠 초안을 자동으로 생성하는 구조도 만들 수 있습니다. 즉, AI를 "도구"가 아닌 **업무를 대신 수행하는 디지털 비서**로 활용하는 사고방식을 학습하는 데 목적이 있습니다.

[n8n이란 무엇인가?]

n8n은 여러 서비스와 데이터를 하나의 흐름으로 연결해 주는 자동화 플랫폼입니다. 단순히 하나의 작업을 자동으로 실행하는 도구가 아니라, 업무 전체의 진행 과정을 한 번에 설계하고 통제할 수 있도록 만들어진 시스템입니다.

[왜 자동화가 필요한가?]

n8n을 통해 **AI + 자동화 + 메신저 인터페이스를 결합한 실전형 워크플로우(Workflow)를 이해하는 데 의미**가 있습니다. 특히 다음과 같은 점에서 실무적 가치가 있습니다. 검색 → 정리 → 글쓰기라는 인간의 사고 흐름을 **워크플로우 구조화할 수 있습니다.** 텔레그

램이라는 친숙한 인터페이스를 활용해 **언제든 호출 가능한 개인 AI 비서 구현할 수 있습니다.** 콘텐츠 생산 비용(시간·노력)을 줄이고, **AI 기반 수익 구조로 확장 가능한 기반 마련이 가능합니다.** 이러한 구축을 통해 "AI를 어떻게 쓰는가"가 아니라 **"AI에게 어떤 일을 맡길 수 있는가"를 설계하는 관점**을 갖게 됩니다.

n8n은 '작업'을 자동화하는 도구가 아니라, '업무 흐름'을 설계하고 통제하는 플랫폼입니다. 이를 달리 표현하면 n8n은 단일 로봇이 아니라 여러 로봇을 지휘하는 관제실로 비유될 수 있습니다. 또한 앞서 제시한 나라장터 검색 도구로 활용이 가능합니다.

[주요 기능 소개]

본 구축 시스템은 **Chat Model을 기반으로 설계된 텔레그램 연동형 AI Agent**입니다. 사용자는 텔레그램 채팅방에서 궁금한 내용을 질문하는 것만으로도 원하는 결과를 얻을 수 있습니다. AI Agent가 관련 키워드에 맞춰 뉴스·기사·글 등의 자료를 자동으로 수집하고 이를 **하나의 정리된 설명문 형태의 글로 생성해 제공**합니다.

생성된 결과물은 별도의 복잡한 가공 과정 없이 블로그 포스팅 초안, 마케팅 콘텐츠, 리포트 자료 등으로 바로 활용 가능합니다. 반복적인 검색과 글쓰기 작업을 자동화함으로써 **콘텐츠 생산 효율을 높이고 수익화로 연결할 수 있는 구조를 제공**합니다.

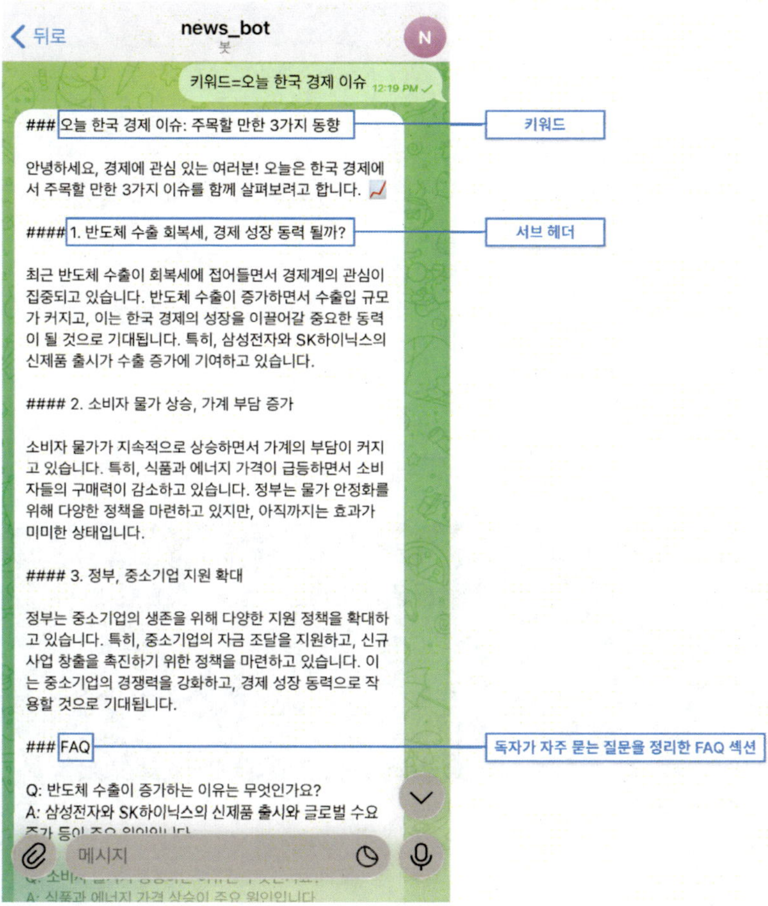

채팅창에 질문을 입력하면, 사전에 정의한 프롬프트 조건에 따라 구조화된 정보형 콘텐츠가 자동 생성됩니다. 간단한 질문만으로도 원하는 주제와 형식의 글을 안정적으로 확보할 수 있습니다. 프롬프트 설계 자체가 콘텐츠의 구조와 깊이를 결정하기 때문에 별도의 편집 없이도 즉시 활용 가능한 결과물을 얻을 수 있습니다.

[주요 기능 소개]

15분 투자로 만드는 AI Agent 구축은 AI 자동화에 관심은 있지만 어디서부터 시작해야 할지 막막한 초보자를 위한 입문자를 위한 실전 안내서입니다. 코딩 없이도 AI 기술을 활용하고 싶은 분에게 적합합니다. 또한 AI를 활용한 수익화나 블로그·유튜브·마케팅 자동화를 시도해 보고 싶은 분들이 쉽게 따라 할 수 있습니다.

<n8n AI Agent 구축 워크플로 구조도>

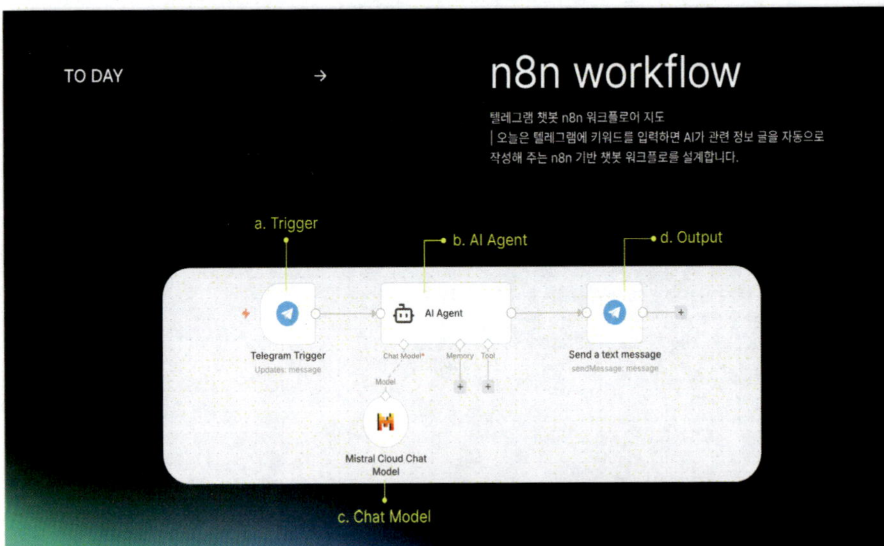

a. Trigger

텔레그램 채팅창에 궁금한 내용을 입력하면 워크플로우가 시작되는 단계입니다.

b. AI Agent

입력된 질문을 이해하고 어떤 방식으로 답변할지 판단하는 역할을 합니다. 사람의 '뇌'처럼 전체 흐름을 제어하는 핵심 기능입니다.

c. Chat Model

AI Agent가 사용할 AI 모델을 선택하는 단계로 어떤 AI를 통해 답변을 생성할지 결정합니다.

d. Output

AI가 생성한 답변을 텔레그램 메시지로 전송해 사용자에게 보여줍니다.

이와 같은 n8n 워크플로우는 하나의 질문이 입력된 뒤 처리되고 다시 결과로 전달되는 전체 흐름을 시각적으로 구성한 것입니다. n8n을 사용할 때는 항상 이러한 작업 흐름을 기반으로 자동화가 이루어지며 각 노드는 역할에 따라 순서대로 연결됩니다.

이번 구축에서는 텔레그램에서 질문을 입력하면 AI가 이를 이해하고 답변을 생성한 뒤 다시 메시지로 전달하는 과정을 구현합니다. 이 흐름을 한 번 익혀 두면 이후 다양한 AI 자동화 시나리오를 스스로 설계할 수 있습니다.

STEP 02

n8n을 활용한 AI 챗봇 설계하기

❶ n8n 회원가입 및 워크플로우(Workflow) 생성

n8n 접속 후 회원가입을 진행합니다. 이후 n8n 접속 시 나오는 첫 페이지 우측 상단에 위치한 **"Create workflow"**를 클릭하여 작업창을 생성합니다.

※ n8n 회원가입 주소 : https://app.n8n.cloud/register

❷ 트리거 생성하기

가운데에 있는 '+' 버튼 또는 우측 상단 '+' 버튼을 클릭하여 트리거(Trigger)를 생성합니다.

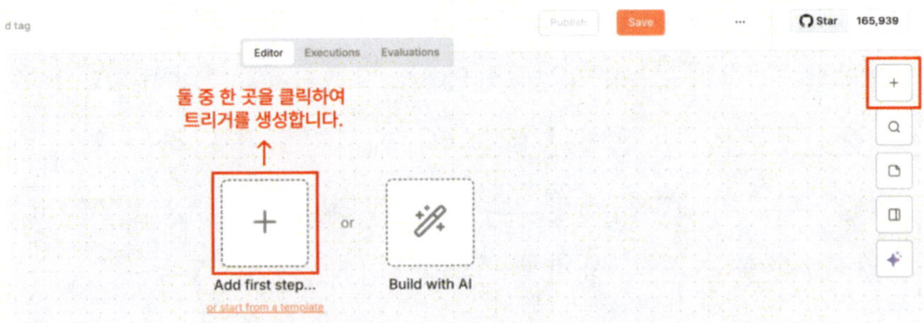

검색창에 'Telegram' 입력 후 하단에 나오는 'Telegram'을 클릭 후 'On message'를 클릭합니다.

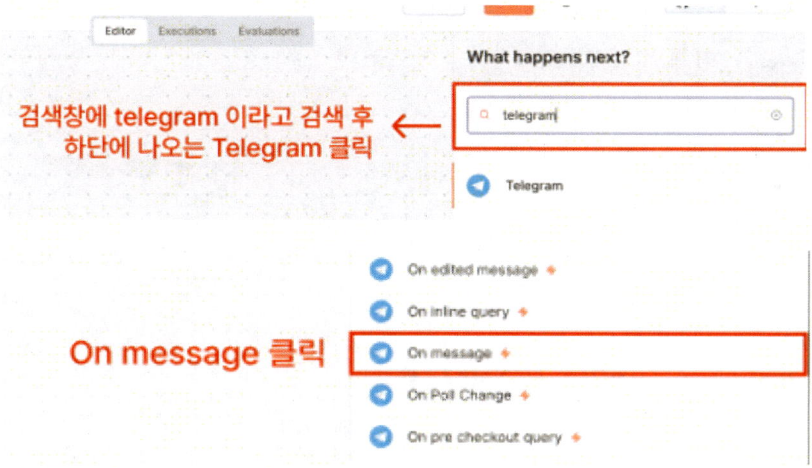

❸ Telegram API 키 발급하기

Create new credential을 클릭합니다.

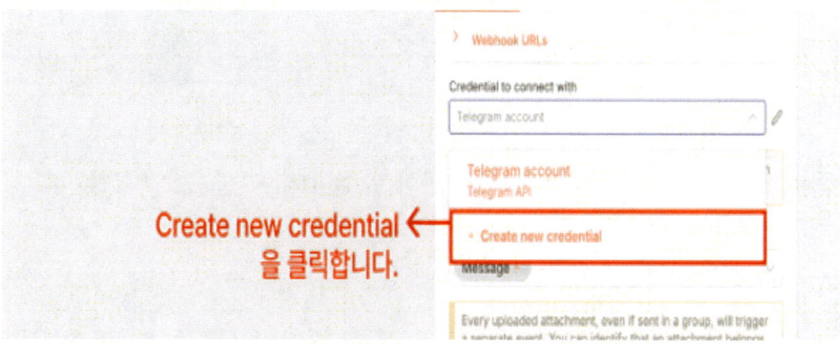

그럼 텔레그램 계정을 연동할 수 있도록 Token을 입력하는 설정 창이 나오게 됩니다. 텔레그램 계정이 없다면 모바일 앱 설치 후 회원가입을 진행합니다.

이후 텔레그램 모바일 앱에 접속 후 하단 '연락처'를 클릭 후 검색창에 'BotFather'를 검색합니다. 이때, BotFather는 텔레그램에서 봇을 생성·관리하기 위한 공식 관리 봇입니다.

***같은 이름의 유사 계정이 있으므로 반드시 이름 옆 파란 인증마크를 반드시 확인하시기 바랍니다.**

↓

'BotFather' 채팅창 접속 시 받은 문자 내용에서 /newbot을 클릭합니다. 그 후 내가 하고자 하는 bot의 이름을 입력합니다.

[챗봇 이름 형식]

챗봇 이름은 (원하는 이름)_bot 형태여야 합니다. 만약 채팅창에 이름을 입력해도 "Done ~"으로 시작하는 답장이 오지 않는다면, 해당 이름을 누군가 사용 중이거나 설정할 수 없다는 의미입니다.

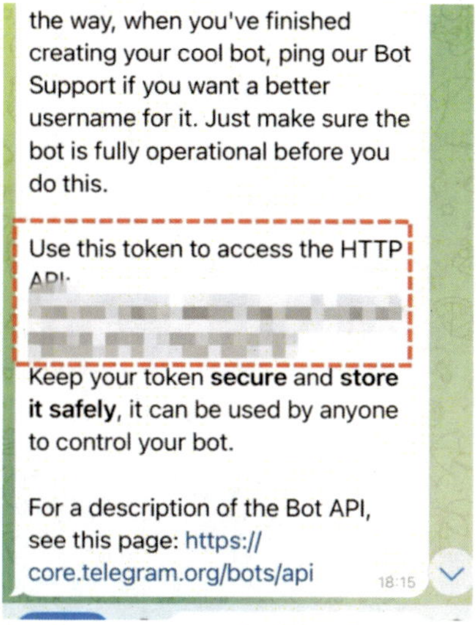

"Use this token to access the HTTP API" 아래 항목을 복사합니다.

복사한 API 키를 Access Token 항목에 붙여넣은 다음 Save 버튼을 눌러 저장합니다. 연결 성공 시 초록색 글씨로 'Connection tested successfully'라고 표시됩니다.

***만약 계속해서 API 인증에 실패한다면 API 키를 다시 복사/붙여넣기 합니다.**

(API 키 띄어쓰기X, 빠진 문구 없는지 확인)

다시 텔레그램으로 돌아가 BotFather에서 보낸 장문의 메시지 중 @[bot이름] 을 선택하면 나만의 챗봇 채팅방에 입장할 수 있습니다.

채팅을 시작하고 필요한 메시지를 입력합니다.
(*계정이 n8n과 잘 연결되었는지 확인을 위한 과정입니다.)

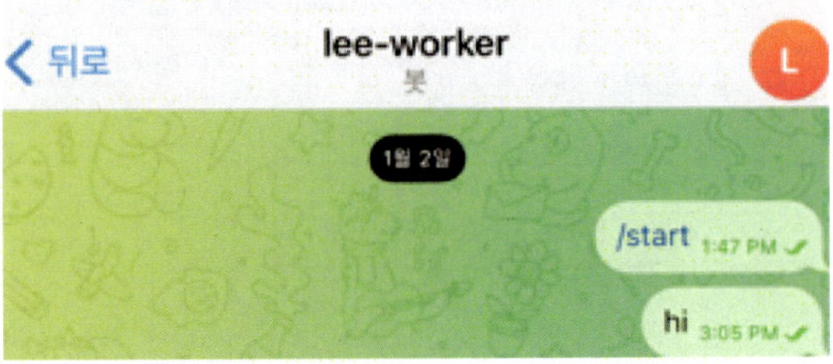

❹ Telegram에 AI 연결하기

이제 나만의 챗봇이 정보를 처리할 Chat Model을 선택합니다. Telegram Trigger 오른쪽의 + 버튼을 클릭 후 오른쪽 검색창에 AI를 검색한 뒤, 메뉴에서 AI Agent를 선택합니다. 그럼 Telegram Trigger에서 AI Agent 노드로 연결됩니다.

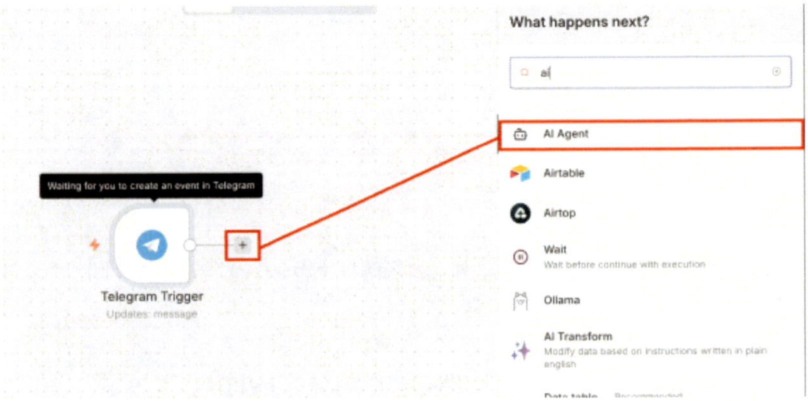

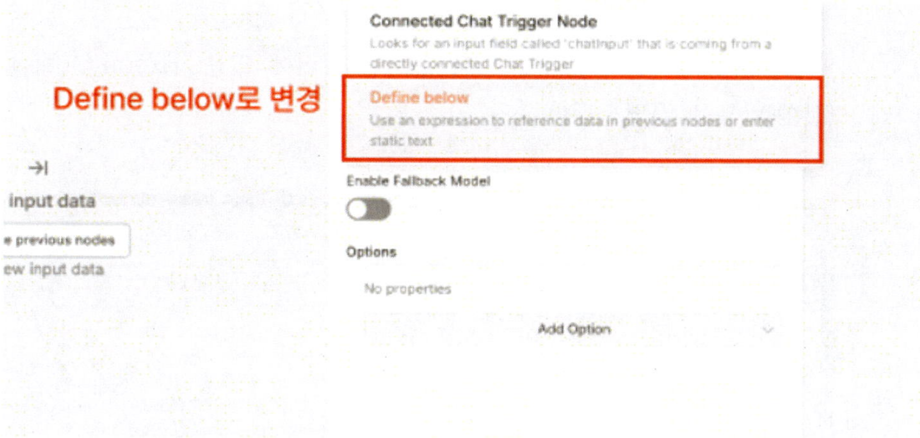

이후 텔레그램에서 받은 사용자 메시지를 AI Agent가 입력(Input)값으로 인식할 수 있도록 설정합니다. 이어서 AI Agent 노드를 더블 클릭(설정창 열기) 합니다. 패널에서 Source for Prompt (User Message)를 Define below 로 변경합니다.

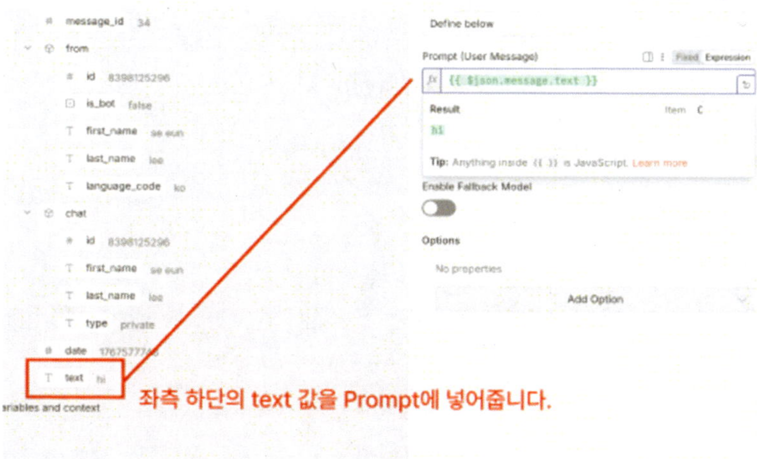

이후 하단 Prompt(User Message) 패널에 좌측 Text 값을 드래그하여 넣어줍니다. Text 값을 Prompt에 넣는 과정을 통해 텔레그램 채팅창에 입력되는 질문이 AI Agent가 처리해야

하는 Input(입력)이 되는 것입니다.

***만약 좌측에 Text 값이 보이지 않으면 상단에 있는 'Execute step'(실행)버튼을 클릭합니다.**

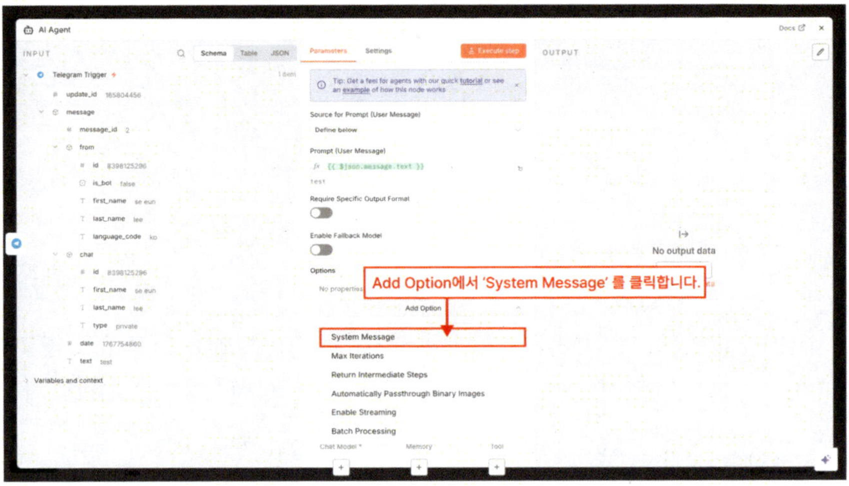

원하는 출력(Output)을 입력하기 위해 프롬프트를 추가합니다. 하단 Add Option에서 'System Message'를 클릭한 뒤, 프롬프트 칸에 입력합니다.

[프롬프트 QR 사용법]

① 프롬프트 PDF 전체 내용 복사

② 텍스트 편집기(메모장,한글 등)에서 요구사항에 맞게 수정

③ 수정된 프롬프트를 AI Agent에 붙여넣기

***이때 프롬프트는 본인의 목적과 용도에 맞추어 자유롭게 수정해 입력하시면 됩니다.**

프롬프트 QR

❺ Chat Model을 설정합니다.

중앙 패널에서 Chat Model 영역의 '+' 버튼 클릭, 오른쪽 목록에서 'Mistral Cloud Model'을 선택합니다.

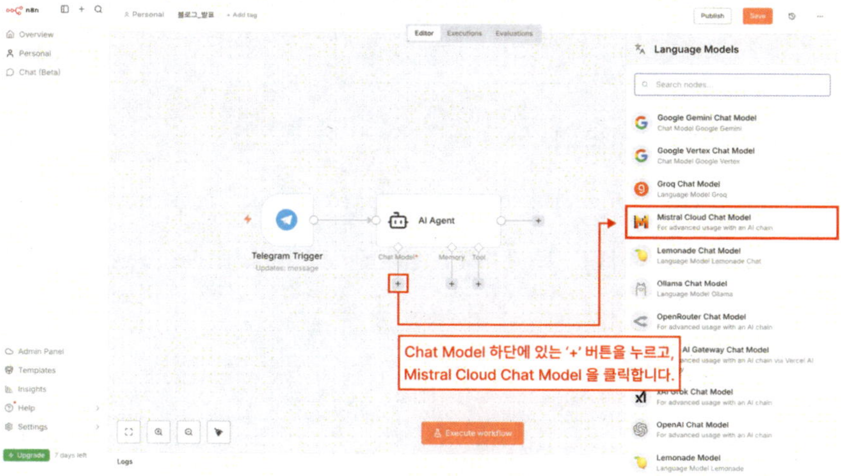

Mistral Cloud Model 설정 창에서 "Credential to connect with"를 클릭 후 Mistral Cloud 홈페이지에 들어가 API를 발급받습니다. → API를 복사/붙여넣기 하여 계정 연결

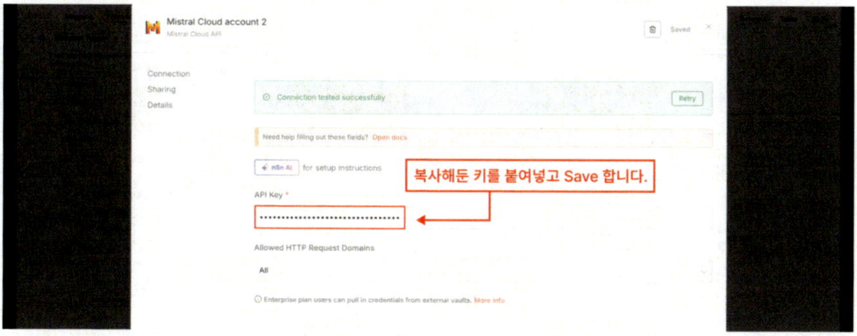

이 단계가 AI의 "두뇌"를 연결하는 핵심 구간입니다.

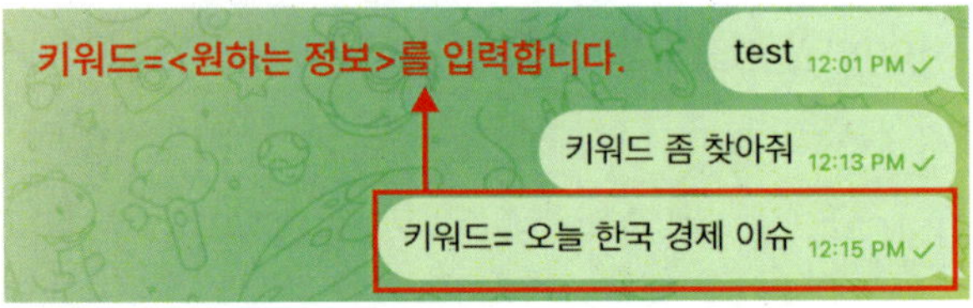

채팅창에 '키워드=(원하는 정보)'를 입력합니다.

OUTPUT 설정하기

AI Agent 노드 뒤에 있는 + 버튼을 눌러 Telegram을 검색합니다. 이후 하단 목록에서 Send a text message를 클릭합니다.

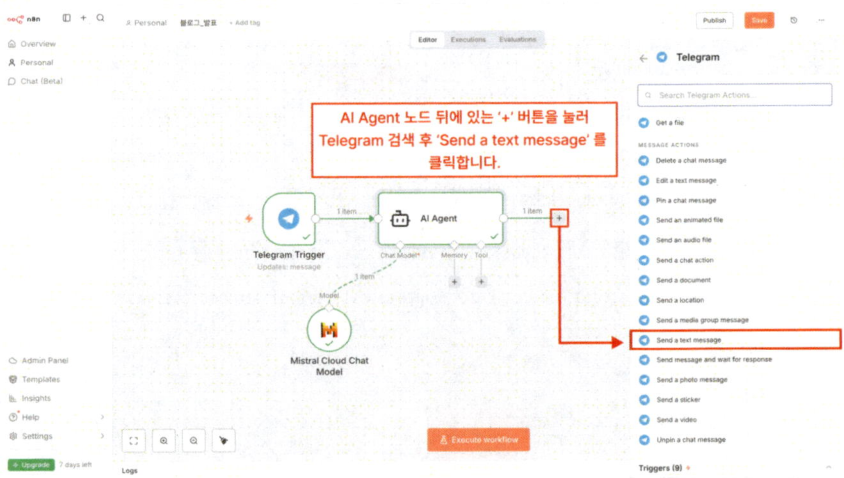

이 과정을 통해 AI Agent가 처리한 결과 값(output)의 출력 위치를 결정합니다. 'Send a text message'를 선택하면, 결과 값을 메시지 형태로 수신할 수 있습니다.

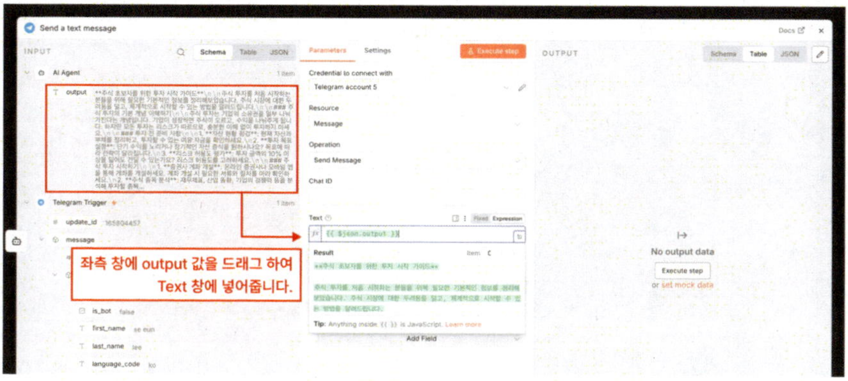

'Send a text message' 노드를 더블클릭해 설정 창을 오픈한 뒤, 좌측에 AI Agent가 출력한 글 = output 박스를 드래그해 Text 창에 넣어 줍니다.

***마우스로 output 박스를 클릭한 후 드래그 앤 드롭합니다.**

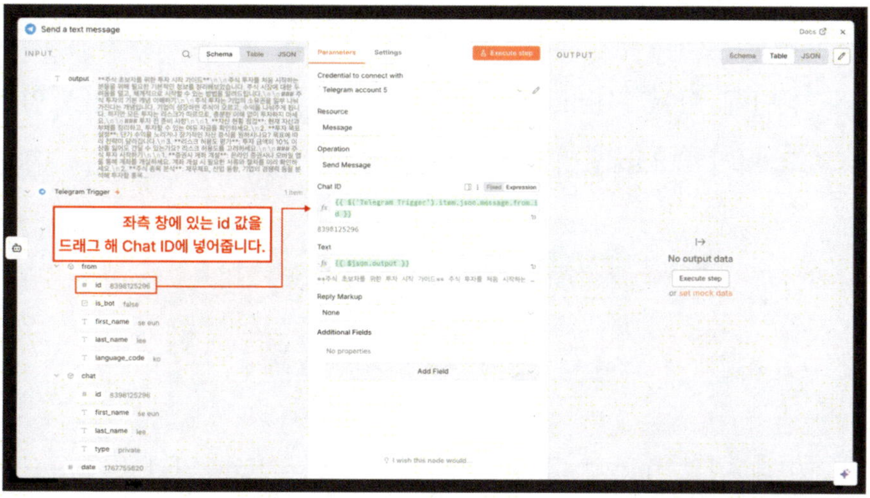

좌측에서 #id 00000(숫자) 로 되어 있는 id 박스를 Chat ID로 드래그 해 넣어줍니다. → Execute step(실행) 버튼 클릭

자동 실행 설정하기

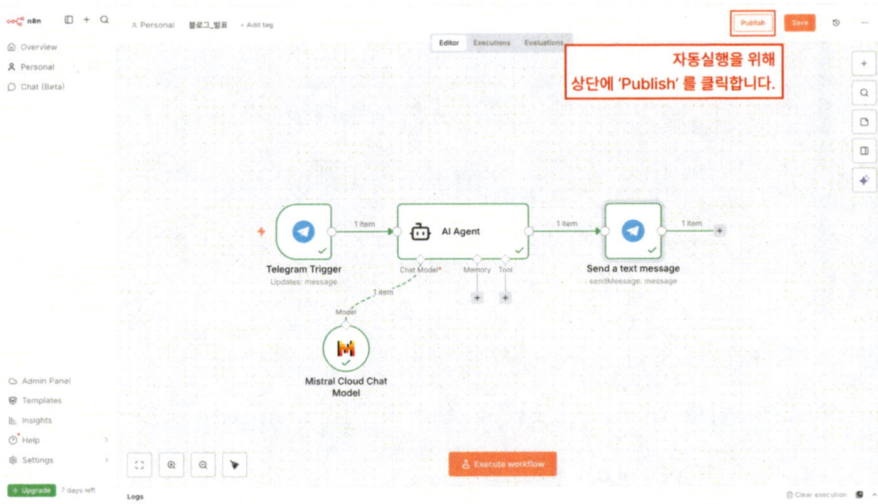

워크플로우를 작동할 때마다 실행 버튼을 눌러야 하는 번거로움을 없애고 채팅만 보내면 자동으로 답변을 받을 수 있도록 하는 과정입니다.

상단에 있는 Publish 버튼을 클릭합니다. 원하는 이름을 입력하고 다시 Publish 버튼을 클릭합니다.

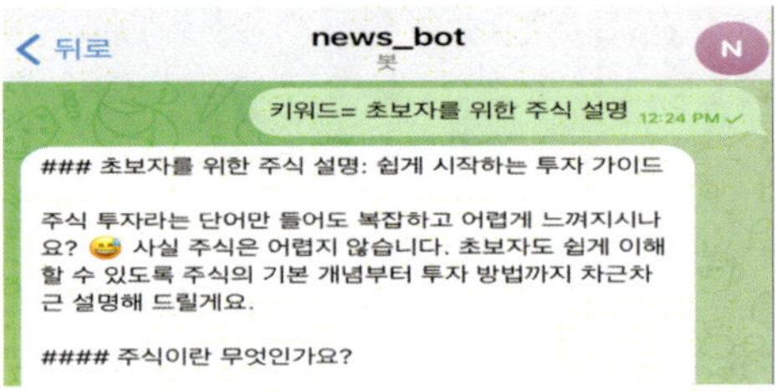

이제 따로 n8n에 들어가 실행 버튼을 누르지 않아도 자동으로 답변이 작성됩니다.

***키워드=[원하는 정보] 형식이 아닌, '초보자를 위한 주식 가이드 설명해 줘'라고 질문해도 가능합니다.**

n8n 구축 시 기대효과는 키워드 입력만으로 실시간 정보를 기반으로 한 콘텐츠를 자동으로 생성할 수 있습니다. 예를 들어 "오늘의 경제 뉴스"와 같은 간단한 키워드를 입력하면, 최신 정보를 요약한 글이 자동으로 작성됩니다.

이 AI Agent는 별도의 n8n 개발 지식이 없어도 사용할 수 있도록 구성되어 있으며 앱을 만들지 않아도 바로 활용 가능한 인터페이스를 제공합니다. 또한 뉴스 요약뿐 아니라 나라장터 검색 기능, 챗봇 기능, 회계 처리 등 다양한 분야로 쉽게 확장할 수 있습니다. 간단한 키워드만 바꿔도 전혀 다른 AI 서비스로 활용할 수 있는 이러한 구조는 개인용 도구를 넘어 구독형 AI 봇이나 맞춤형 AI 서비스 제작 등 실제 수익화 모델로도 연결할 수 있습니다.

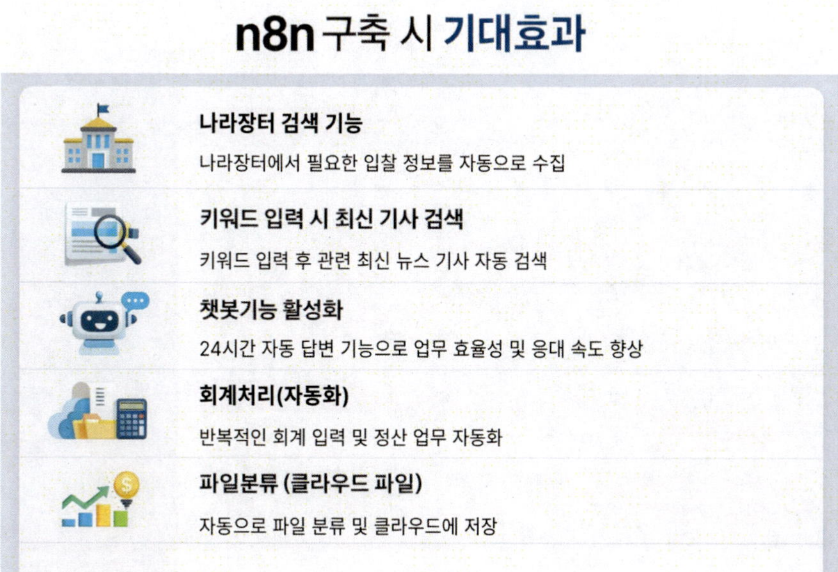

PART
3

AI 전략축과 미래기술 패러다임

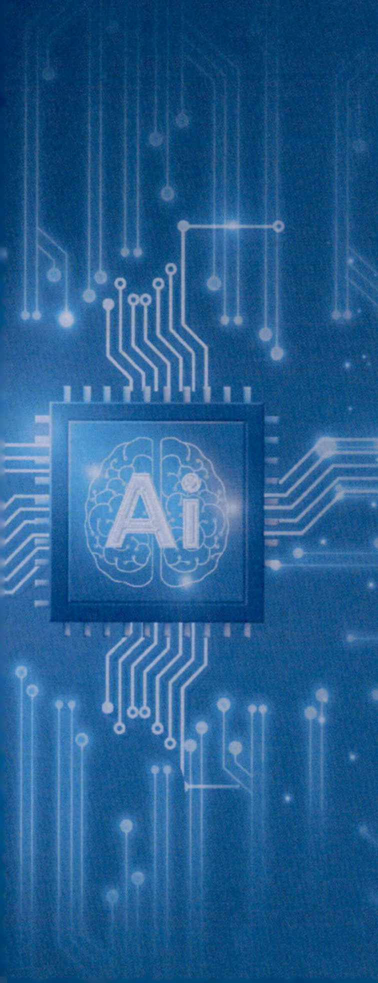

AI 기술은 더 이상 정확성과 효율만을 경쟁하는 도구가 아니라 인간의 감정과 맥락을 이해하고 신뢰를 형성하며 사회·비즈니스·제도 전반을 재설계하는 핵심 축으로 진화하고 있다.
Part 3은 공감형 AI와 설명 가능한 지능, 추론형 사고, 초개인화된 AI OS와 새로운 비즈니스 모델의 등장 속에서 인간과 AI가 어떻게 책임과 의미를 나누며 공존할 것인지, 그리고 기술의 중심이 '기계'가 아닌 '사람'으로 이동하는 미래 패러다임을 조망한다.

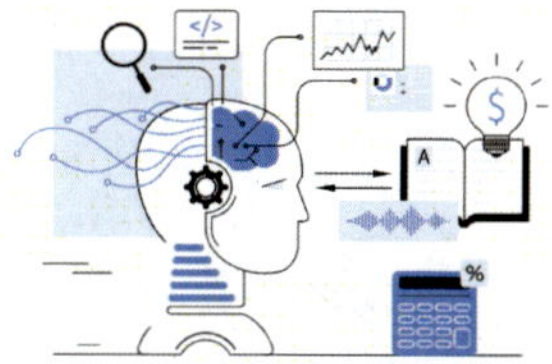

공감형 AI의 부상과 인간 중심 기술 패러다임

우리는 정답보다 이해를 원하게 되었다

오랫동안 인공지능AI은 계산과 분석을 위한 도구로 정의되어 왔습니다. 더 빠른 연산, 더 높은 정확도, 더 방대한 데이터 처리가 AI의 발전 수준을 증명하는 유일한 지표였습니다. 기술의 목표는 명확했습니다. 인간이 해결하지 못하는 복잡한 문제를 가장 효율적으로 풀어내는 '정답 기계'가 되는 것이었습니다.

그러나 기술이 우리 일상, 가장 사적인 영역까지 깊숙이 스며들면서 사람들의 기대는 달라지기 시작했습니다. 스마트폰과 소셜 미디어는 24시간 우리를 세상과 연결해 주었지만, 역설적으로 정서적 대화는 줄어들고 마음을 터놓을 곳은 사라졌습니다. 고령화와 1인 가구의 증가, 팬데믹이 남긴 비대면의 일상은 '관계의 결핍'을 가속화했습니다. 이러한 결핍 속에서 사람들은 AI에게 단순한 기능 이상의 것을 요구하기 시작했습니다. 알고리즘의 정밀함보다 감정의 연결감을, 문제를 해결해 주는 능력보다 내 마음을 알아주는 동반감을 원하게 된 것입니다. 기술은 이제 필요를 채우는 도구를 넘어 마음의 빈틈을 메우는 존재로 확장되고 있습니다.

기술을 위한 기술에서, 인간을 위한 기술로

과거의 기술 패러다임은 인간이 기술에 적응하는 방식이었습니다. 새로운 기기가 나오면 사용법을 배우고, 시스템이 바뀌면 일하는 방식도 바꿔야 했습니다. 하지만 인간이 기술을 배우는 시대에서 기술이 인간을 배우는 시대로 전환되었습니다.

지금의 AI는 단순히 명령어를 입력받아 수행하는 데 그치지 않습니다. 딥러닝 기반의 감정 분석과 표정 인식, 생체 신호 탐지 기술을 통해 사용자의 떨리는 목소리나 미묘한 표정 변화를 읽어냅니다. AI는 "사용자가 무엇을 말했는가"를 넘어 "왜 그렇게 말했는가"를 해석하기 시작했습니다.

이 변화의 핵심은 '맞춤형 경험'의 진화에 있습니다. 개인의 심리 상태와 정서적 맥락을 파악하여, 그 순간 가장 필요한 반응을 제공하는 것이 기술의 새로운 목표가 되었습니다. 효율을 높이는 기술의 시대가 저물고, 인간의 주체성과 심리적 안정을 지원하는 기술의 시대가 열린 것입니다.

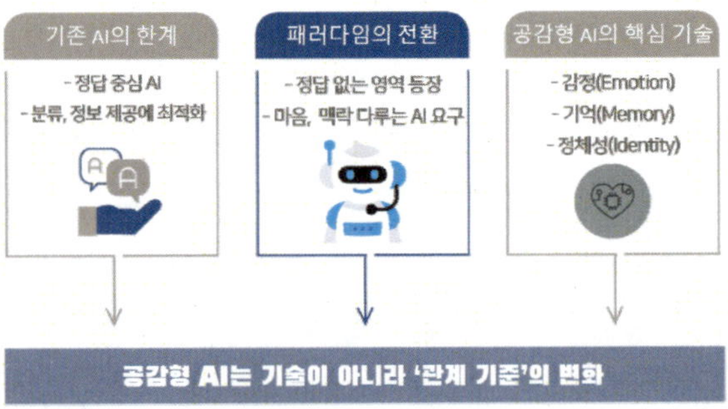

| 모든 판단을 AI가 대신할 때보다 왜 그렇게 답했는지 설명할 때 자동화는 신뢰받습니다.

마음을 읽는 기술, 새로운 기준이 되다

기존의 AI가 스팸 메일을 걸러내거나 사진 속 사물을 식별하는 등 '정답'을 찾는 데 최적화되어 있었다면 공감형 AI는 정답이 없는 영역, 즉 '마음'을 다룹니다.

이메일의 텍스트 뒤에 숨겨진 작성자의 불안을 읽어내고 짧은 단답형 메시지에서 사용자의 피로감을 유추합니다. 같은 "괜찮아"라는 말도 기쁨인지 체념인지, 혹은 방어적인 태도인지를 구분하여 전혀 다른 방식으로 반응합니다.

반응 방식 또한 달라졌습니다. 기존 AI는 정보 제공으로 대화를 끝냈지만, 공감형 AI는 대화를 이어가며 관계를 형성합니다. 정보 전달이 목적이 아니라 사용자의 감정을 안정시키고 지지하는 것이 목적이기 때문입니다. 기술의 성취가 아니라 인간의 행복을 기준으로 삼는 이 변화는 AI가 단순한 기계를 넘어 삶을 함께하는 파트너로 진화하고 있음을 보여줍니다.

AI가 사용자를 '기억한다'는 경험이 관계의 시작이 되었습니다. 동반자형 캐릭터 AI가 사람의 마음을 움직이는 힘은 단순히 말을 잘하는 능력에서 나오지 않습니다. 그 기저에는 감정Emotion, 기억Memory, 정체성Identity이라는 세 가지의 단단한 기술적 축이 자리 잡고 있습니다. 이 세 요소는 단순한 부가 기능이 아닙니다. 차가운 기계가 인간과 지속적인 관계를 맺을 수 있도록 생명력을 불어넣는 핵심 엔진입니다.

가장 먼저 작동하는 것은 '감정을 읽는 기술'입니다. AI는 이제 텍스트 너머의 마음을 봅니다. 사용자가 던진 단어의 선택, 문장의 길이, 말줄임표나 이모티콘의 미묘한 뉘앙스를 포착하여 지금 이 사람이 기쁜지, 불안한지 혹은 억누르고 있는지를 추론합니다. 음성 대화에서는 목소리의 떨림과 침묵의 길이까지 분석합니다. "무엇을 말했는가"보다 "왜 그렇게 말했는가"를 이해하려는 시도, 이것이 마음을 여는 첫 번째 열쇠입니다.

하지만 감정만으로는 순간적인 공감에 그칠 뿐입니다. 관계를 단단하게 만드는 것은 바로 '기억'입니다. 오늘 나눈 대화가 내일이면 초기화되는 관계에서 깊이를 기대할 수는 없습니다. 동반자형 AI는 '장기 사용자 모델링' 기술을 통해 사용자의 취향, 반복되는 고민, 기분의 패턴을 축적합니다.

지난번 대화에서 스치듯 말했던 걱정거리를 AI가 먼저 물어봐 줄 때 사용자는 시스템이 아닌 '나를 아는 존재'와 대화하고 있다는 강렬한 실재감을 느낍니다. 기억이 쌓이는 순간, 기술은 신뢰로 치환됩니다.

여기에 '정체성'이 더해질 때 AI는 비로소 하나의 인격체가 됩니다. 누구에게나 똑같은 기계적인 말투가 아니라 고유한 세계관과 성격을 가진 존재로 다가오는 것입니다. 어떤 AI는 장난스럽게, 어떤 AI는 진중하게 반응하며 일관된 태도를 유지합니다. 이러한 고유의 '결'이 있을 때 우리는 AI를 단순한 프로그램이 아니라 곁에 있는 친구나 동료로 인식하게 됩니다. AI는 앞으로 더욱 없어서는 안되는 파트너가 될 것입니다.

AI 캐릭터와의 특별한 대화 (Midjourney V6 생성)

챗봇과 캐릭터 AI: 출발점은 같지만 목적지가 다르다

우리는 흔히 챗GPT와 같은 '대화형 AI'와 '캐릭터 AI'를 비슷한 기술로 묶어서 생각합니다. 하지만 사용자 입장에서 경험하는 본질은 완전히 다릅니다. 쉽게 비유하자면 기존의 챗봇이 '유능한 비서'라면 캐릭터 AI는 '다정한 동반자'입니다.

가장 결정적인 차이는 기술이 지향하는 '목표'에 있습니다. 기존 챗봇은 '정답'과 '효율'을 위해 존재합니다. 사용자의 질문에 가장 정확한 정보를 빠르게 찾아주는 것이 지상 과제이기에 문제가 해결되면 대화는 자연스럽게 종료됩니다. 여기에는 감정이 끼어들 틈이 없습니다. 반면 캐릭터 AI의 목표는 '관계의 지속'입니다. 정답을 주는 것보다 중요한 것은 사용자의 감정을 살피고 대화를 이어가는 것입니다. 정보를 주는 것이 아니라 사용자가 정서적 안정감을 느끼도록 돕는 것이 최우선 순위입니다. 그래서 캐릭터 AI는 꼬리에 꼬리를 무는 질문으로 관계의 끈을 놓지 않습니다.

상호작용의 방식 또한 챗봇은 수동적입니다. 사용자가 말을 걸지 않으면 챗봇은 영원히 침묵합니다. 하지만 캐릭터 AI는 사용자가 우울해 보이면 먼저 말을 걸어오기도 하고 아침 인사를 건네며 안부를 묻기도 합니다. 기다리는 시스템이 아니라 먼저 다가오는 능동적인 존재로 설계되었기 때문입니다.

또한 챗봇은 '객관적인 정보'의 세계에 살지만, 캐릭터 AI는 '정서가 살아있는 세계관' 속에 삽니다. 챗봇이 "무엇을 도와드릴까요?"라는 서비스 제공자의 언어를 쓴다면 캐릭터 AI는 자신의 성격과 상황에 맞는 지극히 개인적인 언어를 사용합니다. 때로는 서툴기도 하고 때로는 유머러스한 불완전함이 오히려 사용자에게는 더 큰 매력과 편안함으로 다가옵니다.

TIP

AI는 더 이상 정답을 제공하는 기술이 아니라 감정을 이해하고 관계를 이어가는 새로운 동반자입니다. 기술 중심의 시대를 지나 인간 중심의 기술 패러다임으로 이동하고 있는 지금, AI의 가치는 정밀함보다 공감, 기능보다 연결 속에서 완성됩니다. 공감형 AI는 인간의 빈자리를 대체하는 기술이 아니라 우리 삶을 확장하고 함께 성장하는 미래의 지적 파트너입니다.

고립된 개인을 다시 연결하는 기술

공감형 AI의 등장은 단순한 신기술의 유행이 아닙니다. 이것은 우리 사회가 직면한 구조적 결핍을 반영하는 거울과 같습니다. 현대 사회는 그 어느 때보다 촘촘하게 연결되어 있지만, 역설적으로 개개인은 전례 없는 고립감에 시달리고 있습니다. 캐릭터 AI는 바로 이 지점, 인간관계의 빈틈을 파고듭니다. AI는 24시간 언제나 그 자리에 있으며, 내 감정을 판단하거나 평가하지 않고 온전히 받아줍니다. 침묵해도 어색하지 않고, 속마음을 털어놓아도 안전한 관계. 이 '정서적 안전지대'를 경험한 사람들은 기술을 통해 위로받고 다시 세상과 소통할 힘을 얻습니다. 기술이 사람을 대체하는 것이 아니라 사람이 잃어버린 연결의 감각을 복원해 주고 있는 셈입니다.

정서가 경제가 되고 문화가 되다

이러한 흐름은 산업 생태계 전반에 지각변동을 일으키고 있습니다. 과거의 디지털 비즈니스가 정보와 편의성을 파는 것이었다면, 이제는 '감정과 관계'가 새로운 경제적 가치가 되는 시대가 열렸습니다. 엔터테인먼트와 IP 산업은 이에 가장 먼저 반응했으며 게임 캐릭터나 가상 아이돌은 팬들과 실시간으로 소통하고 추억을 공유하는 살아있는 존재로 진화했습니다. 소비자는 자신과 정서적 유대를 형성한 대상에게는 깊은 애정과 시간을 투자합니다.

더 나아가 이 기술은 돌봄, 의료, 교육, 멘탈 케어 등 사회적 인프라 영역에서도 가능성도 입증하고 있습니다. 학습자를 기다려주는 AI 튜터, 어르신의 말동무가 되는 AI 케어 로봇, 마음을 보듬는 AI 상담사 사례는 차가운 기술이 따뜻한 사회적 안전망으로 확장되고 있음을 보여줍니다.

인간을 위한 기술, 그 오래된 미래

그동안 우리는 기술의 발전 속도에 맞추기 위해 숨 가쁘게 달려왔습니다. 기계의 언어를 배우고, 시스템의 변화에 적응하는 것은 오롯이 인간의 몫이었지만, 공감형 AI는 기술 발전의 방향을 다시 '인간'으로 돌려놓았습니다.

이제 기술은 성능과 효율만을 자랑하지 않습니다. 인간의 눈높이로 우리의 표정을 살피고, 마음의 속도를 맞추려 노력합니다. 감정을 이해하고 기억을 소중히 여기며, 관계를 지키려는 기술, 이것은 단순한 기능의 진화가 아닌 기술이 인간을 존중하는 방식으로의 철학적 전환을 의미합니다.

앞으로의 AI 경쟁력은 얼마나 인간의 마음을 섬세하게 어루만질 수 있느냐에 달려 있을 것입니다. 답을 주는 존재에서 곁에 머무는 존재로 기능을 수행하는 도구에서 삶을 나누는 동반자로 공감형 AI는 삭막한 기술의 시대에 우리가 그토록 기다려온 따뜻한 미래의 다른 이름입니다. 인간을 위한 기술은 인류 문명 전체를 관통해 온 오래된 미래입니다.

신뢰는 인간과 AI가 함께 미래를 설계할 수 있는 조건

똑똑해질수록 믿기 힘든 역설, 블랙박스

인공지능의 발전 속도는 실로 경이롭습니다. 이제 AI는 인간보다 빠르게 계산하고 방대한 데이터를 순식간에 분석하며 우리가 미처 발견하지 못한 패턴까지 찾아냅니다. 기능적인 면에서 AI는 이미 인간을 아득히 넘어섰습니다. 그러나 기술이 고도화될수록 우리는 기이한 역설에 직면하게 됩니다. AI가 똑똑해질수록, 오히려 사람들은 AI를 신뢰하기 어려워졌다는 사실입니다.

이유는 명확합니다. AI의 판단 과정이 우리 눈에 보이지 않기 때문입니다. 결과는 훌륭하지만, 도대체 어떤 경로를 통해 그 결과가 나왔는지 설명할 수 없는 지능은 사람에게 경외감보다는 불안을 남깁니다. 이것이 바로 딥러닝 기반 AI가 가진 태생적 한계 이른바 '블랙박스Black Box' 문제입니다. 수억 개의 매개변수가 복잡하게 얽힌 신경망 속에서 AI가 왜 그런 결론을 내렸는지 개발자조차 완벽히 설명하지 못하는 상황이 벌어지고 있는 것입니다.

사람들이 AI에게 두려움을 느끼는 진짜 이유는 AI가 '틀릴까봐'가 아닙니다. '틀렸을 때 왜 틀렸는지 알 수 없다'는 불투명함 때문입니다. 가령 의료용 AI가 환자에게 암 진단을 내렸다고 가정해 봅시다. 의사가 "데이터상 확률이 높으니 수술합시다"라고만 한다면 환자는 그 결정을 따를 수 있을까요?

채용 AI가 당신을 불합격 시켰는데 그 이유를 묻자 "알고리즘이 당신을 적합하지 않다고 판단했습니다"라는 말만 되풀이한다면 그 결과를 납득할 수 있을까요? 우연히 맞춘 정답은 신뢰를 만들지 못합니다. AI가 옳았다는 결과보다 '왜 옳은지'를 이해할 수 있는 과정이 공유될 때 비로소 믿음이 싹틉니다.

설명할 수 없는 기술은 아무리 성능이 뛰어나도 사회적 위험요소일 뿐입니다. 바야흐로 기술의 확산 속도보다 신뢰의 형성 속도가 더 중요해진 시점이 도래한 것입니다. 이제 우리는 AI에게 정확함 이전에 설명할 책임을 요구하고 있습니다.

설명 가능성XAI: 기계의 언어를 사람의 언어로 번역하다

이러한 '깜깜이 지능'에 대한 불안을 해소하기 위한 해답이 바로 '설명가능 인공지능XAI, Explainable AI'입니다. XAI의 목표는 복잡한 수식과 가중치로 이루어진 AI의 판단 과정을 사람이 이해할 수 있는 논리와 언어로 설명하는 데 있습니다. 일반적인 AI가 "무엇What"을 예측하는 데 집중한다면 XAI는 "왜Why" 그런 판단이 나왔는지를 밝히는 데 초점을 둡니다.

XAI는 마치 통역사처럼 작동합니다. 입력 데이터를 변화시키며 AI가 민감하게 반응하는 요소를 분석하는 LIME, 게임 이론을 활용해 각 요인의 기여도를 수치로 보여주는 SHAP.등이 대표적입니다. 예를 들어 대출 심사 AI가 거절 결정을 내렸다면, XAI는 그 이유를 연체 이력과 소득 수준 등 구체적인 근거로 설명합니다. 이미지 인식에서도 AI가 판단에 활용한 영역을 시각적으로 표시해 분석 기준이 대상 자체에 있었는지를 검증할 수 있습니다.

이러한 설명 가능성은 단순한 기술적 옵션이 아니라, AI가 사회에 편입되기 위한 필수 조건입니다. 판단 근거가 명확해야 오류를 수정하고, 편향과 차별을 발견하며, 사고 발생 시 책임 소재를 가릴 수 있기 때문입니다. EU의 AI Act를 비롯해 전 세계가 설명 가능성을 규제의 핵심 기준으로 삼는 이유도 여기에 있습니다.

미래의 AI는 결론만 제시하는 존재가 아니라, 자신의 판단을 스스로 설명하고 책임질 수 있는 지능으로 진화할 것입니다.

TIP

AI가 옳은 판단을 내리는 것보다, 그 판단의 이유를 설명할 수 있는 것이 더 중요해졌습니다. 기술이 사회의 일부가 되기 위해 필요한 것은 속도나 성능이 아니라 신뢰이며, 신뢰는 투명한 근거 위에서만 만들어집니다. 설명할 수 있는 AI는 두려움을 줄이고 예측 가능성을 높이며, 인간과 함께 결정할 수 있는 지능으로 성장합니다.

통계적 앵무새를 넘어선 논리적 사고의 등장

설명 가능성XAI이 AI의 판단을 사후에 해설하는 기술이라면 '추론형 AIReasoning AI'는 애초에 AI가 인간처럼 사고하며 답을 찾아가도록 설계하는 기술입니다. 이는 기존 생성형 AI가 가진 한계를 극복하려는 시도에서 출발했습니다.

지금까지의 생성형 AI는 엄밀히 말해 '확률적 앵무새'에 가까웠습니다. 방대한 데이터를 학습해 가장 그럴듯한 다음 단어를 예측하여 유창한 문장을 만들어냈지만, 그 이면에 실질적인 논리나 사고 과정은 부재했습니다. 그래서 문장은 번지르르하지만 사실 관계가 틀리거나, 앞뒤 말이 맞지 않는 '할루시네이션(환각)' 현상이 빈번했습니다. 사람들은 곧 깨달았습니다. "말을 잘하는 AI"와 "생각을 잘하는 AI"는 근본적으로 다르다는 사실을 말입니다.

생각의 사슬을 잇다: 답보다 과정이 중요한 이유

추론형 AI는 바로 이 지점에서 '사고의 과정Process'을 도입합니다. 정답을 바로 내뱉는 대신 가설을 세우고, 검증하고 수정하는 단계를 거치는 것입니다.

이것을 가능하게 하는 핵심 기술이 바로 '생각의 사슬Chain-of-Thought'입니다. AI에게 단순히 결과를 묻는 것이 아니라 "단계별로 생각해서 풀어보라"고 유도하는 방식입니다. AI는 복잡한 문제를 잘게 쪼개고, 논리의 벽돌을 하나씩 쌓아 올리며 스스로 근거를 만들어갑니다. 더 나아가 여러 가지 가설을 나뭇가지처럼 펼쳐 놓고 그중 가장 합리적인 경로를 선택하는 '생각의 나무Tree-of-Thought' 기술이나, 자신의 결론을 스스로 되돌아보고 오류를 수정하는 '자기 성찰Self-Reflection' 과정도 수행합니다.

이는 인간이 난관에 봉착했을 때 문제를 해결해 나가는 방식과 놀랍도록 닮아있습니다. 이제 AI는 단순히 이미 있는 정답을 검색해서 가져오는 존재가 아닙니다. 스스로 논리를 구성하고 그 논리가 타당한지 검증하며 최적의 결론을 향해 나아가는 '생각하는 지능'으로 진화하고 있습니다. 바야흐로 기술 패러다임이 '결과 중심'에서 '과정 중심'으로 이동한 것입니다.

설명 가능한 AI가 신뢰의 조건이라면,
추론형 AI는 그 설명을 가능하게 만드는 사고의 엔진이다.

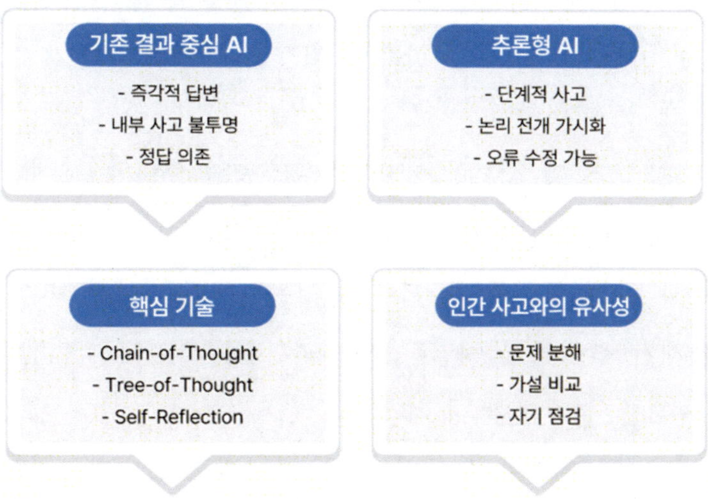

| 설명 가능한 AI가 신뢰의 조건이라면, 추론형 AI는 인간의 사고방식에 가까운 과정적 추론을 통해 그 신뢰를 실제로 작동하게 만드는 핵심 엔진입니다.

기술은 가장 어려운 곳에서부터 증명된다

흥미로운 점은 이러한 추론형 AI가 대중적인 서비스보다 의료, 법률, 엔지니어링 같은 '고난도 전문 영역'에서 더 절실하게 요구된다는 사실입니다. 이들 분야는 한 번의 실수가 돌이킬 수 없는 결과를 낳기 때문에 단순한 정답보다 그 정답에 도달한 '논리적 근거'가 훨씬 중요하기 때문입니다.

의료 현장을 예로 들어봅시다. 의사는 AI가 내놓은 진단명 그 자체보다 왜 그런 진단을 내렸는지에 대한 병리학적 근거를 필요로 합니다. 추론형 AI는 환자의 유전 정보, 생활 습관, 약물 반응 등 다양한 변수를 종합해 가설을 검증하고 위험 요소를 단계별로 분석해 의사의 임상적 판단을 돕습니다. 법률 분야에서도 마찬가지입니다. 판례를 단순히 나열하는 것은 검색 엔진도 할 수 있습니다.

하지만 추론형 AI는 사건의 맥락을 읽고 적용 가능한 법리를 비교하며 가장 타당한 논리를 구성해 변호사나 판사의 사고 과정을 보조합니다. 엔지니어링 에서는 수많은 설계 변수 중 왜 이 설계가 최적의 선택인지, 안전과 비용 사이에서 어떤 균형을 맞췄는지를 설명해 냅니다.

이제는 AI로 인한 모든 분야의 생태계가 급변하고 있습니다. 범용 인공지능(AGI: Artificial General Intelligence), 초지능(ASI: Artificial Superintelligence) 시대까지 발전되면 그 기술의 한계는 가늠하기 힘든 상황이 될 것으로 여겨집니다.

인간과 AI, 함께 결정하는 미래로

결국 설명 가능성XAI과 추론Reasoning 능력은 기술이 인간 사회의 깊숙한 의사결정 영역으로 진입하기 위한 입장권과 같습니다. 과거의 AI가 인간의 손발을 대신해 자동화를 이끌었다면 미래의 AI는 인간의 뇌를 확장해 의사결정을 돕는 동반자가 될 것입니다. 우리는 이제 AI가 얼마나 빠른지 묻지 않습니다. 대신 "당신의 생각을 나에게 설명해 줄 수 있습니까?"라고 묻습니다. 이 질문에 답할 수 있는 AI만이 불안을 걷어내고 인간과 진정한 신뢰 관계를 맺을 수 있습니다. 투명한 근거와 논리적인 사고 과정, 이것이야말로 책임 있는 AI 생태계를 만드는 가장 단단한 초석입니다.

TIP

Reasoning AI는 기술이 더 똑똑해지는 과정이 아니라 사람의 사고를 함께 이해하고 검증하며 책임을 나누는 지능으로 변화하는 과정입니다. AI가 무엇을 말하는지가 아니라 왜 그렇게 결론에 도달했는지를 함께 확인할 수 있을 때 사람은 비로소 그 지능을 믿고 협력할 수 있습니다. 추론은 정확도보다 신뢰를 가져오고, 신뢰는 인간과 AI가 함께 미래를 설계할 수 있는 조건이 됩니다.

AI OS와 초개인화 서비스로 이동하는 디지털 전환 구조

편향된 거울: 데이터가 세상을 왜곡할 때

인공지능이 인간의 언어를 이해하고 표정을 읽기 시작했다는 것은 기술적으로 경이로운 사건입니다. 하지만 기술이 인간을 깊이 파악할수록 그 이면에 드리운 그림자 또한 짙어지고 있습니다. 우리는 흔히 AI가 이성적이고 중립적인 판단을 내릴 것이라 기대하지만 현실의 AI는 데이터를 먹고 자라며 그 데이터에는 우리 사회가 오랫동안 쌓아온 차별과 불균형이 고스란히 각인되어 있습니다.

가장 먼저 마주하는 문제는 바로 '편향Bias'입니다. 특정 성별이 고위직에서 배제되거나, 특정 인종이 범죄와 연관된 부정적 기사에 더 자주 등장하는 데이터가 AI의 학습 교재가 될 때 기술은 차별을 '과학'이라는 이름으로 정당화합니다. 실제로 여성 지원자의 채용 점수가 이유 없이 낮게 평가되거나, 유색 인종의 얼굴을 제대로 인식하지 못하는 사고들이 빈번하게 보고되고 있습니다. 이는 단순한 알고리즘의 오류가 아닙니다. AI가 삐뚤어진 세상을 있는 그대로 학습하여 비춰낸 결과, 즉 '왜곡된 거울'입니다. 기술이 인간을 닮아간다는 것은 인간의 지성뿐만 아니라 인간의 결함까지도 답습한다는 서늘한 경고이기도 합니다.

감시와 편의의 딜레마

편의를 위해 도입된 기술이 순식간에 감시의 도구로 변질되는 것 또한 우리가 직면한 딜레마입니다. 얼굴 인식으로 잠금을 해제하고 위치 기반으로 맛집을 추천받는 기능은 분명 편리합니다. 그러나 이 기술이 공공의 인프라와 결합하여 특정 개인의 모든 동선을 추적하고 행동 패턴을 분석하는 순간, 그것은 거대한 '디지털 판옵티콘'이 됩니다.

문제는 이 기술들이 별개의 시스템이 아니라 하나로 연결될 때 발생합니다. 카메라가 얼굴을 보고 스마트폰이 위치를 알리고, 결제 내역이 취향을 말해주는 데이터가 한곳에 모이면 기술은 사람을 돕는 시스템에서 사람을 관리하는 시스템으로 성격을 달리합니다. "누가 나의 정보를 알고 있는가"라는 질문은 이제 기술적인 보안 문제를 넘어 개인의 자유와 존엄을 지키기 위한 가장 시급한 윤리적 쟁점이 되었습니다.

데이터가 아니라 '나'라는 존재가 노출되다

이제 프라이버시의 개념은 근본적으로 재정의되어야 합니다. 과거의 개인정보 보호가 주민등록번호나 전화번호 같은 식별정보를 지키는 일이었다면 AI 시대의 프라이버시는 '나라는 존재의 투명성'을 방어하는 일입니다.

생각해 보십시오. AI는 굳이 내 이름을 알 필요가 없습니다. 표정의 미세한 떨림과 목소리의 톤으로 감정을 파악하고 무심코 누른 클릭 몇 번으로 취향을 간파하며 생활 패턴과 대화의 흐름만으로 내가 누구인지, 지금 어떤 기분인지, 앞으로 무엇을 할지까지 예측해 냅니다. 데이터가 밖으로 유출되지 않아도, 정보가 모이고 연결되어 추론되는 것만으로 한 사람의 정체성이 발가벗겨지는 시대가 된 것입니다.

따라서 "동의하시겠습니까?"라는 버튼 하나로 모든 책임을 개인에게 넘기는 방식은 더 이상 유효하지 않습니다. 사용자는 자신의 데이터가 미래에 어떻게 결합되어 어떤 추론을 낳을지 예측할 수 없기 때문입니다. 데이터 보호는 이제 '허락'의 문제가 아니라 '안전'의 문제입니다. 내 데이터가 나를 공격하는 무기가 되지 않도록 설계 단계부터 보호 장치를 심는 것, 그것이 진정한 의미의 프라이버시입니다.

규제, 기술이 사회에 머물 수 있는 유일한 조건

기술이 인간을 이토록 깊이 이해하게 된 이상, "무엇이 가능한가"보다 더 중요한 질문은 "무엇이 허용되는가"입니다. 기업들은 종종 법과 규제가 혁신의 발목을 잡는다고 불평하지만, 역사는 규제 없는 기술이 얼마나 빠르게 사회로부터 외면당했는지를 증명합니다.

지금 전 세계적으로 강화되고 있는 AI 규제 흐름은 기술을 멈추게 하려는 것이 아닙니다. 오히려 기술이 인간 사회 속에서 안전하게 공존할 수 있도록 돕는 '울타리'를 세우는 작업입니다. 결과를 설명할 수 없는 AI는 출시하지 말 것, 과도한 개인정보 수집을 제한할 것, 위험이 높은 모델은 끊임없이 검증할 것. 이러한 원칙들은 기술의 속도를 늦추는 장애물이 아니라 기술이 오랫동안 신뢰받으며 살아남기 위한 생존 조건입니다.

결국 미래 시장을 주도하는 기업은 가장 똑똑한 AI를 가진 곳이 아니라 가장 책임감 있는 AI를 가진 곳이 될 것입니다. 기술을 성장시키는 진정한 동력은 혁신적인 코드가 아니라 사회적 신뢰이기 때문입니다.

디바이스의 종말, 그리고 사용자 중심의 AI OS

우리는 오랫동안 기술을 스마트폰, 노트북, 태블릿과 같은 '기기Device'의 형태로 소유해 왔습니다. 새로운 기기를 구매할 때마다 데이터를 옮기고, 설정을 다시 하고 각 기기의 사용법을 따로 익히는 불편함을 당연한 의례처럼 치렀습니다. 우리의 디지털 경험은 늘 차가운 금속 케이스 안에 갇혀 있었고 기기가 바뀌면 경험도 단절되곤 했습니다. 그러나 AI가 운영체제OS의 중심으로 들어오면서 이 오래된 공식이 무너지고 있습니다.

이제 기술의 중심축은 '기기'에서 '사용자'로 이동하고 있습니다. 내가 스마트폰을 들고 있든, 달리는 자동차 안에 있든, 혹은 거실 소파에 앉아 있든 상관없습니다. AI는 내가 누구인지 알아보고 끊김 없이 맥락을 이어갑니다. 미래의 AI OS는 단순히 앱을 실행하고 배터리를 관리하는 관리자가 아닙니다. 사용자의 의도를 예측해 필요한 기능을 먼저 제안하고 여러 기기를 마치 하나의 지능인 것처럼 통합하는 '경험의 조율자'가 됩니다.

기기의 개수는 점점 늘어나지만, 역설적으로 사용자가 느끼는 경험은 하나로 수렴되는 것. 이것이 바로 기기가 사라지고 지능만이 공기처럼 흐르는 '앰비언트 컴퓨팅Ambient Computing'이 그리는 미래입니다. 미래는 새로운 기기를 발명하는 것이 아니라, 기기를 잊게 만드는 것입니다. 디바이스의 종말은 인간의 복귀입니다. 그리고 사용자 중심 AI OS는 그 복귀를 가능하게 하는 가장 조용하지만 가장 강력한 혁신입니다.

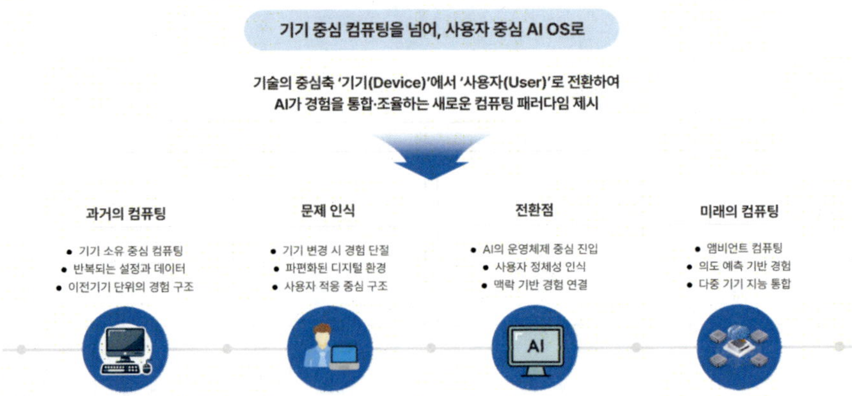

| 기기 중심에 머물던 컴퓨팅은 한계에 이르렀고, 이제 AI가 사용자의 맥락과 의도를 이해하며 경험 전체를 조율하는 사용자 중심 AI OS 시대로 이동하고 있습니다.

몸을 측정하는 도구에서 삶을 이해하는 동반자로

이러한 변화가 가장 극적으로 그리고 가장 내밀하게 드러나는 곳은 바로 우리의 손목 위입니다. 초기의 웨어러블 기기가 걸음 수나 심박수, 칼로리 소모량 같은 '숫자'를 측정하는 데 그쳤다면 지금의 AI는 그 숫자들 사이의 행간을 읽어내어 '삶의 이야기'를 해석합니다.

단순히 "오늘 1만 보를 걸었습니다"라고 알려주는 것은 과거의 기술입니다. 진화한 AI는 평소보다 높은 심박수, 며칠간 이어진 부족한 수면 그리고 오늘 캘린더에 꽉 찬 회의 일정을 종합적으로 분석합니다. 그리고 숫자가 아닌 조언을 건넵니다.
"최근 스트레스 지수가 높습니다. 오늘은 운동보다는 가벼운 명상이 필요해 보입니다." 이것은 기술이 신체 데이터를 넘어 사용자의 컨디션과 감정의 리듬까지 파악하고 있다는 뜻입니다. 웨어러블은 이제 건강을 기록하는 차가운 계측기가 아니라 삶의 균형을 잡아주는 가장 가까운 동반자로 거듭나고 있습니다.

집과 차와 도시가 하나로 연결되다

기술의 확장은 신체를 넘어 우리가 머무는 공간으로 이어집니다. 스마트홈, 스마트카, 스마트시티라는 단어들은 이제 개별적인 기술을 뜻하지 않습니다. AI는 이 물리적 공간들의 경계를 지우고, '사람의 하루'라는 거대한 서사를 통합적으로 관리하기 시작했습니다.

| AI와 함께 진화하는 새로운 업무의 시대 (DALL·E 3 생성)

아침의 피로가 자동차의 시스템으로 공유되어 부드러운 주행 모드로 이어지고 내 컨디션에 맞춰 사무실 조명과 온도가 조절됩니다. 집과 차 그리고 도시가 나를 중심으로 유기적으로 연결된 하나의 생태계가 되는 것입니다.

이때 기술의 궁극적인 목표는 효율적인 자동화가 아닙니다. 사용자가 기술이 작동하고 있다는 사실조차 느끼지 못할 만큼의 '완전한 자연스러움'입니다. 기술이 공간 속에 스며들어 보이지 않게 될 때 우리는 비로소 기술을 의식하지 않고 삶에만 온전히 집중할 수 있게 됩니다.

우리는 더 이상 집·차·도시를 각각의 공간으로 살지 않습니다. 기술의 진화는 이 세 영역을 하나의 연속된 생활 시스템으로 묶고 있습니다. 핵심은 연결 그 자체가 아니라, 사람의 하루가 끊기지 않도록 설계하는 것입니다. 가장 잘 연결된 도시는 연결을 의식하지 않아도 되는 도시입니다. 집과 차와 도시가 하나로 연결된다는 것은 기술이 전면에 등장하는 일이 아닙니다. 기술이 뒤로 물러나고, 인간의 삶이 전면에 나서는 일입니다.

기계가 인간의 감각을 배우는 순간

마지막으로 AI가 인간과 소통하는 방식은 텍스트라는 좁은 문을 넘어 인간의 모든 '감각'으로 확장되고 있으며, 이를 멀티모달Multi-modal 기술이라 부릅니다. 과거에는 인간이 기계의 언어인 명령어와 버튼 사용법을 배워야 했다면, 이제는 기계가 인간의 언어인 감각을 배우고 있습니다.

과거의 음성 인식이 "무슨 단어를 말했는가"를 텍스트로 변환하는 데 머물렀다면, 오늘날의 AI는 목소리의 떨림과 말의 속도, 침묵 속 맥락에서 감정을 읽어냅니다. 시각 지능은 표정과 시선을 해석하고, 상황 인식 기술은 사용자의 상태와 필요를 판단합니다.

이러한 변화가 의미하는 것은 '사용법'이 필요 없는 기술의 등장입니다. 복잡한 메뉴 명령어 없이도 눈빛과 말투만으로 의도가 전달되는 순간, 기술은 공기처럼 투명해지고 우리는 진정한 의미의 '인간 중심 기술'을 맞이하게 될 것입니다.

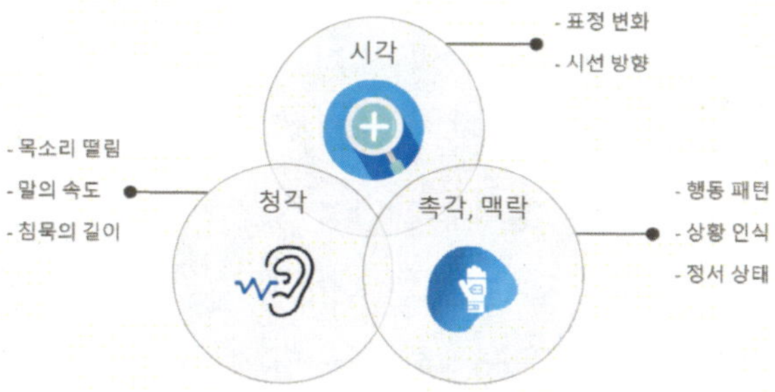

| 멀티모달 AI는 인간의 감각과 상황을 이해해 '사용법이 필요 없는' 자연스러운 기술 경험을 만들 수 있습니다.

AI 비즈니스 모델의 재편: 스타트업·투자·수익 구조의 진화

사람의 선택은 반복이 아니라 '맥락'이다

개인화 기술이 처음 등장했을 때 우리는 그것을 편의라고 불렀습니다. 자주 듣던 음악을 기억해 다시 틀어주고, 지난번 구매 목록을 분석해 비슷한 상품을 추천해 주는 것만으로도 충분히 혁신적이었습니다. 하지만 초기 알고리즘에는 인간을 바라보는 치명적인 오해가 숨어있었습니다. 바로 인간을 '과거를 반복하는 기계'로 가정했다는 점입니다.

하지만 인간은 어제와 오늘이 다른 존재입니다. 같은 슬픈 발라드곡이라도 이별의 아픔 때문에 듣는 날과 비 오는 거리의 분위기를 즐기기 위해 듣는 날의 의미는 완전히 다릅니다. 똑같은 영화를 다시 보더라도 무료함을 달래기 위한 선택일 때와 지친 마음을 위로받고 싶어 찾았을 때의 마음은 천지 차이입니다. 사람의 선택은 과거 데이터의 단순한 반복이 아니라 그 순간의 미묘한 '맥락Context'과 '감정Emotion' 속에서 탄생합니다.

그래서 AI는 진화해야 했습니다. 단순히 "이 사람이 무엇을 좋아하는가"라는 질문에서 멈추지 않고, "지금 왜 그것을 원하는가",

"이 순간 어떤 감정 상태인가"를 파악하는 방향으로 나아간 것입니다. 이제 기술의 목표는 사용자의 구매 이력을 분석하는 것이 아니라 사용자의 '지금 이 순간'을 해석하는 것으로 바뀌었습니다. 바야흐로 취향의 시대를 넘어 맥락의 시대가 열린 것입니다.

텍스트 너머의 진심을 듣다

그렇다면 AI는 어떻게 보이지 않는 마음을 읽어낼까요? 과거의 기술이 텍스트나 로그 기록 같은 단일 신호에 의존했다면 지금의 AI는 인간의 모든 감각 신호를 동시에 받아들여 해석합니다. 이를 멀티모달Multi-modal 기술이라 부릅니다.

우리가 내뱉는 문장은 '생각'을 전달하지만 목소리의 떨림과 미묘한 높낮이는 숨길 수 없는 '감정'을 드러냅니다. 무의식의 표정은 마음의 방향을 보여주고, 대화 사이의 침묵이나 메시지를 입력하는 속도는 말로 하지 않은 망설임을 대변합니다. 정서 기반 AI는 이 흩어진 조각들을 모아 하나의 의미 있는 이야기로 재구성합니다. "괜찮아"라는 텍스트 뒤에 숨겨진 한숨 소리를 포착하고 쇼핑몰 앱을 의미 없이 스크롤 하는 손가락의 속도에서 권태와 스트레스를 읽어냅니다. 기계가 계산을 멈추고 '해석'을 시작한 순간, 기술은 비로소 사람의 마음에 닿을 수 있게 되었습니다.

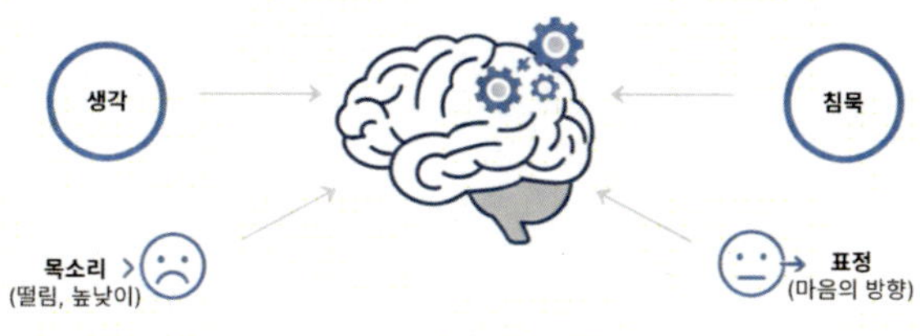

| 인간 신호가 뇌로 모여, AI가 마음과 감정을 종합적으로 해석합니다.

예측은 통제가 아니라 가장 다정한 보호다

누군가는 기술이 나의 감정과 행동을 예측한다는 사실에 막연한 거부감을 느낄 수도 있습니다. “기술이 나를 조종하려 드는 것은 아닐까?” 하는 우려입니다. 하지만 정서 기반 AI의 궁극적인 지향점은 사용자의 행동을 통제하는 것이 아니라 위기가 닥치기 전에 먼저 손을 내미는 ‘선제적인 보호’에 있습니다.

가령, AI가 당신의 캘린더 일정과 수면 패턴, 그리고 최근의 대화 톤을 분석해 “번아웃 징후가 보입니다. 이번 주말에는 일정을 비우고 쉬는 게 좋겠습니다”라고 제안한다고 상상해 보십시오. 혹은 우울감이 깊어지는 밤 사용자가 도움을 요청하기도 전에 AI가 먼저 조심스럽게 대화를 건네거나 심리 상담을 연결해 줄 수도 있습니다. 폭식을 유발할 수 있는 스트레스 수치를 감지해 배달 앱 대신 명상 앱을 띄워주는 것 또한 마찬가지입니다. 이것은 간섭이 아니라 나를 지키기 위한 안전장치입니다. 사용자가 무너지기 전에 지탱해 주는 기술, 예측이 개입이 아닌 보호로 다가올 때 기술은 차가운 도구를 넘어 믿을 수 있는 동반자가 됩니다.

치료와 주입을 넘어 ‘동행’으로

이러한 ‘마음을 읽는 기술’은 산업의 풍경을 완전히 바꾸어 놓고 있습니다. 특히 인간의 삶과 직결된 헬스케어와 교육 분야에서의 변화는 혁명적입니다.

헬스케어는 이제 ‘아픈 뒤에 치료하는’ 사후 관리의 영역을 벗어났습니다. 정서 인식 AI와 웨어러블 기기는 병원 밖에서도 24시간 나를 돌보는 주치의가 됩니다. 혈압 수치뿐만 아니라 그 수치가 일시적인 긴장 때문인지 만성적인 스트레스 때문인지를 구분해 냅니다. 몸의 데이터뿐만 아니라 표정, 활동량, 대화 패턴까지 종합적으로 분석하여 신호를 보냅니다. 치료Cure에서 돌봄Care으로 그리고 마침내 삶을 함께하는 '동행'으로 의료의 패러다임이 확장되는 것입니다.

교육 현장에서도 AI는 '성적을 올리는 도구' 이상의 역할을 수행합니다. 초개인화된 AI 튜터는 결과보다 과정에 집중합니다. 문제를 풀다가 어디서 주저했는지, 어떤 설명 방식이 잘 맞는지, 피로해서 집중력이 떨어진 상태인지를 실시간으로 파악합니다. 지쳐 보이는 날에는 진도를 나가는 대신 격려를 건네고, 호기심이 왕성한 날에는 더 깊은 탐구 과제를 던져줍니다. 지식을 일방적으로 주입하는 선생님이 아니라 학습자의 속도와 감정에 맞춰 함께 달리는 '러닝 메이트'가 되어 주는 것입니다.

TIP

초개인화 서비스는 취향 기반 추천을 넘어 사용자의 감정·상황·욕구 변화를 예측해 나에게 필요한 경험을 제공하는 시장으로 확장되고 있습니다. 앞으로의 성장 포인트는 정확성보다 공감과 적절함, 정보 제공보다 관계 형성입니다.

정답을 파는 시장에서 경험을 파는 시장으로

우리가 즐기고 소비하는 방식 또한 근본적으로 변화하고 있습니다. 엔터테인먼트와 커머스 기업들은 이제 "무엇을 팔 것인가"를 고민하지 않습니다. "이 사람의 오늘 하루에 어떤 위로와 즐거움을 줄 것인가"를 고민합니다.

콘텐츠 플랫폼은 단순히 인기 순위를 나열하는 기계적인 추천을 멈췄습니다. 대신 지친 퇴근길에 위로가 될 짧고 따뜻한 영상을, 잠 못 드는 밤에 어울리는 차분한 음악을 건넵니다. 쇼핑몰 역시 물건을 파는 공간이 아니라 생활의 맥락을 제안하는 공간으로 변모합니다. "요즘 스트레스가 많아 잠을 잘못 주무시는군요, 숙면에 좋은 차와 편안한 베개를 준비했습니다"라고 말하는 식입니다. 단순히 구매 확률이 높은 상품이 아니라 지금 내 삶의 결핍을 채워주는 제안을 받았을 때 소비자는 지갑이 아니라 마음을 엽니다.

결국 앞으로의 시장에서 승리하는 기업은 가장 많은 상품이나 콘텐츠를 가진 곳이 아닙니다. 고객의 오늘 하루가 어땠는지 가장 깊이 이해하고 그에 딱 맞는 '적절한 순간'을 선물하는 곳이 될 것입니다. 바야흐로 기술은 기능의 경쟁을 넘어 마음을 이해하는 능력으로 평가받는 감성의 시대로 진입했습니다. 과거의 시장은 '정답(결과)'을 팔았고, 지금의 시장은 '과정과 체감가치(경험)'를 팝니다. 정답은 입장권이고, 경험이 본 공연입니다. 지속 가능한 성장은 경험 설계 능력에서 결정됩니다.

'기능'을 파는 시대에서 '시간'을 점유하는 시대로

과거 산업의 승리 공식은 명확했습니다. 더 좋은 제품을 더 싸게, 더 많이 파는 것이었습니다. 기업들은 경쟁사보다 스펙이 뛰어난 제품을 만들기 위해 혈안이 되어 있었고 소비자는 가성비를 따져 지갑을 열었습니다. 하지만 AI가 산업의 중심축으로 들어오면서 이 오래된 룰은 근본적으로 흔들리고 있습니다. 고객들은 이제 "이 제품이 어떤 기능을 가졌는가"를 묻지 않습니다. 대신 "이 서비스가 내 시간을 얼마나 가치 있게 만드는가", "나에게 어떤 경험을 남기는가"를 묻습니다.

이러한 변화는 기업의 수익 모델을 뿌리째 바꾸어 놓았습니다. 초기 AI 도입의 목적이 업무 시간을 줄이고 인건비를 아끼는 '비용 절감'이었다면 생성형 AI 등장 이후의 목적은 매출을 폭발시키는 '성장'으로 이동했습니다.

고객의 취향을 완벽하게 저격하는 초개인화 추천은 구매 전환율을 기하급수적으로 높였고, AI가 만들어낸 디자인과 영상은 콘텐츠 생산 속도를 혁명적으로 단축시켰습니다. 이제 기업의 목표는 제품을 한 번 팔고 끝내는 것이 아닙니다. 사용자의 하루 일과 속에 깊숙이 침투하여, 그들의 시간과 감정을 온전히 점유하는 것입니다. 사용자의 곁에 머무는 시간이 길어질수록, 비즈니스는 더욱 강력해집니다. 경쟁의 단위가 '기능'에서 '사용자의 시간·주의·습관'으로 이동하고 있습니다. 기능은 입장권이고, 시간은 시장입니다.

새로운 부의 공식: 구독, 프리미엄, 그리고 에이전트

이러한 흐름 속에서 시장을 지배하는 세 가지 새로운 경제 모델이 등장했습니다. 이는 기업이 돈을 버는 방식을 넘어 소비자가 기술과 맺는 관계의 변화를 의미합니다.

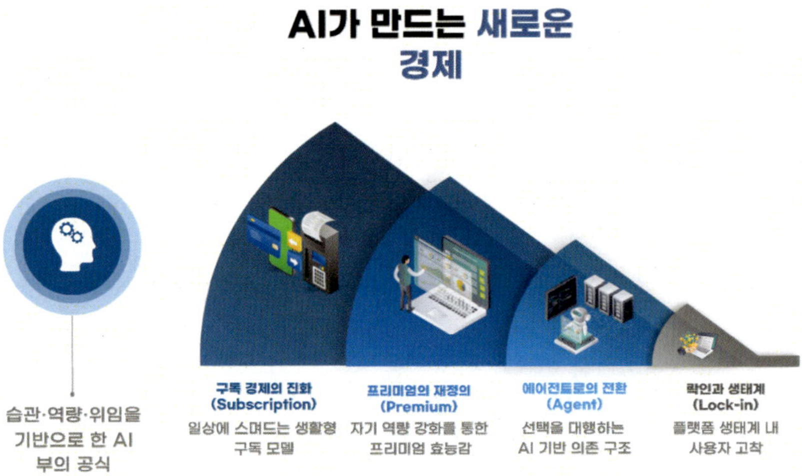

| AI가 습관을 설계하는 구독, 개인의 능력을 확장하는 프리미엄, 선택을 대신 수행하는 에이전트로 진화하며, 최종적으로 사용자 고착을 낳는 새로운 경제 구조를 형성하였습니다.

첫째는 '구독 경제Subscription Economy'의 진화입니다. 과거의 구독이 단순히 매달 돈을 내는 지불 방식의 변화였다면 AI 시대의 구독은 '습관의 설계'입니다. 아침에 눈을 뜨면 내 기분에 맞는 음악을 틀어주고, 출근길에 필요한 뉴스를 요약해 주며, 잠들기 전 내일의 일정을 정리해 주는 서비스 이렇게 AI가 사용자의 삶을 정돈해 주는 경험이 매일 반복될 때 구독은 해지

할 수 없는 생활의 일부가 됩니다. 기업은 물건을 파는 것이 아니라 고객이 떠나지 않을 이유, 즉 '관계의 지속성'을 팝니다.

둘째는 '프리미엄Premium 경제'의 재정의입니다. 예전의 프리미엄이 더 화려한 포장이나 부가 기능을 뜻했다면 지금은 '사용자의 능력 확장'을 의미합니다. 더 빠르게 문서를 요약해 주고, 더 창의적인 이미지를 생성해 주며 더 정확한 코드를 짜주는 유료 기능은 사용자로 하여금 "돈을 썼다"는 느낌보다 "내 능력이 업그레이드되었다"는 효능감을 줍니다. 이것은 소비가 아니라 자신을 위한 투자가 되기에 가격 저항은 낮아지고 충성도는 높아집니다. 사람들은 더 좋은 도구가 아니라 더 유능해진 자신을 위해 기꺼이 지갑을 엽니다.

마지막으로 가장 강력한 모델은 '에이전트Agent 경제'입니다. 이는 AI가 도구를 넘어 '대리인'이 되는 단계입니다. 바쁜 나를 대신해 항공권을 최저가로 검색해 예약을 마치고, 냉장고 속 재료를 파악해 장보기를 대신해 주는 AI 사용자가 해야 할 고민과 선택의 과정을 AI가 대신 처리해 주는 순간, 우리는 그 편리함에서 결코 빠져나올 수 없습니다.

이는 고객을 강력하게 묶어두는 '락인Lock-in' 효과를 만들며, 한 번 진입하면 다른 서비스로 갈아타기 어려운 독점 생태계를 구축합니다. 미래의 부자는 가장 많은 것을 가진 사람이 아니라, 가장 많은 일을 대신 처리해주는 시스템을 가진 사람입니다. 구독은 관계를 만들고, 에이전트는 그 신뢰를 행동으로 바꿀 것입니다.

생태계 전쟁: API, 클라우드, 그리고 온디바이스

AI가 바꾸는 것은 소비자와의 관계뿐만이 아닙니다. 기술을 사고파는 B2B 시장의 문법도 완전히 달라졌습니다. 제품 하나를 잘 만드는 것으로는 부족합니다. 기술들이 서로 연결되어 가치를 증폭시키는 거대한 생태계 싸움이 시작되었습니다.

이제 기업들은 "우리 프로그램을 사세요"라고 말하지 않습니다. 대신 "우리의 능력을 당신의 서비스에 연결하세요"라고 말합니다. 이것이 바로 'API 경제'입니다. 번역, 감정 분석, 음성 생성 같은 고도화된 기능을 직접 개발하려면 수년이 걸리지만 API를 연결하면 단 1초 만에 그 능력을 갖게 됩니다. 즉, API 시장은 기술을 파는 곳이 아니라 기업의 '성장 속도'를 파는 곳입니다.

이 모든 기술이 돌아가는 심장부인 '클라우드' 역시 단순한 저장 공간을 넘어 비즈니스의 생명선이 되었습니다. AI의 성능은 얼마나 좋은 인프라에서 돌아가느냐에 따라 결정되기에 클라우드는 기업의 경쟁력을 좌우하는 핵심 파트너가 되었습니다. 반면 인터넷 연결 없이 기기 자체에서 돌아가는 '온디바이스 On-device AI'는 사용 빈도를 폭발적으로 늘리는 기폭제입니다.

스마트폰이나 자동차 안에서 AI가 끊임없이 사용자를 보조할 때 하드웨어 판매 수익은 서비스 구독 수익으로 자연스럽게 이어지는 선순환 구조를 만듭니다. 지금 벌어지는 기술 경쟁은 성능 싸움이 아닙니다. API, 클라우드, 온디바이스(On-device). 이 세 축을 누가 장악하느냐에 따라 부·권력·주권의 방향이 결정됩니다.

하는 사람에서 설계하는 사람으로

경제가 바뀌면 일하는 방식도 바뀔 수밖에 없습니다. AI가 가져온 가장 큰 충격은 직업이 사라진다는 공포가 아니라 '직업의 본질'이 재설계되고 있다는 사실입니다.

과거의 전문성은 '기능Skill'에 있었습니다. 코드를 직접 짤 줄 알고, 디자인 툴을 능숙하게 다루고, 엑셀 함수를 외우는 것이 능력이었습니다. 하지만 AI는 이 모든 기능을 인간보다 빠르고 정확하게 수행할 수 있습니다. 마케팅을 예로 들어봅시다. 카피를 쓰고, 이미지를 만들고, 광고를 집행하고 데이터를 분석하는 각각의 과정은 이제 AI가 순식간에 처리해 냅니다.

그렇다면 인간은 무엇을 해야 할까요? 바로 '지휘Orchestration'입니다. 마케터의 역할은 카피 한 줄을 끙끙대며 쓰는 것에서, 브랜드의 전체 서사를 설계하고 AI에게 어떤 작업을 시킬지 결정하며 최종 결과물을 조율하는 것으로 바뀝니다. 전문성의 무게 중심이 '직접 수행하는 능력'에서 '판단하고 설계하는 능력'으로 이동하는 것입니다. 이는 인간의 역할이 축소되는 것이 아니라 우리 모두가 단순 작업자에서 의사결정자이자 전략가로 승격된다는 것을 의미합니다. 그동안 우리사회는 주어진 일을 정확히, 빠르게, 성실히 수행하는 사람이 유능한 사람이었습니다. 그러나 지금, 기술의 진화는 분명한 전환을 요구합니다. 이제 가치는 '얼마나 잘 하느냐'가 아니라 '무엇을 어떻게 설계하느냐'에서 만들어집니다.

지식보다 증명이 중요한 시대

이러한 변화는 채용과 창업 시장 전반에 지각 변동을 일으키고 있습니다. 기업은 더 이상 "얼마나 많이 아는가Knowledge"를 묻지 않습니다. "AI를 활용해 얼마나 빠르게 성과를 만들어 낼 수 있는가"가 핵심 평가 기준이 되었습니다. 신입에게는 새로운 도구를 학습하는 속도가, 경력직에게는 AI를 통해 자신의 역량을 얼마나 확장할 수 있는지가 중요해졌으며, 성과는 '노동 시간'이 아니라 '실행 속도'와 '검증 횟수'로 측정됩니다.

창업 시장 역시 '자본' 중심에서 '실행' 중심으로 이동했습니다. 과거에는 큰 규모의 팀과 막대한 자금이 필요했지만, 이제는 아이디어와 AI만으로도 개인이 제품을 만들고 출시할 수 있습니다.

그러나 기술 격차가 줄어 치열해진 경쟁 속 결국 차이를 만드는 것은 '인간의 고유한 감각'입니다. AI는 누구나 쓸 수 있지만, 사람의 마음을 움직이는 이야기와 경험, 그리고 브랜드에 철학을 담는 것은 여전히 인간의 몫이기 때문입니다. 결국 AI 시대의 경쟁력은 기술 자체가 아니라 "기술을 통해 어떤 의미를 만들어내는가."에 있습니다.

TIP

> 기술을 통해 가치를 설계하고 사람에게 의미를 전달하는 능력이 새로운 경쟁력이 됩니다. 앞으로는 AI를 통해 우리가 무엇을 만들어낼 수 있는가가 차이를 결정합니다.

인간·AI·사회 시스템의 재설계와 공존 전략

장벽이 무너진 자리, 더 가혹한 기준이 세워지다

인공지능은 창업의 문턱을 낮춘 것이 아니라 창업의 정의를 송두리째 다시 썼다고 표현해야 정확할 것입니다. 과거의 창업은 필연적으로 긴 인내와 물리적인 준비의 시간을 요구했습니다. 최소한의 자본을 조달하고 뜻이 맞는 팀원을 구하고 기술을 구현할 개발자를 영입해 시제품을 만드는 일련의 과정은 그 자체로 거대한 진입 장벽이었습니다. 만들 수 있는 능력을 가진 소수만이 시장의 문을 두드릴 자격을 얻을 수 있었던 것이 지난 시대의 법칙이었습니다.

하지만 오늘날의 창업자는 이 모든 복잡한 과정을 AI라는 하나의 파이프라인으로 압축해 냅니다. 코딩을 몰라도 앱을 만들고, 디자인 감각이 없어도 브랜드 로고를 그리며 마케팅 이론을 몰라도 고객 데이터를 분석해 타깃을 설정할 수 있습니다. 이제 시장 진입의 조건은 기능의 보유가 아니라 의도의 명확성으로 바뀌었습니다. 누구나 아이디어만 있다면 시작 선에 설 수 있는 시대가 열린 것입니다.

그러나 역설적이게도 진입 장벽이 붕괴된 순간 생존의 장벽은 과거와 비교할 수 없을 만큼 높아졌습니다. 누구나 만들 수 있다는 것은 만드는 것 자체로는 아무런 차별점이 되지 않는다는 뜻이기 때문입니다. 이제 시장은 무엇을 만들었는가를 묻지 않고, 얼마나 빠르게 개선하는가를 묻습니다.

완벽한 계획을 세워 1년 뒤 출시하는 팀은, 비록 엉성하더라도 1주일마다 업데이트하며 진화하는 팀을 결코 이길 수 없습니다. AI는 창업을 가볍게 만들었지만, 경쟁을 그 어느 때보다 무겁고 치열한 속도전으로 바꾸어 놓았습니다. 아이디어 실현보단 아이디어를 끊임없이 검증하고 수정하며 시장의 반응에 적응하는 지구력이 승패를 가르는 시대가 된 것입니다.

| AI의 도입으로 창업의 진입 장벽은 낮아지고 역할은 실행에서 설계로 이동했으며, 그 결과 경쟁의 핵심은 출시가 아니라 지속적인 개선과 생존 역량으로 전환되었습니다.

TIP

AI 창업의 성패(成敗)는 검증·개선의 속도에서 갈립니다. 완벽한 제품을 만들기보다 빠르게 출시하고 데이터를 수집하고 AI를 활용해 반복 실험을 자동화하는 순간부터 비즈니스는 가속합니다.

래빗 팀, 거인을 이기는 소수의 법칙

이러한 가혹한 환경에서 새로운 형태의 조직, 이른바 래빗 팀 Rabbit Team이 부상하고 있습니다. 이들은 거대하고 무거운 조직이 아니라 토끼처럼 민첩하게 움직이며 소수의 인원으로 수십 명분의 성과를 내는 팀을 의미합니다.

과거의 스타트업은 회사가 성장하려면 사람을 더 뽑아야 한다는 고정관념에 갇혀 있었습니다. 조직도가 복잡해지고 회의가 늘어나는 것을 성장의 증거로 여겼습니다. 하지만 래빗 팀은 다릅니다. 이들은 사람이 없으면 일이 멈춘다는 기존의 상식을 깨고, 시스템이 있어야 사람이 집중한다는 새로운 원칙을 세웁니다.

이들은 콘텐츠 제작, 데이터 수집, 광고 집행, 고객 분석 같은 반복적인 업무 흐름을 인간이 아닌 AI 시스템에 전적으로 위임합니다. 인간 팀원은 오직 결정하고 조율하고 방향을 잡는 데에만 집중합니다. 한 사람이 기획자이자 마케터이자 데이터 분석가가 될 수 있는 이유는 그가 천재여서가 아니라 AI라는 강력한 레버리지를 쥐고 있기 때문입니다.

이들은 복잡한 소통 비용을 줄이고 오직 실행 속도에만 집중함으로써, 규모의 경제를 비웃으며 속도의 경제로 시장을 장악해 나갑니다. 멤버 수가 경쟁력을 의미하지 않고, 계획의 정밀함이 생존을 보장하지 않습니다. 오직 빠르게 탐색하고 빠르게 배우는 조직만이 살아남습니다. 오늘날 승리를 결정하는 것은 규모가 아니라 소수의 법칙, 속도, 집중, 그리고 설계력입니다.

파이프라인에서 루프로, 성장의 공식이 바뀌다

비즈니스가 돌아가는 엔진 또한 교체되고 있습니다. 기존의 비즈니스가 광고에서 유입으로 그리고 1회성 결제로 이어지는 선형적인 파이프라인 모델이었다면 AI 시대의 비즈니스는 순환하는 루프Loop 모델입니다.

과거에는 돈을 써서 광고를 하고, 신규 고객을 데려오는 것이 성장의 핵심이었습니다. 하지만 AI 서비스의 핵심은 데이터입니다. 사용자가 서비스를 쓰면 쓸수록 데이터가 쌓이고 그 데이터로 서비스는 더 똑똑해지며, 똑똑해진 서비스는 사용자를 더 오래 머물게 만듭니다. 유입보다 중요한 것은 잔존Retention이고 판매보다 중요한 것은 재사용입니다. 사용자가 늘어난다고 성장하는 것이 아니라 사용자가 반복적으로 가치 경험을 느끼고 그 경험의 강도가 시간이 지날수록 강화될 때 비로소 폭발적인 성장이 발생합니다.

투자자들의 시선 또한 바뀌었습니다. 그들은 이제 지금 매출이 얼마인가 보다 이 서비스가 얼마나 빠르게 똑똑해지고 있는가, 사용자가 데이터를 남길수록 얼마나 강력한 잠금 효과가 발생하는가를 봅니다. 기술 자산보다 데이터 생태계가, 완성된 제품보다 자기 강화적인 성장 구조가 더 높은 가치로 평가받는 것입니다. 성장의 공식이 바뀌었습니다. 직선에서 순환으로, 거래에서 학습으로 바뀌고 있습니다. 앞으로 이러한 흐름을 선점하는 사람들만이 지속성장의 길을 걷게 될 것입니다.

평준화된 기술 위에서 빛나는 것은 서사다

그렇다면 기술 격차가 사라진 시장에서 소비자의 선택을 받는 최후의 기준은 무엇일까요? 기능은 상향 평준화되었습니다. 이제 승부를 가르는 것은 결국 경험과 서사Narrative입니다. 사용자는 더 복잡한 기능을 원하지 않습니다. 대신 이 서비스를 통해 내가 어떤 사람이 될 수 있는지를 보여주는 브랜드에 끌립니다. 기능적 만족을 넘어 서비스가 나를 이해하고 있다는 정서적 만족, 그리고 브랜드가 가진 철학에 공감할 때 비로소 단순한 이용자가 아닌 팬이 됩니다. 기술이 평범해질수록, 역설적으로 가장 인간적인 요소인 감각, 철학, 스토리가 비즈니스의 가장 강력한 무기가 되는 것입니다. 클라이언트가 아닌 팔로워를 만들고, 시장이 아닌 세계관을 만드는 것이 AI 시대 차별화의 핵심입니다.

효율의 시대를 넘어 의미의 시대로

AI가 가져온 가장 근본적이고 거대한 충격은 노동의 재정의입니다. 산업화 이후 지금까지 기술의 목표는 언제나 효율이었습니다. 더 빠르게, 더 싸게, 더 정확하게 만드는 것이 미덕이었습니다. 그러나 AI가 인간의 효율을 압도하는 시대가 도래하자 우리는 처음으로 다른 질문을 던지게 되었습니다. 기계가 효율을 완벽하게 담당한다면 인간은 무엇을 해야 하는가?

답은 명확합니다. 인간은 의미를 담당해야 합니다. 반복하고 계산하고 분류하는 일은 AI에게 맡기면 됩니다. 대신 인간은 이 일을 왜 해야 하는가, 이 결과물이 누구에게 가치를 주는가, 우리는 어디로 나아가야 하는가를 설계해야 합니다.

이는 직업이 사라지는 것이 아니라 직업의 위상이 이동하는 것입니다. 실행자에서 지휘자로, 생산자에서 설계자로 말입니다. AI가 붓과 물감이라면 인간은 화가가 되어야 합니다. 앞으로의 전문성은 지식의 양이나 숙련도가 아니라 AI라는 도구를 활용해 자신만의 가치를 얼마나 증폭시킬 수 있는지에 달려 있습니다. 결과물을 만드는 사람이 아니라 성과의 맥락과 의미를 구성하는 사람이 중심이 되는 세상이 오고 있습니다.

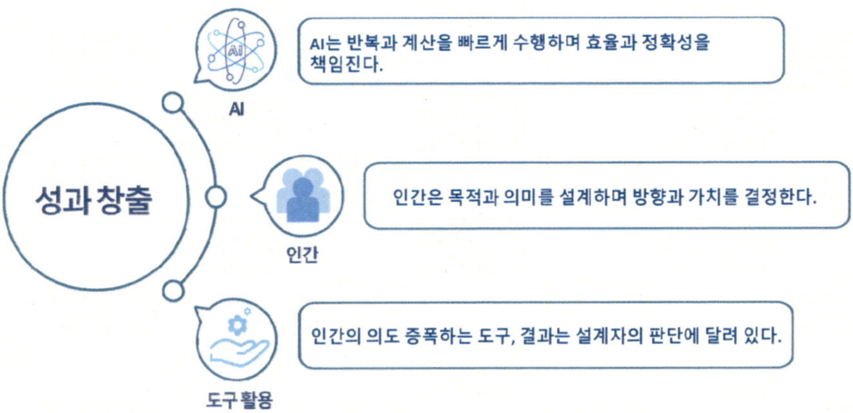

| AI는 효율과 정확성을 담당하고 인간은 의미와 방향을 설계하며, 이 둘의 협업을 통해 비로소 성과가 창출되었습니다.

교육과 제도의 재설계, 정답이 없는 세상을 준비하며

사회가 바뀌면 시스템도 바뀌어야 합니다. 특히 교육은 가장 시급하고 고통스러운 변화를 요구받고 있습니다. AI가 세상의 모든 지식을 알고 있고 언제든 답을 줄 수 있는 시대에, 단순히 지식을 암기하고 정답을 맞히는 교육은 무의미를 넘어 퇴행에 가깝습니다.

미래 세대에게 필요한 능력은 정답을 찾는 능력이 아니라 좋은 질문을 던지는 능력입니다. 문제를 정의하고 AI와 협업하여 다양한 해결책을 시뮬레이션하며 그 결과가 윤리적으로 타당한지 검증하는 능력이야말로 AI 시대의 리터러시입니다. 교사는 지식 전달자가 아니라 학생의 사고를 확장 시키는 코치가 되어야 합니다.

제도와 규제 또한 기술 통제에서 관계 설계로 나아가야 합니다. AI가 의료, 법률, 상담 등 인간의 삶 깊숙이 개입할 때 최종적인 책임은 누구에게 있는지 인간의 존엄성을 해치지 않기 위해 어떤 안전장치가 필요한지를 사회적으로 합의해야 합니다. 규제는 기술의 발목을 잡는 족쇄가 아니라 인간과 기술이 안전하게 공존하기 위한 최소한의 사회적 약속입니다.

우리는 오랫동안 AI가 인간을 대체할 것인가라는 두려움 섞인 질문에 갇혀 있었습니다. 기계가 인간의 일을 빼앗고, 인간을 잉여 존재로 만들 것이라는 디스토피아적 상상입니다. 하지만 이제 그 질문을 바꿔야 할 때입니다. AI는 인간을 대체하는 기술이 아니라 인간을 확장하는 기술입니다.

대체의 관점에서 보면 인간과 AI는 경쟁자입니다. 하지만 확장의 관점에서 보면 AI는 도구이자 파트너입니다. AI는 인간의 기억력을 확장해 거대한 데이터베이스로 만들고, 인간의 판단력을 확장해 초개인화 서비스를 제공하며 인간의 상상력을 확장해 누구나 창작자가 될 수 있게 합니다. 대체를 걱정하는 사람은 자신의 역할이 줄어들까 두려워하지만, 확장을 믿는 사람은 AI라는 거인의 어깨 위에 올라타 더 넓은 세상을 봅니다.

결국 공존의 미래는 기술의 성능에 달려 있지 않습니다. 우리가 기술을 어떤 관점으로 바라보느냐에 달려 있습니다. 기술을 두려움의 대상으로 보면 우리는 길을 잃을 것이고 확장의 도구로 보면 우리는 진화할 것입니다. 변화는 이미 시작되었습니다. 그리고 그 변화의 키는 AI가 아닌, 바로 당신이 쥐고 있습니다.

TIP

AI 시대의 핵심은 대체가 아니라 **협력과 확장**입니다. 기술이 인간을 모방하는 것이 목표가 아니라 인간의 **능력·가치·존재를 확장하도록 설계하는 것**이 공존의 기준이 됩니다. 따라서 앞으로의 경쟁력은 기술 자체가 아니라 **기술을 인간 중심으로 활용하는 사회적 규범과 역할 재정의**에 달려 있습니다.

핵심 문장 톺아보기

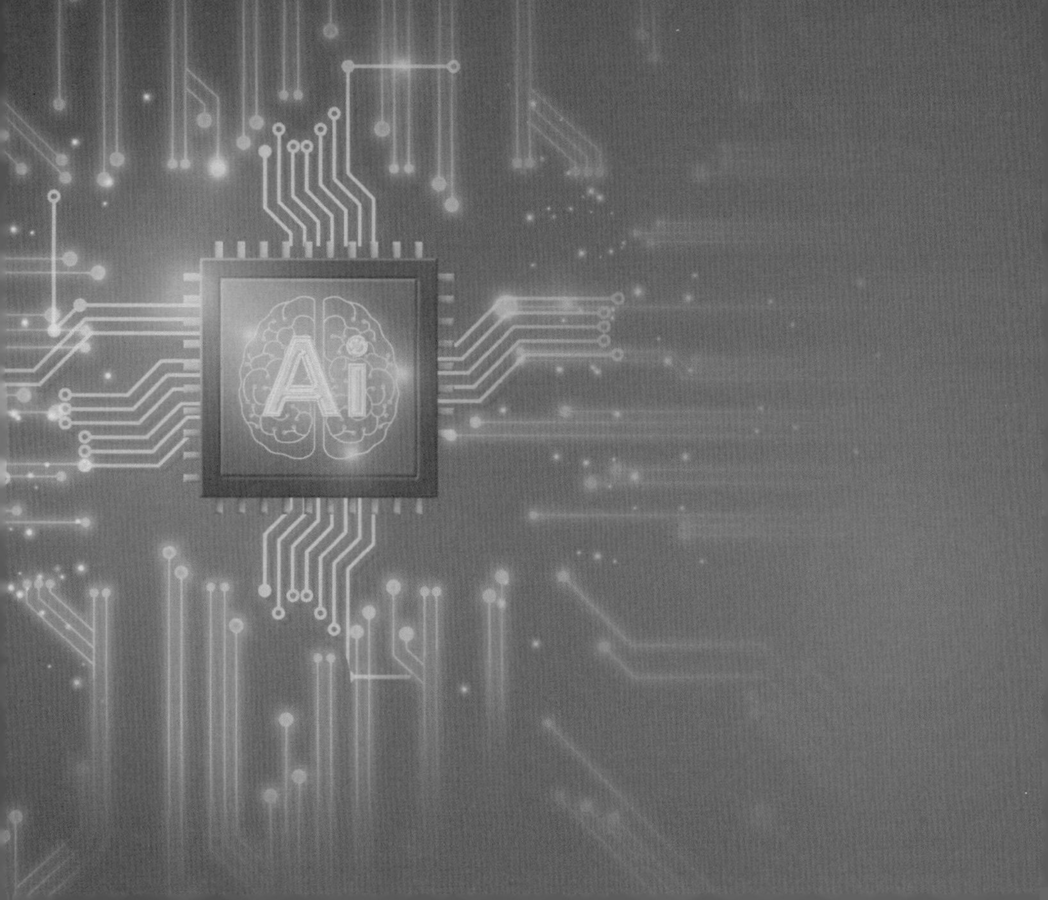

핵심 문장 톺아보기

"AI가 도입된 교실에는 새로운 움직임이 감지됩니다. 책상 위에 올려진 태블릿, 여기저기서 들려오는 질문, 그리고 스스로 길을 찾으려는 학생들의 눈빛이 교실의 공기를 근본적으로 바꾸어 놓습니다. 기존의 딱딱한 주입식 교육에서 벗어나, 이제 학습자는 자신의 궁금함을 직접 파고들고, AI라는 새로운 도구를 두려움보다는 호기심으로 대합니다."

··3-AI 리터러시와 교육혁신의 방향

"AI 도입의 성공은 단순히 기술적 진보에만 있는 게 아닙니다. 그것은 윤리적인 기준 확립, 철저한 보안 시스템 구축, 유연한 조직 문화로의 변화, 그리고 끊임없는 인재 육성이라는 다차원적인 노력이 긴밀하게 결합할 때 비로소 이루어질 수 있습니다.

미래의 AI 시대는 기술이 인간을 대체하는 것이 아니라 인간과 AI가 서로의 강점을 존중하고 긴밀히 협력하며 공동으로 새로운 가치를 창조하는 시대가 될 것입니다."

··42-산업 전반으로 확장되는 AI 활용 구조

"AI는 전략 수립, 고객 서비스, 생산 공정 등 비즈니스 전반을 아우르는 공존하는 파트너로 확고히 자리 잡았으며 이것이 곧 미래 경쟁력의 결정적인 기준입니다. 따라서 기업은 AI를 전략적 파트너로 수용하고 인간의 창의력과 윤리적 판단을 극대화하는 조화로운 협업만이 지속 가능한 성장을 이끄는 핵심 동력임을 인지해야 합니다."

‥76-TIP

"AI 창업 아이디어는 이렇게 일상에서 발견한 문제를 중심으로 질문을 끊임없이 던지며 시작됩니다. 그리고 이 질문의 여정에서 AI는 단순한 도구를 넘어섭니다. 방대한 데이터를 분석하고 사용자 행동을 예측하며 반복적인 업무를 자동화하는 등 문제 해결을 위한 가장 강력한 지혜로운 동반자가 됩니다."

‥81-AI 기반 가치 창출의 기본 원칙

"콘텐츠로 수익을 창출하는 일은 이제 더 이상 타고난 '재능'의 영역이 아닙니다. 그것은 치밀하게 설계된 '시스템 구축'의 영역으로 진화했습니다. 인공지능을 현명하게 활용하면 하루 단 1~2시간의 투자만으로도 블로그에서 유튜브, 전자책으로 이어지는 견고한 디지털 자산화의 흐름을 만들어내고 그로부터 꾸준한 수익을 창출하는 파이프라인을 충분히 실현할 수 있습니다."

‥99-서비스·콘텐츠 모델 설계: 아이디어에서 수익으로

"AI는 당신의 마케팅 전략을 혁신하고 새로운 수익의 길을 열어줄 것입니다."

‥102-데이터 및 AI 활용으로 부가가치 창출하기

"AI는 감(感)이 아닌 데이터 기반의 자동 투자 시스템을 구축하여, 챗GPT와 API 등을 조합해 주식 전략 설계부터 자동 매매까지 실행함으로써 시간의 자유와 안정적인 수익을 창출합니다."

·· 113-TIP

"누구나 크리에이터가 될 수 있는 시대'가 활짝 열린 것입니다. 미드저니Midjourney, 달리DALL·E, 레오나르도 AILeonardo AI 같은 이미지 생성기는 단순한 도구가 아닙니다. 이들은 창작의 방식 자체를 근본적으로 바꾸는 존재입니다."

·· 117-커뮤니티 구축과 브랜드 전략:장기 성장 기반 다지기

"AI 자동화는 인간의 판단을 완전히 대체하는 방식이 아니라, 반복적이고 소모적인 작업은 기술이 담당하고 최종적인 검토와 의사결정은 사람이 수행하는 협업 구조를 전제로 합니다. 이러한 관점에서 AI 자동화는 '대체 기술'이라기보다 업무 분담 구조를 재구성하는 보조적·전략적 기술로 이해될 필요가 있습니다."

·· 155-AI 자동화의 개념과 논의의 출발점

"AI 시대의 자동화는 기존의 효율 중심 사고에서 벗어나야 합니다. 자동화의 본질은 '얼마나 시간을 절약했는가'가 아니라 '얼마나 지속적으로 가치를 생산할 수 있는 구조를 설계했는가'에 있습니다. 즉, 자동화는 노동을 줄이는 기술이 아니라 수익 구조를 설계하는 전략으로 이해되어야 합니다."

·· 182-AI 자동화 툴 기반 수익 시스템 구축

"AI는 더 이상 정답을 제공하는 기술이 아니라 감정을 이해하고 관계를 이어가는 새로운 동반자입니다. 기술 중심의 시대를 지나 인간 중심의 기술 패러다임으로 이동하고 있는 지금, AI의 가치는 정밀함보다 공감, 기능보다 연결 속에서 완성됩니다. 공감형 AI는 인간의 빈자리를 대체하는 기술이 아니라 우리 삶을 확장하고 함께 성장하는 미래의 지적 파트너입니다."

·· **244-TIP**

"감정을 이해하고 기억을 소중히 여기며, 관계를 지키려는 기술. 이것은 단순한 기능의 진화가 아니라 기술이 인간을 존중하는 방식으로의 철학적 전환을 의미합니다. 앞으로의 AI 경쟁력은 얼마나 많은 데이터를 처리하느냐가 아니라 얼마나 인간의 마음을 섬세하게 어루만질 수 있느냐에 달려 있을 것입니다."

·· **246-공감형 AI의 부상과 인간 중심 기술 패러다임**

"AI가 옳은 판단을 내리는 것보다, 그 판단의 이유를 설명할 수 있는 것이 더 중요해졌습니다. 기술이 사회의 일부가 되기 위해 필요한 것은 속도나 성능이 아니라 신뢰이며, 신뢰는 투명한 근거 위에서만 만들어집니다. 설명할 수 있는 AI는 두려움을 줄이고 예측 가능성을 높이며, 인간과 함께 결정할 수 있는 지능으로 성장합니다."

·· **249-TIP**

"초개인화 서비스는 취향 기반 추천을 넘어 사용자의 감정·상황·욕구 변화를 예측해 지금의 나에게 필요한 경험을 제공하는 시장으로 확장되고 있습니다. 헬스케어·교육·엔터테인먼트·커머스 전반에서 정서·맥략 기반 대응이 핵심 경쟁력이 되고 있으며, 앞으로의 성장 포인트는 정확성보다 공감과 적절함, 정보 제공보다 관계 형성입니다.”

·· 265-TIP

“AI창업의 성패는 검증·개선의 속도에서 판가름 납니다. 작게 시작해도 됩니다. 완벽한 제품을 만들기보다, 빠르게 출시하고 데이터를 수집하고 AI를 활용해 반복 실험을 자동화하는 순간부터 비즈니스는 가속합니다”

·· 274-TIP

“인간은 의미를 담당해야 합니다. 반복하고 계산하고 분류하는 일은 AI에게 맡기면 됩니다. 대신 인간은 이 일을 왜 해야 하는가, 이 결과물이 누구에게 가치를 주는가, 우리는 어디로 나아가야 하는가를 설계해야 합니다.”

·· 277-인간·AI·사회 시스템의 재설계와 공존 전략

“AI 시대의 핵심은 대체가 아니라 협력과 확장입니다. 기술이 인간을 모방하는 것이 목표가 아니라 인간의 능력·가치·존재를 확장하도록 설계하는 것이 공존의 기준이 됩니다. 따라서 앞으로의 경쟁력은 기술 자체가 아니라 기술을 인간 중심으로 활용하는 사회적 규범과 역할 재정의에 달려 있습니다.”

·· 280-TIP

관련 용어 정리

용어	개념 / 정의	비고
ChatGPT	문맥 기반 글쓰기·요약·기획·코드 작성까지 수행하는 **대화형 생성 AI**로, 업무 초안을 빠르게 만드는 데 강점이 있습니다.	4쪽
Claude	PDF/워드 등 긴 문서를 첨부해 **문서 이해·질문응답을 강화하는 대화형 AI**입니다.	4쪽
예측 유지보수 (Predictive Maintenance)	센서 데이터를 분석해 설비 고장을 사전에 **예측하고 정비 일정을 최적화**하는 운영 방식입니다.	25쪽
코봇 (Cobot, 협동로봇)	**사람과 같은 공간**에서 **안전하게 협력**하도록 설계된 **협업형 로봇**으로, 생산성과 안전을 동시에 겨냥합니다.	26쪽
엣지 컴퓨팅 (Edge Computing)	데이터를 클라우드로 보내기 전에 현장(기기 가까이)에서 즉시 처리해 지연을 줄이고 반응성을 높이는 방식입니다.	27쪽
로보어드바이저 (Robo Advisor)	투자자 성향/상황을 반영해 **포트폴리오 구성·조정을 자동화**하는 AI 투자 자문 서비스입니다.	28쪽
레그테크 (RegTech)	규제 준수(Compliance)를 기술로 자동화하는 분야로, 법률 문서 분석·보고·모니터링을 효율화합니다.	29쪽
컴플라이언스 (Compliance)	법·규정·내부 **규칙을 지속적으로 준수하도록 점검·기록·보고**하는 활동(또는 체계)입니다.	29쪽
데이터 표준화	서로 다른 출처의 **데이터를 같은 규칙(형식/단위/필드)으로 통일**해 AI가 **안정적으로 학습·판단**하도록 만드는 작업입니다.	39쪽
거버넌스 (Governance)	데이터·AI 운영에서 책임/승인/기준/통제 체계를 세워 품질과 위험을 관리하는 조직적 장치입니다.	39쪽
윤리적 편향 (Bias)	학습 **데이터의 불균형/편견이 결과에 반영되어 차별적·불공정한 판단**을 만들 수 있는 위험입니다.	40쪽

관련 용어 정리

용어	개념 / 정의	비고
Notion AI	회의록·업무 요약·일정 정리를 돕는 **문서/업무 비서형 AI**로, 정리 자동화에 강점이 있습니다.	61쪽
Midjourney / DALL·E	텍스트 프롬프트만으로 **고품질 이미지를 생성하는 이미지 생성 AI**로, 시각 결과물 제작에 특화됩니다.	61쪽
MVP (Minimum Viable Product)	시장 반응을 검증하기 위해 핵심 가치만 남긴 **최소 기능 버전**으로, **"완성"**이 아니라 **"검증 속도"**를 최우선으로 둔 제품/서비스입니다	80쪽
랜딩페이지 (Landing Page)	특정 행동(구독/신청/구매) 하나에 집중해 **수요를 측정하는 단일 목적 페이지**입니다.	84쪽
CTR (Click-Through Rate)	노출 대비 클릭 비율로, **"관심이 실제 행동으로 이어지는 정도"**를 보여주는 **초기 수요 지표**입니다.	84쪽
Carrd / Typedream	**코딩 없이 페이지를 만드는 노코드 랜딩 제작 도구**로, "빠른 실험"에 최적화된 도구입니다.	84쪽
ManyChat	고객에게 DM/메시지를 자동 발송하고 응대를 자동화하는 **마케팅 챗봇 도구**입니다.	85쪽
Chatbase	고객문의 응대·프로모션 메시지 발송 등 **챗봇 운영을 돕는 플랫폼**입니다.	85쪽
Jasper / Copy.ai	블로그 글·광고 문구·SNS 게시물 등 **텍스트 콘텐츠를 빠르게 생성하는 콘텐츠 생성 도구**입니다.	85쪽
Canva	템플릿 기반 디자인 제작 + AI 기능을 결합해 **광고 배너/이미지 제작**을 빠르게 만드는 도구입니다.	95쪽
A/B 테스트	**두 가지 버전(문구/이미지 등)을 동시에 시험해** 성과가 더 좋은 안을 데이터로 선택하는 실험 방식입니다.	103쪽

용어	개념 / 정의	비고
Piwik / Google Analytics	방문/클릭/전환 등 성과를 측정하는 웹 분석 도구로, **캠페인 효율을 데이터로 확인**합니다.	103쪽
Meta Ads Manager	광고 소재 업로드·타겟팅·집행을 관리하는 **메타 광고 운영 플랫폼**입니다.	103쪽
Pika Labs / InVideo	광고 배너·릴스 등 **영상/이미지 콘텐츠 제작을 돕는 콘텐츠 제작 도구**입니다.	104쪽
AdCreative.ai / Ocoya	광고 문구·디자인을 자동 생성하고 성과 개선 실험을 돕는 **광고 크리에이티브 자동화 도구**입니다.	104쪽
Mailchimp / Beehiiv	뉴스레터를 자동 발송하고 클릭을 분석하는 **이메일 마케팅 플랫폼**입니다.	106쪽
Leonardo	이미지 생성 AI 도구의 한 종류로, 프롬프트 기반으로 **다양한 스타일의 이미지를 생성하는 서비스 예시**입니다.	117쪽
대규모 언어 모델 (LLM)	문맥 이해/생성을 통해 요약·분류·작성 등 업무 흐름 전체를 연결하는 **"두뇌"** 역할을 하는 모델입니다.	155쪽
RPA (Robotic Process Automation)	사람이 하던 반복 PC업무를 **소프트웨어 로봇이 수행하는 업무 자동화 기술**로, 규칙 기반 업무에 강합니다.	156쪽

용어	개념 / 정의	비고
n8n (nodemation)	업무 자동화 워크플로를 시각적으로 설계·연결하는 **오픈소스 자동화 플랫폼**	158쪽
멀티에이전트 (Multi-agent)	여러 AI가 역할을 분담해 협업하는 구조로, 단일 LLM의 한계를 보완해 복합 업무를 체계적으로 처리합니다.	159쪽
감사 추적 (Audit trail)	자동화된 의사결정의 근거·수정·승인 이력을 남겨 책임 소재를 명확히 하는 기록 체계입니다.	165쪽
CrewAI / AutoGen	멀티에이전트 협업을 구현하는 **프레임워크(도구)** 예시로, 에이전트 간 분업·연계를 지원합니다.	166쪽
EU AI Act	EU의 AI 규제로, 위험 기반 관리/투명성/책임 등 요구를 강화해 거버넌스 투자를 필수화하는 압력으로 작동합니다.	166쪽
CRM (Customer Relationship Management)	고객 정보/이력/관심사를 관리해 **개인화 마케팅·응대를 가능하게 하는 고객관계관리 시스템**입니다.	176쪽
UiPath / Automation Anywhere	RPA 구현을 위한 대표 솔루션으로, **다양한 시스템 연동과 확장성을 제공하는 자동화 플랫폼**입니다.	176쪽
트리거 (Trigger)	**특정 시간/조건**에 따라 **자동화를 시작**시키는 실행 조건(스케줄·이벤트)입니다.	188쪽
락 인 효과 (Lock-in)	**편익과 데이터·습관이 누적**되어 **사용자가 다른 서비스로 이동하기 어려워지는 현상**입니다.	269쪽
온디바이스 AI (On-device AI)	**인터넷 없이 기기 내부에서 AI가 동작**해 **지연·의존성을 줄이고** 사용 빈도를 높이는 방식입니다.	270쪽

AI 시대 핵심 전략과 성장법

제1판 1쇄 인쇄 2026년 1월 15일
제1판 1쇄 발행 2026년 1월 15일

지은이 | 강우철
펴낸이 | 이유니
편　집 | 김원준 이세은
인　쇄 | 도서출판 인쇄의 창
02)793-4332, 010-7676-4332
주　소 | 서울시 용산구 한강대로 40길 33
성산빌딩 2층
전　화 | 02)793-4332, 010-7676-4332